人文社会科学经典文库

Classic Library of Humanities and Social Sciences

自致性资本对大学生就业质量的影响研究
——以经管类专业毕业生为对象

ZIZHIXING ZIBEN DUI DAXUESHENG JIUYE ZHILIANG DE YINGXIANG YANJIU
YI JINGGUANLEI ZHUANYE BIYESHENG WEI DUIXIANG

赵建立/著

东北师范大学出版社
·长 春·

图书在版编目（CIP）数据

自致性资本对大学生就业质量的影响研究：以经管类专业毕业生为对象/赵建立著. —长春：东北师范大学出版社，2025.4. — ISBN 978-7-5771-2461-2

I. G647.38

中国国家版本馆 CIP 数据核字第 2025YS0787 号

☐策划编辑：陈国良
☐责任编辑：李晓影　　☐封面设计：张　然
☐责任校对：刘晓军　　☐责任印制：侯建军

东北师范大学出版社出版发行
长春净月经济开发区金宝街 118 号（邮政编码：130117）
电话：0431—84568147
网址：http://www.nenup.com
东北师范大学音像出版社制版
吉林市海阔工贸有限公司印装
吉林市恒山西路花园小区 6 号楼（邮政编码：132013）
2025 年 5 月第 1 版　2025 年 6 月第 2 次印刷
幅面尺寸：170mm×240mm　印张：15.25　字数：247 千
定价：58.00 元

前　言

　　当前，大学生就业问题受到各界的密切关注，"求职难"和"人才荒"交织存在。就业问题不仅成为社会问题，还是学界亟待破解的重大课题之一。作为一名高校就业工作者，笔者长期从事就业研究和就业工作。本书试图从高校人才供给侧的视角，着重研究影响大学生高质量充分就业的影响因素、影响机理，并提出对策、建议。

　　在大学生求职就业过程中，哪些因素对大学生高质量就业起决定性作用，是先赋性家庭背景还是自致性个人努力？在"拼爹、拼颜值、拼学历"舆论下，大学生个人努力和专业素养在高质量就业竞争中真的发挥不了什么作用吗？本研究针对以上问题，运用实证研究方法分析大学生自致性资本对高质量就业是否有影响以及产生了怎样的影响。

　　为有效证明个人努力和外力帮助两类因素对大学生高质量就业的影响，本研究提出了"自致性资本"概念来代表个人努力因素，并与代表外力帮助因素的"先赋性社会资本"形成一对概念范畴。在科学梳理已有研究成果的基础上，本研究将大学生自致性资本概念结构化为个体化人力资本（包括教育性人力资本和实践性人力资本）和后致性社会资本两大类，并对大学生高质量就业、自致性资本和先赋性社会资本进行了指标体系表征。本研究以大学毕业生规模首次突破千万、招聘受外部客观因素影响最大的 2022 年为研究时间节点，运用分层抽样方法，选取一流大学建设高校、一流学科建设高校、省属重点公办高校、省属普通民办高校各 1 所，对 4 所高校经管类专业 624 名本科毕业生进行了问卷调查，通过 OLS 回归、无序 Logit 回归、有序 Logit 回归等方法分析了教育性人力资本、实践性人力资本、后致性社会资本各项指标对大学生就业质量的影响，以及以独生子女、贫困生、性别和学校水平为调节变量，以学习成绩、父亲学历、母亲学历为中介变量的自致性资本对大学生就业质量的影响机制。研究发现：第一，在大学生高质量就业过程中，自致性资本的影响显著大于先赋性社会资本，说明中国社会越来越开放、文明和现代化，越来越认可通过个人努力来实现职业竞争和阶层跃升；第二，大学生自致性资本对就业质量的影响是综合性的，虽然单独的教育性人力资本或自致性资本都对大学生高质量就业有贡献，但自致性资本强的大学生在高质量就业过程中更占优势；第三，在影响机制上，性别、贫困生、独生子女三个先赋性特征在大学生自致性资本影响就业质量的调节机制和中介机制方面具有复杂性。

基于实证研究结果，本研究建议：首先，要做好学业指导工作，夯实学生的教育性人力资本；其次，要突出实践导向，开发学生的实践性人力资本；再次，要重视社交能力培养，积累学生的后致性社会资本。三管齐下，不断培育和丰富大学生的自致性资本，全面提升大学生就业核心竞争力和就业质量。

目 录

绪 论 / 001

一、研究背景与问题 / 003
　（一）研究背景 / 003
　（二）研究问题 / 006

二、研究目标与意义 / 008
　（一）研究目标 / 008
　（二）研究意义 / 008

三、文献综述 / 009
　（一）关于就业质量的研究 / 009
　（二）关于就业质量影响因素的研究 / 017
　（三）关于自致性资本的研究 / 023
　（四）文献评论 / 036

四、研究思路与方法 / 037
　（一）研究思路 / 037
　（二）研究方法 / 038

第一章　理论框架 / 041

一、核心概念 / 043
　（一）大学生就业质量 / 043
　（二）自致性资本 / 045
　（三）非自致性资本 / 047

二、理论基础 / 048
　（一）人力资本理论 / 048
　（二）社会资本理论 / 051

（三）雇主动机理论 / 055
　　（四）差序格局理论 / 056
三、理论分析框架 / 056

第二章　研究设计 / 061

一、研究假设 / 063
二、样市选择 / 063
　　（一）同质性 / 064
　　（二）异质性 / 065
三、指标体系 / 066
　　（一）就业质量影响因素指标 / 066
　　（二）自致性资本指标 / 069
　　（三）先赋性社会资本指标 / 073
四、数据分析方法 / 075
　　（一）OLS 回归 / 075
　　（二）无序 Logit 回归 / 076
　　（三）有序 Logit 回归 / 077
　　（四）中介效应方法 / 077
五、描述性统计 / 078
　　（一）就业质量分析 / 078
　　（二）自致性资本分析 / 079
　　（三）先赋性社会资本分析 / 085

第三章　自致性资本和先赋性社会资本对就业质量影响的实证研究 / 087

一、自致性资市对就业质量的影响 / 089
　　（一）教育性人力资本对就业质量的影响 / 089
　　（二）实践性人力资本对就业质量的影响 / 097
　　（三）后致性社会资本对就业质量的影响 / 102
二、先赋性社会资市对就业质量的影响 / 107

（一）先赋性社会资本对工作城市条件和工作薪资水平的影响 / 107
　　（二）先赋性社会资本对工作单位类型的影响 / 109
　　（三）先赋性社会资本对其他就业质量指标的影响 / 112
　三、自致性资本与先赋性社会资本对就业质量的综合影响 / 114

第四章　自致性资本对就业质量的影响机制分析 / 115
　一、自致性资本与就业质量的关系受先赋性社会资本的影响程度分析 / 119
　　（一）教育性人力资本对就业质量影响中的调节机制分析 / 119
　　（二）实践性人力资本对就业质量影响中的调节机制分析 / 140
　　（三）后致性社会资本对就业质量影响中的调节机制分析 / 166
　二、先赋性社会资本通过自致性资本影响就业质量的中介机制分析 / 183
　三、自致性资本内部影响就业质量的中介机制分析 / 187

第五章　研究结论与对策建议 / 191
　一、研究结论 / 193
　二、基于自致性资本的大学生就业指导工作改进对策 / 195
　　（一）加强学业指导，夯实教育性人力资本 / 195
　　（二）突出实践导向，开发实践性人力资本 / 198
　　（三）重视社交能力，积累后致性社会资本 / 201
　三、本研究可能的创新点和不足 / 204
　　（一）本研究可能的创新点 / 204
　　（二）本研究存在的不足 / 205

参考文献 / 206

附　录 / 220

后　记 / 232

绪　论

一、研究背景与问题

二、研究目标与意义

三、文献综述

四、研究思路与方法

"稳中求进"已成为近期我国经济社会各方面发展的工作总基调。就业是民生之本，就业工作一直是国家和社会广泛关注的焦点问题，稳就业和保就业是国家"六稳""六保"举措之首。大学生就业则是就业的重中之重，决定着经济社会的最终发展水平和国家的长治久安。2022年我国应届大学毕业生首次突破1 000万大关，推动高校毕业生实现高质量就业是落实"稳中求进"工作总要求的核心议题。

一、研究背景与问题

（一）研究背景

党的十八大报告首次提出要"推动实现更高质量的就业"。党的十九大报告再次强调要"实现更高质量和更充分就业"。如果说过去大学生就业政策的目标是解决充分就业问题，那么当前的政策目标已逐渐转变为高质量充分就业。在大学生就业过程中，追求高质量就业和实现充分就业同等重要。充分就业与高质量就业并不矛盾，二者是一种递进关系，充分就业是对大学生就业的最基本要求，主要以就业率为衡量指标。随着我国各项事业的快速发展，人们对就业也有了新的期待，对就业的要求不是单纯追求就业率，而是将精神需求作为重要方面，高质量就业成为新的目标，即高质量就业成为大学生就业的更高层级，成为高校人才培养质量和教育领域民生工作的重要体现。

因此，厘清大学生高质量就业的影响因素以及作用机制，探索高质量就业的有效举措具有重要的现实意义和深远的历史意义。

1. 高校毕业生就业市场竞争日趋激烈

充分就业是高质量就业的前提。在高校扩招、海外留学生归国就业等大背景下，大学生的就业竞争日趋激烈，充分就业目标的实现遭遇挑战。

20世纪90年代末，全国高等院校积极响应国家扩招政策，本科招生数量不断增加，高等教育逐渐从传统的精英教育过渡到大众教育。伴随着向社会主义市场经济的转型,毕业生招聘走向市场化,大学生就业难逐渐成为一个重要的社会问题。教育部、人力资源和社会保障部公布的数据显示,2020年高校应届毕业生为874万人,2021年高校应届毕业生达909万人。除此之外,受世界经济形势变革等影响,大规模海外留学生选择回国就业。教育部官方数据显示,2021年希望回国就业的留学生相比2020年增加了48%,达到了80万,这使得大学生就业难问题更加凸显。近年来,中国经济告别高速增长和中高速增长阶段,迈向高质量发展阶段,加上中美贸易战等不确定性因素,经济社会建设进程放缓,岗位需求减少,就业形势日益严峻。根据逐年增加的毕业生人数和收缩的招聘岗位数不难发现,当前大学生就业市场的竞争有多激烈。劳动力市场的供需变化、供给与需求的失衡导致劳动力市场竞争压力持续增大。大学生就业难问题已经是一个不争的事实,且有不断加剧的趋势。

2. 社会现实与个人的就业期待不同

在就业市场竞争激烈的大背景下,国家高度重视就业工作,把就业放在各项民生举措的优先位置,制定了一系列促进大学生就业的基本政策和特殊政策。一是鼓励基层就业。教育部出台的《2014年国家鼓励高校毕业生就业创业新政策》提出要鼓励高校毕业生到基层就业,继续实施大学生"三支一扶"等基层服务项目,健全鼓励高校毕业生到基层工作的服务保障机制,实行学费补偿和助学贷款代偿等政策。二是鼓励创新创业。在全国范围内实施大学生创业引领计划。通过提供创业服务、落实创业扶持政策,将创业教育课程纳入学分管理,提升大学生创业能力,帮助和扶持更多高校毕业生自主创业,提高高校毕业生创业比例。三是鼓励小微企业就业。2012年颁布的《国务院关于进一步支持小型微型企业健康发展的意见》(国发〔2012〕14号)提出要制定和完善鼓励高校毕业生到小型微型企业就业的政策。

在个人倾向上,大学生普遍喜欢到大城市、高薪单位工作,新一线城市依然是大学生就业首选地,大学生期待薪酬和实际薪酬差距也在扩大。[①]虽然国家制定了诸多促进大学生就业的政策,但大学生的个人倾向与国家的政策

---

① 李涛,孙煖,邬志辉. 2021年疫情背景下中国高校应届毕业生就业状况有何变化?一项基于2021年和2020年全国调查数据的实证研究 [J]. 华东师范大学学报(教育科学版),2022,40(2):100-113.

指向之间存在较大差别。一方面,大学生普遍偏向到东部发达地区就业。以南京大学2021届毕业生就业数据为例,南京大学2021年共有8 161名毕业生,4 519人在东部地区就业,占比达55.37%;在中部地区、西部地区就业的仅占6.92%和6.64%。另一方面,高校毕业生及其家长更认可有编制的稳定就业岗位。根据一项针对安徽6所高校的大学生就业意向的调查,政府机关、事业单位和国有企业等体制单位依旧是大学生求职的首选。研究发现,42.1%、30.5%的大学生分别将国家机关和事业单位作为就业首选。稳定成为大学生择业时首先考虑的因素。

除了政府导向与大学生个体倾向存在差异外,用人单位的招聘标准也在提高。例如,用人单位对大学生的招聘条件从单一追求"学历"变为"学历"与"能力"并重,不是学历高、成绩好就一定可以找到好工作,只有综合能力过硬才能迈进好工作的大门。[①]

3. 高校学生就业观念需要"拨乱反正"

近年来,大学生就业难问题又引出"读书无用论""研不如本、本不如专、专不如职"的观念,尤其是有些大学毕业生薪酬低于非大学生,更增强了部分人的这种认识。随着网络信息技术和手机移动终端的不断发展,网红经济呈现爆发式增长,涌现出一大批受教育程度不高的网红博主,他们通过制作短视频、直播带货等方式在短时间内获得巨额财富,众多一夜暴富的先例诱使越来越多的年轻人甚至未成年人急功近利,加入网红大军。与此同时,"躺平"成为部分大学生推崇的热词之一,"努力没有意义"成为部分大学生的主流思想。

大学生就业与社会稳定息息相关,在高等教育进入大众化的现代社会,社会关注的焦点已经从能否考上大学转变为能否顺利就业。为了培养一名大学生,家庭要付出很多,学校要投入各种教育资源,如果大学生毕业后找不到满意的工作,就会造成教育资源的浪费,家庭的期望也会无法实现。如果大学生毕业后长期找不到工作,社会稳定自然会受到挑战,社会也会对教育投资丧失信心。

---

① 李涛,孙煖,邬志辉. 2021年疫情背景下中国高校应届毕业生就业状况有何变化?一项基于2021年和2020年全国调查数据的实证研究[J]. 华东师范大学学报(教育科学版),2022,40(2):100-113.

4. 毕业生就业市场环境仍需完善

目前，我国劳动力市场发展仍不完善，存在普遍的信息不对称现象，这就导致社会资本丰富的大学生往往能通过社会关系获取更多的就业信息，从而取得就业先机。再加上"人情社会"等因素，一些就业岗位信息仅通过熟人关系网络传播，造成就业环境不公平。由于资源不均衡、竞争不公平，寒门子弟向上攀爬改变命运变得更不容易。"花了五六万元，上了四年大学，找工作还要'拼爹'"的感慨透着浓浓的辛酸与无奈。"越小的地方越是有一层牢牢的关系网"[①]的认知不禁让我们思考：我们认可什么样的就业公平？曾经人们深信不疑的读书改变命运的人生信条，如今正在受到巨大的挑战与质疑，在一定程度上影响了人们对教育的热情。是不是所有的毕业生都是依靠社会资本才能高质量就业呢？显然不是。那么，什么样的学生更容易就业？高质量就业的学生有哪些具体特征？如何通过提高学生的自致性资本助力大学生高质量就业？这是本研究期望回答的问题。

（二）研究问题

本研究的核心问题是为什么以及如何以大学生的自致性资本为核心构建大学生高质量就业支持体系。具体研究问题如下：

第一，什么是大学生的高质量就业？大学生就业指导工作如何超越仅限于帮助大学生实现就业的局限，延伸到帮助大学生实现高质量就业？就业质量和就业数量概念不同，就业质量关注就业的好坏，就业数量也就是充分就业，主要关注能否成功就业，即就业的人数或就业率。党的十八大以来，就业工作的目标是实现充分就业和高质量就业，追求就业质量已成为一种新常态。在新时代背景下，"高质量"成为热词，怎样才算高质量就业呢？不同主体理解的出发点不同，期待也存在差异。本研究聚焦大学生主体视角下的就业质量。高质量就业为就业质量的一种，就业质量有高有低，高质量就业为本研究的目标。

第二，大学生高质量就业的影响因素有哪些？应采用什么样的理论分析框架进行研究？本研究聚焦大学生自致性资本，分析如何构建以自致性资本

---

① 顾仲阳，丁瑾之. 农家子弟，读书还能改变命运吗？[N]. 人民日报，2011-08-28（5）.

为基础的大学生高质量就业理论体系。当前关于大学生就业质量影响因素研究的理论分析框架主要是基于人力资本理论和社会资本理论,整体上,人力资本理论更关注大学生自致性的一些因素对其就业质量的影响,社会资本更关注大学生的非自致性因素对其就业质量的影响。但实际上,二者中的一些因素存在某种程度的交叉。这种交叉因素的存在,直接影响了传统的人力资本理论和社会资本理论对大学生就业质量分析的解释力和指导力。尤其社会资本理论,往往将影响大学生就业质量的因素指向大学生自身之外的一些因素。当我们针对大学生就业指导工作分析大学生就业影响因素时,我们更倾向于分析指导工作能做什么和不能做什么。影响高质量就业的因素与影响就业质量的因素大部分是相同的,但是有些因素在影响高质量就业和就业质量的程度上会有所不同。例如:学习成绩会影响就业的薪资等就业质量,但是对于主观就业指标等高质量就业的评价标准的影响可能不显著。本研究主要对其进行等同分析。本研究将大学生的高质量就业的影响因素分为自致性资本和非自致性资本。自致性资本是相较于非自致性资本而言的,有更好的可调控性,对高等学校和高校教师做好大学生就业指导工作具有更深远的现实意义。

第三,大学生自致性资本对就业质量有怎样的影响?如何通过实证研究加以证明?大学生就业受到诸多因素的影响,如何控制非自致性资本等因素的影响,科学、准确地设定自致性资本的衡量指标并测量其对大学生高质量就业的影响?自致性资本对大学生高质量就业的影响机制是什么样的?在大学生就业质量的影响因素中,本研究重点关注大学生个人努力所能发挥的自主作用是否越来越大,通过实证数据验证自致性资本在大学生高质量就业中所发挥的重要作用,以及自致性资本与大学生就业质量各指标间的关系,纠正大学生"拼爹""躺平""拼颜值"等错误观念。

第四,如何以大学生的自致性资本为核心构建大学生高质量就业支持体系?如何从高校大学生就业指导工作实际出发,提出以大学生自致性资本为核心的大学生就业指导体系建设策略?

二、研究目标与意义

（一）研究目标

第一，通过文献研究、问卷研究等研究方法明晰大学生自致性资本和大学生就业质量的内涵，探索构建相对科学的自致性资本指标体系和大学生就业质量指标体系；

第二，通过量化研究测量自致性资本对大学生就业质量的影响程度，明晰作用机理，进一步丰富和拓展大学生就业理论；

第三，结合以上研究结果和相关实际情况，有针对性地提出有助于提升大学生就业质量的对策、建议。

（二）研究意义

1. 理论意义

大学生就业质量的影响因素是十分复杂的，如何实现充分就业和高质量就业是我国现阶段面临的重要课题。以往文献中对大学生自致性资本和大学生就业质量的概念界定并不明确，本研究将人力资本理论和社会资本理论引入大学生就业研究，以大学生自致性资本为出发点，试图厘清大学生自致性资本的构成要素和高质量就业的具体内涵，从微观角度深入研究大学生自致性资本和就业之间的关系，重点分析自致性资本对大学生就业质量的影响过程，发掘自致性资本对大学生就业质量的作用机理，分析自致性资本与大学生就业质量间的关系。本研究在某种程度上弥补了其他解释方式的不足，为进一步丰富大学生就业质量研究提供了借鉴。

2. 实践意义

我国经济已进入高质量发展阶段，追求高质量就业是人民美好生活的经济基础，也是社会发展的客观要求。大学生高质量就业是个人实现职业发展、创造财富和社会价值、实现代际向上流动的重要途径，也是高校人才培养质量的有效映射，更是社会经济稳定发展的人才基础。本研究在解决充分就业、破解就业难点的基础上，探究何种因素能够有效提升大学生就业质量，让大学生高效地找到满意的工作。大学生的就业满意度，宏观上可以促进社会稳定、经济发展和文化交流，微观上可以影响学生个人价值实现、高校发展、雇主利益。本研究聚焦自致性资本对大学生就业质量的影响及作用机制，有利于政府和高校完善人才培养方案和就业服务体系，培育大学生与国家期待同步的正确就业观念，指导大学生有针对性地提升就业能力，提高高校大学生就业指导工作的质量。

三、文献综述

高校大学生的就业问题一直受到国内外学者的关注。本部分将从学生就业质量的概念界定开始，重点梳理多年来国内外学者对大学生就业质量的概念界定、影响因素、作用机制等方面的研究成果，并在回顾国内外已有研究文献的基础上进行分析和评论。

（一）关于就业质量的研究

1. 关于就业质量概念的相关研究

根据《现代汉语词典（第7版）》，质量是指"产品或工作的优劣程度"；《现代劳动关系辞典》将"就业"定义为"劳动者同生产物质条件相结合，为社会创造物质财富或提供劳务，并取得劳动报酬或经营收入的行为"[①]。就业质量研究始于20世纪初，"科学管理之父"弗雷德里克·温斯洛·泰勒（Frederick Winslow Taylor）从企业或公司的角度提出了"就业质量"的概念。20世纪70年代，"工作质量""体面劳动"等概念出现。目前，就业质量

---

① 苑茜，周冰，沈士仓，等. 现代劳动关系辞典 [Z]. 北京：中国劳动社会保障出版社，1999：214.

的概念界定学界尚未达成一致。

截止到2022年2月4日，在中国知网以"就业质量"为主题，检索文献9 897篇，其中学术期刊7 215篇，学位论文1 076篇。其中，从劳动者个体角度进行研究的居多。国外就业质量概念的提出经历了较长的历程。工作生活质量（简称QWL）出现于20世纪70年代的欧美国家，具体指工会和管理层共同努力改善员工的生活福利和工作环境，通过提高员工的决策参与度，来提高企业生产力和员工满意度。例如，1972年，德国提出了一项法案，旨在提高员工工作和生活质量，鼓励员工广泛参与。1974年，法国为了改善员工工作条件，向企事业单位投资了2 400万法郎。20世纪70年代中后期，美国、英国、意大利和澳大利亚不断研究和实施改善员工工作、生活质量的具体方案。1999年国际劳工组织提出了"体面劳动"的概念，认为体面劳动就是生产工作要有足够的工资保障，员工能享受社会保险及相关福利，能保障相应的权利，能与雇主、政府进行有效对话。20世纪90年代，欧盟指出较高的失业率和招聘困难将持续共存，于是提出了"工作质量"（Quality in Job）的概念。"新欧洲就业战略（2003—2010）"将改善工作质量作为新欧洲就业战略的三个主要目标之一。就业质量（Employment Quality）分为高质量就业（High-quality Employment）和低质量就业（Low-quality Employment）。施罗德（Fredric K. Schroeder）指出高质量就业指个人有能力在一个他们认为具有挑战性和令人满意的综合工作环境中挣取工资来谋生。[①] 他指出就业质量并非一成不变，高质量就业和低质量就业之间可以流动，收入也并非衡量就业质量的唯一标准。

国外对就业质量测量的研究，随着就业质量概念内涵的变化逐渐从单一指标向多维指标发展。雷特（Richard Layte）从小时工资、培训机会和自治程度三个维度对合同类型对就业质量的影响进行了测量。[②] 莫顿（Peter Morton）探讨了微型和小型企业中劳动者的就业质量问题，构建了较为全面

---

① SCHROEDER F K. Workplace Issues and Placement: What is High Quality Employment Work [J]. Work, 2007, 29 (4): 357-358.

② LAYTE R, O'CONNELL P J, RUSSELL H. Temporary Jobs in Ireland: Does Class Influence Job Quality? [J]. The Economic and Social Review, 2008, 39 (2): 81-104.

的 10 项指标，包括劳资关系、薪酬、安全和健康、工作时间和休假、社会保险等①。加利奇（Zvonimir Galic）设置了九个维度来研究经济衰退期克罗地亚劳动者就业质量下降的主要原因，主要包括工作条件、收入公平性、薪水充足性、工作安全程度以及职工企业决策参与度等。②马斯顿和赫尔伯特（Peter V. Marsden & Jeanne S. Hurlbert）发现，工作搜寻方法对收入影响甚微。③科克峦、台契尔与邓肯（Corcoran Mary，Datcher Linda and Duncan Greg）经过研究发现，虽然通过社会关系招聘的员工具有较好的起薪，但与通过其他渠道招聘的员工相比，他们在工资水平上的优势会随着时间的推移而逐渐削弱。④罗森鲍姆（James Rosenbaum）等却得出截然相反的结论：在刚毕业时，求职者的社会关系并不能让其获得薪资优势，但在以后的职业生涯中家庭关系会让他们获得更高的薪资。⑤喀沃迪尔（James Coverdill）通过1982 年创业机会试点项目（Employer Opportunity Pilot Project）雇主调查的数据也得出了类似的结论：那些善于利用人际关系的人在工作的第一年就有更好的加薪和升职机会。⑥时任人力资源和社会保障部副部长信长星在党的十八大后答记者问中解读如何理解"更高质量的就业"内涵时说："从宏观层面讲的，主要指充分的就业机会、公平的就业环境、良好的就业能力、合理的就业结构、和谐的劳动关系等等。这就要求我们在就业工作中，不仅注重就业规模的持续扩大，还注重就业质量的不断提升，增强就业的稳定性。"谢珺在对就业理论以及体面劳动、就业质量和更高质量就业进行研究的基础上，从六个方面提出了高质量就业的内涵，包括人力资本水平、收入水平、就业

---

① MORTON P. Job Quality in Micro and Small Enterprises in Ghana: Field Research Results [J]. SEED working paper, 2003 (68): 1-27.

② GALIC Z. Quality of Working Life During the Recession: The Case of Croatia [J]. Croatian Economic Survey, 2012, 14 (1): 5-41.

③ MARSDEN P V, HURLBERT J S. Social Resources and Mobility Outcomes: A Replication and Extension [J]. Social Forces, 1988, 66 (4): 1038-1059.

④ MARY C, LINDA D, GREG D. Most Workers Find Jobs Through Word of Mouth [J]. Monthly Labor Review, 1980, 103 (8): 33-35.

⑤ ROSENBAUM J E, KARIYA T, SETTERSTEN R, et al. Market and Network Theories of the Transition from High School to Work: Their Application to Industrialized Societies [J]. Annual Review of Sociology, 1990, 16 (1): 263-299.

⑥ COVERDILL J E. Personal Contacts and Post-Hire Job Outcomes: Theoretical and Empirical Notes on the Significance of Matching Methods [J]. Research in Social Stratification & Mobility, 1998 (16): 247-269.

环境、劳动关系、社会保障和工作条件,并从这六个方面对上海更高质量就业内涵进行更为深入的研究和系统的分析,为更高质量就业的发展研究提供了新视角。她认为人力资本水平是更高质量就业内涵最重要的组成部分。就业质量概念的提出可以在一定程度上弥补单纯以就业数量概念无法真正反映劳动者就业情况的缺陷。

表绪-1 就业质量概念的提出

研究人员	就业质量概念	时间
欧美国家	工作生活质量(QWL)指由工会和管理部门合作,改善员工生活福利和工作环境,以提高员工的决策参与度为手段,最终达到提高生产率和员工满意度的目的。	20世纪70年代
国际劳工组织	体面劳动就是生产工作要有足够的工资保障,员工能享受社会保险及相关福利,能保障相应的权利,能与雇主、政府进行有效对话。	1999
贝特森	付出与回报的经济契约关系以及雇佣单位与员工心理关系。①	2000
欧盟	工作质量是指我们不仅要有工作,而且要有更好的工作环境。	20世纪90年代
莫顿	将薪酬福利、工作压力、员工职业前景、技术水平、工作为员工带来心理满足感等归纳为就业质量。	2004
刘素华	从五个方面衡量,分别为工作的性质、雇佣的条件、劳动环境、社会福利和雇主与雇员的关系。②	2005
叶金珠	就业质量指从个体目前的就业状况、才智发挥、收入水平和满意程度等方面衡量个体整体就业状况的优劣。③	2006

---

① BEATSON M. Job "Quality" and Forms of Employment: Concepts and the UK Statistical Evidence [R]. Critical Social Policy, 2000: 108-134.
② 刘素华. 建立我国就业质量量化评价体系的步骤与方法 [J]. 人口与经济, 2005 (6): 36-40.
③ 叶金珠. 社会资本对就业质量的影响: 对杭州市1227名城市居民的调查与分析 [D]. 武汉: 华中科技大学, 2006: 14.

续　表

研究人员	就业质量概念	时间
斯克罗德	个人在工作环境中所获得的基本谋生能力，同时认为衡量高质量就业的标准并不只有收入。①	2007
谢勇	就业质量是一个包括工资水平、就业稳定性、工作条件和劳动者权益保障的多维度概念，应从劳动者合同的签订情况、就业稳定性以及工资水平三个方面进行定义。②	2009
徐莉、郭砚君	就业质量是指工作者将工作环境、工作地点、就业单位知名度、满意度、薪酬福利满意度等主观评价和社会客观情况即客观评价相结合的总体质量情况。③	2010
姜献群	毕业生就业质量指毕业生即将从事的工作与其自身接受教育的程度、专业和所读院校的培养目标相适应且符合自身就业意愿的程度。④	2014
潘琰、毛腾飞	就业质量可以理解为个人层面的就业者从开始求职到入职后对工作各方面的满意程度，以及不同地区就业率和平均收入。⑤	2015
王向东	就业质量是一个主客观相结合的概念，是对客观就业状态和就业主题主观感受的综合性评价。⑥	2016

---

① SCHROEDER F K. Workplace Issues and Placement：What is High Quality Employment？[J]. Work，2007，29（4）：357-358.

② 谢勇. 基于就业主体视角的农民工就业质量的影响因素研究：以南京市为例 [J]. 财贸研究，2009，20（5）：34-38，108.

③ 徐莉，郭砚君. 大学生就业质量与社会资本关系研究：以武汉高校为例 [J]. 中南民族大学学报（人文社会科学版），2010，30（5）：85-88.

④ 姜献群. 提升大学生就业质量的思考：韩国的经验及启示 [J]. 教育发展研究，2014，34（17）：26-32.

⑤ 潘琰，毛腾飞. 就业质量的组合评价研究 [J]. 东南学术，2015（1）：117-125.

⑥ 王向东. 高校毕业生就业质量调查及其对高校教育教学的启示：基于浙江省4届毕业生的实证调查 [J]. 大学教育科学，2016（4）：100-105.

续 表

研究人员	就业质量概念	时间
吴新中、董仕奇	就业质量是基于个体满意度、学校满意度、用人单位满意度、家庭满意度、社会满意度等多个评价维度的一定时间序列内的综合概念和价值判断。①	2017
杜兴艳	就业质量的内涵有主观和客观两个层面，客观层面指的是毕业生获得工作的优劣程度，包括毕业生是否能获得这份工作以及所获得工作的特征；主观层面指的是这份工作对相关主体的满足程度。②	2017
李光红	就业质量可以从主客观相结合、宏微观层面进行描述。从主观方面上，就业质量指的是劳动者个体对就业状况的满意程度以及符合自身期望的程度；从客观方面上，就业质量是从工作角度来分析劳动者获得工作和薪酬的状况。③	2020

2. 关于大学生就业质量的研究

大学生就业率一直是社会高度关注的话题，也是学术研究的热点。就业率是一个较为宽泛的概念，只能反映大学生的就业数量。要真实反映大学生就业的现实状况，需要从质和量两个维度进行探讨，而就业质量能够更好地反映大学生的就业状况。对于社会来说，大学生就业质量低会产生教育投资无效的思想论，影响社会经济的可持续发展，发展到一定规模可能会导致出现不稳定因素。因此，要切实提高大学生的就业质量。

西方国家关于就业质量的研究成果显著，国内相关研究起步较晚。在知网（CNKI）数据库以"毕业生就业质量"或"大学生就业质量"为主题，共检索出 4 417 篇文献，占"就业质量"全部研究的 44.63%，说明大学生群体的就业质量成为就业质量研究的核心议题之一。这些研究主要是借鉴西方国家的先进研究成果，并立足中国国情努力构建中国化的研究路径。具体来说，主要包括关于整体或区域的就业质量的宏观研究，以及关于特殊群体就业质

---

① 吴新中，董仕奇. 高校毕业生就业质量评价要素及体系建构 [J]. 科技进步与对策，2017，34（4）：140-144.
② 杜兴艳. 基于 AHP 的高校毕业生就业质量跟踪及实证研究 [J]. 教育评论，2017（2）：65-69.
③ 李光红. 高质量就业的动态评价与协同治理 [M]. 北京：中国经济出版社，2020：17.

量状况的微观研究。

宏观上,学者们运用统计方法对整体就业质量进行了测量。参照欧洲已有的就业质量评价机制,赖德胜等运用统计年鉴数据,制订了三级指标体系,对2007、2008年我国的整体就业质量状况进行了测量;[①] 张抗私等运用熵权法对宏观就业指标体系进行赋权发现,劳动报酬、就业能力、劳动关系三项指标对就业质量影响最大。[②] 一些学者也尝试讨论就业质量状况与其他宏观经济社会发展指标之间的关系。刘婧等发现就业质量与经济增长、经济结构之间具有较好的耦合关系。[③] 在大学生就业质量研究方面,有研究发现,大学生就业质量主要受人力资本影响,人力资本对大学生就业质量具有决定性作用;[④][⑤] 杨胜利等对居民主观幸福感是否受就业质量的各分指标影响进行了检验,研究结果表明,周工作时间这一指标对各地区居民的主观幸福感有显著的影响,但是其他的指标对于居民主观幸福感的影响存在异质性。[⑥]

微观上,对特殊群体就业质量的研究较为丰富,主要聚焦规模庞大的大学生和农民工两大群体。在大学生就业质量研究方面,一些学者研究了人力资本和社会资本对大学生就业质量的影响机制。通过对北京市14所高校进行问卷调查,薛在兴认为学生的就业质量受社会资本的影响,社会资本运用得当的大学生,能够极大地提高就业质量[⑦]。柯羽对浙江6所地方高校农村生源的大学毕业生进行了调查,从就业率、满意度两方面对就业质量进行了综合性判断。[⑧] 袁红清通过研究发现,先赋性和后天努力因素对农村籍大学生就业

---

① 赖德胜,苏丽锋,孟大虎,等.中国各地区就业质量测算与评价[J].经济理论与经济管理,2011(11):88-99.
② 张抗私,李善乐.我国就业质量评价研究:基于2000—2012年辽宁宏观数据的分析[J].人口与经济,2015(6):62-72.
③ 刘婧,郭圣乾,金传印.经济增长、经济结构与就业质量耦合研究:基于2005—2014年宏观数据的实证[J].宏观经济研究,2016(5):99-105.
④ 胡永远,邱丹.个性特征对高校毕业生就业的影响分析[J].中国人口科学,2011(2):66-75,112.
⑤ 张东海."关系"还是"能力":研究生就业中人力资本和社会资本的作用研究[J].教育发展研究,2017,37(9):53-58.
⑥ 杨胜利,谢超.就业质量对居民幸福感的影响分析研究:基于CGSS2010的实证分析[J].云南财经大学学报,2015,31(6):50-57.
⑦ 薛在兴.社会资本对大学生就业质量的影响:基于北京市14所高校的一项实证研究[J].青年研究,2014(3):55-64,95-96.
⑧ 柯羽.基于主成分分析的浙江省大学毕业生就业质量综合评价[J].中国高教研究,2010(4):74-76.

质量的影响程度分别为23%和39%。① 王慧、叶文振等通过研究发现，平等的社会性别意识、个体性别意识都显著地提高了女大学生的就业质量。② 赵建国将大学生就业质量描述为："大学生在完成学业，刚走出大学校门这个时点上，首次作为劳动力市场上的劳动者进行就业的结果。"这个结果不仅为就业者提供了客观的工作环境、薪资待遇、一定的社会地位和职业前景等条件，还是大学生在求职过程中一系列心理活动和价值观形成的反映。他将求职心理、求职过程和就业满意度作为就业质量的影响因素。③ 费军和姚山季认为结构资本和关系资本对就业机会的积极影响显著，就业机会积极影响着就业质量，就业质量又积极影响着就业满意度。④ 张淼在整体性、定量与定性相结合、主客观相结合、可操作性、宏微观相结合五大原则的基础上，总结出了大学生就业质量具体包括稳定与公平、安全与健康、报酬与提升这三个一级指标（一级指标下设九个二级指标，二级指标下设三级指标），其中各项指标的权重不同。该研究运用文献分析法、层次分析法、专家打分法、实证调研法等方法，确立了大学生就业质量的评价指标和评价方法。⑤ 另外，一些学者研究了大学生就业质量评价指标体系构建的方法，主要包括线性加权函数法⑥、层次分析法⑦以及主成分分析法⑧等。麦克思研究院把就业满意度、职业期待吻合度、薪资分析、工作与专业相关度、离职率作为就业质量的主要衡量指标。⑨

综上所述，国外对就业质量的相关研究从单一指标筛选向多维度指标合成发展，内容越来越丰富，体系越来越完善。近年来，国内对就业质量的相

---

① 袁红清，李荔波. 农村大学生就业质量分析：基于浙江省1514名农村大学毕业生的调查 [J]. 农业经济问题，2013，34 (11)：65-70.
② 王慧，叶文振. 性别意识与女大学生就业质量：基于福建省五所高校的调查 [J]. 人口与发展，2016，22 (2)：39-47.
③ 赵建国，王嘉箐. 社会资本对大学生就业质量的影响研究 [J]. 财经问题研究，2017 (6)：124-131.
④ 费军，姚山季. 社会资本与大学生就业：理论框架及实证分析 [J]. 南京社会科学，2014 (7)：56-61.
⑤ 张淼. 大学生就业质量评价指标开发及其实证检验 [D]. 西安：西北工业大学，2017.
⑥ 李军峰. 就业质量的性别比较分析 [J]. 市场与人口分析，2003 (6)：1-7.
⑦ 柯羽. 高校毕业生就业质量评价指标体系的构建 [J]. 中国高教研究，2007 (7)：82-84，93.
⑧ 李军峰. 就业质量的性别比较分析 [J]. 市场与人口分析，2003 (6)：1-7.
⑨ 麦克思研究院. 2014年中国大学生就业报告 [M]. 北京：社会科学文献出版社，2014：75.

关研究也逐渐活跃和多样化，研究对象范围不断扩大，研究方法日趋丰富。但仍存在一些值得改进的地方，如研究对象选取或过于单一，或差异过大，急需进行规范和完善。另外，针对已毕业大学生就业质量的跟踪研究不多，尤其是对大学生就业的现实状况和大学生就业指导工作的应对举措的研究较少。有关大学生就业质量的概念体系、指标构成，学界都尚未达成共识。通过文献梳理可以发现，关于就业质量的研究大多从两个层面开展：一是宏观和微观层面，宏观上指劳动力市场资源配置与运行状况，微观上指劳动者的就业环境和主观感受；二是主观和客观层面，主观上指劳动者自身期望和就业满意度，客观上指劳动者所得薪酬等情况。

（二）关于就业质量影响因素的研究

就业质量的影响因素种类很多，对就业质量水平的高低产生的影响也不尽相同。现有文献的研究大致可分为以下三个方面。

1. 宏观层面因素的影响

宏观层面因素对就业质量的影响大多体现在市场环境、国家政策等方面。

（1）市场环境的影响

改革开放以来，我国的劳动力市场开始发生了深刻变化，影响巨大。到2005年前后，劳动力市场日趋规范完善，劳动力的流动性越来越强，企业可以根据市场自主做出和工资有关的决定。[1] 然而，近年来一些研究指出，我国劳动力市场仍然存在严重的结构性问题，[2] 市场均衡是供需双方共同作用的结果，"企业招工难"与"大学生就业难"并存现象反映了低技能劳动力的供不应求和高素质人才的供过于求，因此还需从需求方说明为何需要更多的低技能劳动力和更少的高技能劳动力。[3] 岳昌君和邱文琪探究了高校毕业生就业的城市偏好和就业流动收益，发现毕业生就业流动能够显著提高收入。[4]

---

[1] 劳伦·勃兰特，托马斯·罗斯基. 伟大的中国经济转型 [M]. 方颖，赵扬，等译. 上海：上海人民出版社，2016：140.

[2] 中国经济增长前沿课题组，刘平，张霞辉，等. 中国经济增长的低效率冲击与减速治理 [J]. 经济研究，2014，49（12）：4-17.

[3] 申广军，姚洋，钟宁桦. 民营企业融资难与我国劳动力市场的结构性问题 [J]. 管理世界，2020，36（2）：41-56.

[4] 岳昌君，邱文琪. 高校毕业生城际流动的特征分析 [J]. 北京大学教育评论，2019，17（3）：88-108，189-190.

(2) 国家政策的影响

在社会环境对就业质量产生影响的同时,国家政策也对劳动力的就业目标和方向的选择产生了潜移默化的影响。就业问题是最大的民生问题,高校毕业生就业工作是党中央、国务院高度重视的问题,需要想尽办法帮助高校毕业生就业。

教育部配套出台了一系列举措,积极引导毕业生到基层就业,如"特岗教师计划""大学生志愿服务西部计划""三支一扶"等。各级政府也在强化就业优先政策,强化层层责任,综合施策,积极开辟新空间,切实做好困难毕业生帮扶工作。一段时间以来,省委书记进高校讲就业课的新闻已经屡见不鲜,毕业生就地就业、就地创业的激励性政策也如雨后春笋般出现。这一系列保就业、稳就业的举措,为毕业生提供了更多有吸引力的就业岗位,较大程度上为实现人岗精准对接、人职匹配提供了便利,提高了大学生的求职效率。这些鼓励高校毕业生到基层工作的政策,完善了保障机制,鼓励更多的高校毕业生实现基层就业。此外,相关部门还想方设法为小微企业发展创造良好环境,推动小微企业转型升级,创造更多吸纳高校毕业生的就业岗位。继续实施离校未就业毕业生就业促进计划,加强就业指导、就业服务和就业援助,进一步创造公平就业环境,推动创新高校人才培养机制。2020年,国家发展改革委等13个部门联合下发的《关于支持新业态新模式健康发展 激活消费市场带动扩大就业的意见》提出支持15种新业态新模式发展,为高校大学生就业提供了更大的就业空间。

党的十六大以来,就业工作上升到关系国家改革发展大局的高度,我国建立了较为系统的就业政策体系,就业工作呈现体系化、多样化、法治化特征;特别是党的十八大以来,就业工作成为最大的民生工作,得到了社会各界前所未有的重视,就业工作目标也从充分就业变成高质量和充分就业。2002年以来,我国实施以就业需求对接为导向的劳动力市场政策,完善有政策支持的公共就业服务体系,扩大公益性岗位空间,完善劳动力市场就业服务体系。2008年颁布的《中华人民共和国就业促进法》成为我国就业工作法治化、制度化的重要标志。党和政府始终把大学生就业作为工作重点,把促进大学生就业作为一项重要任务,先后制定发布《关于加强普通高等学校毕业生就业工作的通知》等一系列文件,通过市场导向、政府调控、学校推荐、双向选择等政策促进大学生就业,同时开展的创新创业教育也能够较好地促进大学生就业,服务于经济社会发展的需要。党的十八大以来,以习近平同志为核心的党中央实施就业优先战略,将就业工作放在更加突出的位置,使就业工作有了新定位。在坚持就业优先的基础上,国家大力推进创新创业,将创业工作纳入政策范围体系,制定并实施了一系列促进创业的政策,为以创促就奠定了良好基础。

2. 中观层面因素的影响

中观层面因素对就业质量的影响大多体现在学校地域、学校背景、学校类型等方面。

随着高等教育改革的纵深发展,学校在改革和推动大学生高质量就业中扮演的角色越来越重要。学校是学生学习知识、提高技能的主要场所。岳昌君等指出,院校类型和学校所在地对毕业生的求职结果和起薪有显著的影响。[1] 闵维方等指出,西部地区高校毕业生更难找到工作,并且起薪明显偏低。[2] 李锋亮等、马莉萍和丁小浩、高耀等将学校特征当作人力资本因素,考察学校性质、学校声誉、学校层次等因素对高校毕业生就业的影响,结果发现学校特征对求职及起薪的影响并不相同。[3][4][5] 岳昌君和张恺认为,学校类型是影响高校毕业生就业结果的重要因素。[6] 邓峰指出不同类型高校毕业生起薪显著差异表现为学校类型的影响力大于人力资本和家庭背景因素。[7] 丛亮从供给侧结构性改革的角度分析了大学生的就业策略,他认为要通过加强供给主体顶层设计、优化供给内容提高大学生就业竞争力,创新供给方式,强化就业工作实效。具体来说,要结合社会需求,优化人才培养体系;加强制度

---

[1] 岳昌君,丁小浩.影响高校毕业生就业的因素分析[J].国家教育行政学院学报,2004(2):80-86.

[2] 闵维方,丁小浩,文东茅,等.2005年高校毕业生就业状况的调查分析[J].高等教育研究,2006(1):31-38.

[3] 李锋亮,陈晓宇,刘帆.工作找寻与学用匹配:对高校毕业生的实证检验[J].北京师范大学学报(社会科学版),2009(5):126-135.

[4] 马莉萍,丁小浩.高校毕业生求职中人力资本与社会关系作用感知的研究[J].清华大学教育研究,2010,31(1):84-92.

[5] 高耀,刘志民,方鹏.人力资本对高校学生初次就业质量的影响:基于2010年网络调查数据的实证研究[J].教育科学,2012,28(2):77-85.

[6] 岳昌君,张恺.高校毕业生求职结果及起薪的影响因素研究:基于2013年全国高校抽样调查数据的实证分析[J].高等教育研究,2014,35(11):35-44.

[7] 邓峰.高等教育质量与高校毕业生起薪差异分析[J].教育研究,2013,34(9):42-49.

建设，推进协同共治；注重文化引领，营造良好培养氛围；加强思想政治教育的融入；组织社会实践和志愿服务；提升教师队伍的教学能力；健全完善职业生涯指导体系；重视创新创业教育；加大校企联合力度；分层分类指导；强化就业工作信息化建设。[①] 王文婷从职业收入和工作满意度方面，对我国高等教育和社会关系对就业的影响进行的实证研究表明，接受过高等教育的劳动者会更容易进入高收入、自己满意的工作岗位，而社会资本的使用会对收入产生负面影响。通过交叉表分析发现，利用社会资本完成就业的通常是自身处于弱势地位的劳动者，这表明在劳动力市场上教育仍是影响就业的最关键因素，社会资本处于辅助地位。[②]

3. 微观层面因素的影响

微观层面因素对就业质量的影响集中体现在家庭和个人方面。

（1）家庭因素的影响

生源地、家庭收入、家庭经济社会地位、家长受教育程度以及家庭的社会关系均对大学生就业质量产生影响。

李战国认为，在社会经济转型的过程中，就业市场由于存在诸多不合理的制度性分割，不同的大学生群体在就业时面临着不平等的就业环境和机会，使得家庭社会资本在就业中愈发显得重要。[③] 岳昌君和白一平指出，家庭经济收入、父母职业类型、父母受教育年限和家庭社会关系等家庭背景均会对毕业生的就业落实、就业起薪和就业满意度产生显著影响。[④] 谢宝国通过研究发现，38.46%的城市大学生通过家庭帮助进入党政机关部门工作，农村大学生通过熟人帮助进入党政机关部门工作的只有7.69%。[⑤] 由此可见，在就业过程中，城市大学生可以利用的社会资本明显多于农村大学生。赵建国将家庭社会经济地位的衡量指标分为父母受教育程度、父母职业层次、父母单位类

[①] 丛亮. 供给侧改革思维下高校大学生就业策略探析 [J]. 思想教育研究，2017（4）：108-111.

[②] 王文婷. 高等教育与社会资本影响就业的对比实证研究 [J]. 继续教育研究，2018（7）：104-108.

[③] 李战国. 靠自身努力是大学生良性就业根本之道 [N]. 中国教育报，2015-10-15（5）.

[④] 岳昌君，白一平. 2017年全国高校毕业生就业状况实证研究 [J]. 华东师范大学学报（教育科学版），2018（5）：20-32.

[⑤] 谢宝国，王远伟. 农村稳籍与城市籍大学毕业生就业获得差异的实证研究 [J]. 教育与经济，2014（1）：46-52.

型、家庭人均年收入和家庭社会关系网络。① 谭远发指出，父母的政治资本对子女人力资本的积累有促进作用，会帮助子女将教育优势转化为职场优势。② 陆学艺认为父母越是接近政治、文化和经济权力的核心，"家庭"这种社会资本的作用就越强、越持久，家庭社会资本也可以增强大学生的求职信心。③ 郑洁指出，强大的家庭经济后盾增强了毕业生的求职信心，在此影响下大学生有可能推迟就业，或更愿意选择企业就业，对薪酬的期望值更高。④ 刘艳茹认为，毕业生的家庭社会地位越高，其顺利毕业的可能性越大，对其工作的满意程度会越高。⑤ 孔高文等认为，即使前往外地就业，家庭社会资本对毕业生工资水平的影响依然显著。⑥ 姜继红、汪庆尧发现，父亲的职位和大学生的就业存在一定联系，两者的相关系数为0.145。⑦ 余卉等通过深度访谈，讨论了家庭社会资本和个人社会资本强弱关系的双重属性与青年就业之间的关系，认为青年求职具有受强关系社会资本显著影响、依赖家庭社会强关系资本、对个体社会强关系资本不够重视等特点。⑧

（2）个体因素的影响

性别、受教育程度、技能水平、社会实践经历、个人努力获得的社会关系等个体所拥有的资本对自身就业质量影响显著。

叶金珠通过实证研究发现，劳动者个人具备的一系列人力资本和社会资本对就业质量有正向的积极作用。⑨ 李军峰通过研究我国员工的性别对其就业质量的影响，发现女性员工的就业质量低于男性员工，并指出出现这种差异的原因是男性和女性的受教育水平的差异、社会性别观念的影响、劳动力市

---

① 赵建国. 社会资本对大学生就业质量的影响研究 [J]. 财经问题研究，2017（6）：124-131.
② 谭远发. 父母政治资本如何影响子女工资溢价："拼爹"还是"拼搏"？[J]. 管理世界，2015（3）：22-33.
③ 陆学艺. 当代中国社会流动 [M]. 北京：社会科学文献出版社，2004：203.
④ 郑洁. 家庭社会经济地位与大学生就业：一个社会资本的视角 [J]. 北京师范大学学报（社会科学版），2004（3）：111-118.
⑤ 刘艳茹. 社会资本视角下大学毕业生初次就业问题研究 [D]. 武汉：华中师范大学，2012.
⑥ 孔高文，刘莎莎，孔东民. 我们为何离开故乡？家庭社会资本、性别、能力与毕业生就业选择 [J]. 经济学，2017，16（2）：621-648.
⑦ 姜继红，汪庆尧. 社会资本与就业行为的实证研究 [J]. 扬州大学学报（人文社会科学版），2007（6）：70-74.
⑧ 余卉，胡子祥. 寒门再难出贵子？社会资本双重属性下青年就业的质性研究 [J]. 中国青年研究，2019（12）：57-63.
⑨ 叶金珠. 社会资本对就业质量的影响 [D]. 武汉：华中科技大学，2006.

场的性别歧视等。①李颖认为大学生本身所具备的就业能力会对其就业质量产生影响。李黎明和张顺国认为，大学生个人能力越强，越倾向于选择社会地位和资源含量较高的单位就业。②辛斐斐的研究表明，学历层次、学习成绩、学校声誉等因素对提高大学生就业水平有积极影响。③王霆通过实证分析发现，教育学习状况和参与社会实践对大学生的就业质量会产生显著的正向影响。④王文婷从职业收入和工作满意度方面，对我国高等教育对大学生就业的影响进行实证分析。分析结果表明，接受过高等教育的劳动者会更容易进入高收入、自己满意的工作岗位，在劳动力市场上教育仍是影响就业的最关键因素。袁红清通过对浙江6所地方高校农村生源大学毕业生的调查研究发现，先赋性和后天努力因素对就业质量影响程度的解释力分别为23％和39％。⑤康小明对北京大学毕业生进行的实证研究表明，大学期间积累的社会资本与收入水平、职位等级等就业发展成就指标之间存在显著正向关系。⑥黄炜和方玖胜认为个体就业能力、个体就业特征、个体就业期望和社会就业环境是影响大学生就业质量的主要因素。⑦柯羽发现大学生就业能力中的内在素质、社会能力等非职业素质对就业质量具有决定性影响。⑧郭毅发现，大学生在四年学习期间所积累的社会关系资源对其择业起到了直接的咨询作用。⑨他认为，大学生在四年的学习期间所建立的社会关系来自两个途径。一是本身所在校园生活。大学期间认识的同学、朋友、恋人等基本上处于和大学生自身同样的社会地位，彼此在经验、感受上比较相似，交流的频率高，在择业的问题

---

① 李军峰. 就业质量的性别比较分析 [J]. 人口与发展, 2003 (6): 1-7.
② 李黎明, 张顺国. 影响高校大学生职业选择的因素分析: 基于社会资本和人力资本的双重考察 [J]. 社会, 2008 (2): 162-180.
③ 辛斐斐. 人力资本、社会资本与大学生就业研究: 回顾与展望 [J]. 重庆高教研究, 2019, 7 (1): 102-109.
④ 王霆. 大学生高质量就业的影响机制研究: 人力资本与社会资本的视角 [J]. 高教探索, 2020 (2): 108-114.
⑤ 袁红清, 李荔波. 农村大学生就业质量分析: 基于浙江省1514名农村大学毕业生的调查 [J]. 农业经济问题, 2013, 34 (11): 65-70.
⑥ 康小明. 社会资本对高等教育毕业生职业发展成就的影响与作用: 基于北京大学经济管理类毕业生的实证研究 [J]. 清华大学教育研究, 2006 (6): 49-57.
⑦ 黄炜, 方玖胜. 基于层次分析法大学生就业质量影响因素评价研究 [J]. 湖南文理学院学报 (自然科学版), 2010, 22 (2): 4.
⑧ 柯羽. 就业能力对就业质量的影响 [J]. 当代青年研究, 2010 (6): 5.
⑨ 郭毅, 罗家德. 社会资本与管理学 [M]. 上海: 华东理工大学出版社, 2007: 117.

上有共同语言,这种最易得到的关系是被大学生认同与接受的,缺点就是相互之间能给予的信息并不多,能给予的建议的价值可能并不高。大学生在从事学生工作或参加其他社团活动中认识的学长、校友或与自己关系较好的团委老师或辅导员则可能带给自己更有建设性的建议或意见,这是因为他们都经历过或看到过或听到过不少关于求职招聘的经验和教训,在这方面有比较成熟的观点。另外,他们的社会地位和面临择业的大学生不同,所在的社会关系网络或拥有的社会资本较之大学生更加广泛,通过他们的介绍或引导大学生可能获得不完全公开的应聘机会或内部信息,从而降低求职成本,提高择业成功率。其缺点就是不是每个大学生都能得到这种帮助,需要大学生自己在高校学习生活中积累这方面的社会资本。二是高校校园是一个准社会化的环境,高校生活是学生从象牙塔的单纯学习生活逐步向社会生活过渡的阶段,一些社会化比较早的大学生不会仅仅局限在校园生活中,而是更多地利用兼职、实习的机会提早参与社会活动。在这一过程中大学生就有机会认识一些有一定社会工作经验的人,他们也可能会提供一些很好的建议和工作机会。和学校里的老师或辅导员一样,这种社会关系也是需要靠大学生本身认知情况和交际能力积累的,并不像与同龄人认识那么简单。此外,学生群体中的兴趣社团、"老乡会"等也会通过群体与群体间的弱连带关系建立起桥梁,使不同圈子的人互相认识,从而加强了信息的流通,这种关系虽然常常是被大学生们忽视的,但又的确是很重要的途径。

(三) 关于自致性资本的研究

根据资本的性质,可以将资本分为"先天"具有和"后天"创造两类。关于"后天"创造的自致性资本的研究,目前主要有以下几个方面。

1. 自致性资本概念的相关研究

已有的研究对于自致性资本的命名、划分并不统一。如美国社会学家布劳和邓肯(Peter M. Blau and Otis Dudley Duncan)所著的《美国的职业结构》一书,将美国社会个体的人力资本划分为"先赋性因素"与"后致性因素"。"先赋性因素"为人出生就拥有的,如个体父亲的受教育水平、职业地位等;"后致性因素"则是个体依靠后天的努力获得的,如个体的受教育水平等。① 张红岩将社会资本分为先赋性和自致性两种,先赋性资本主要指大学生个人家庭社会背景;自致性资本指大学生在上学期间与老师、同学所建立的网络联系。② 赵娟把社会资本分为先赋型社会资本和自致型社会资本。先赋型社会资本是与生俱来或通过继承获得的,主要指父母、亲戚的社会关系网络或由他人转让而获得的资源,是可运用的社会资本;自致型社会资本主要指经个人后天努力,通过投资或交换的方式建立的社会关系网络及新的社会资源,即可获取的社会资本,强调的是其拓展社会资本的能力。③ 乔志宏、宋慧婷、冯明礼等认为,后致性社会资本的外化表示主要是参与学校社团、参加学生会等社交活动。④ 王霆将社会资本分为先赋社会资本和后致社会资本,后致社会资本是大学生通过自身社会网络交往不断积累所形成的社会资本,通过网络跨度、网络规模与网络密度三个维度来测量。⑤

本研究认为自致性资本包含人力资本和后致性社会资本,这与王霆的教育学习状况、参与社会实践情况、后致社会资本等观点较为接近。

2. 关于人力资本和社会资本测量的研究

(1) 关于人力资本测量的研究

人力资本理论出现后,学术界对如何测量人力资本进行了探讨。从微观看,通过积累可以增加个人所拥有的人力资本存量;从宏观看,全体公民的人力资本总量构成了一个国家的人力资本总量。因此,角度不同,测算人力资本的方法也不相同。

第一,微观层面的测量。在投资过程中,人力资本等同于个人能力,关于个人能力、技能和知识的测量都可算作人力资本的直接测量,其他的测量则为人力资本的间接测量。人力资本的直接测量利用专门的能力量表,通过抽样调查,来直接测量个人的技能和能力;人力资本的间接测量通过测量个人的能力水平、易于观察的外部特征来间接体现,如学历、资格证书等。在

---

① 布劳,邓肯. 美国的职业结构 [M]. 李国武,译. 北京:商务印书馆,2021:57.
② 张红岩. 社会资本与就业绩效 [M]. 银川:阳光出版社,2012:13.
③ 赵娟. 研究生求职行为中社会资本的质性研究 [J]. 高等教育研究,2005 (12):83-88.
④ 乔志宏,宋慧婷,冯明礼,等. 人力资本和社会资本与中国大学生就业的相关研究 [J]. 中国青年研究,2011 (4):24-28.
⑤ 王霆. 大学生高质量就业的影响机制研究:人力资本与社会资本的视角 [J]. 高教探索,2020 (2):108-114.

传统的人力资本理论中，人力资本被定义为知识、技能等人体内具有经济价值的各类因素的总和。由于这一时期缺乏直接测量技术，大量研究将教育作为能力的代理变量，采用教育年限的测量方法来测量人力资本。① 除此之外，正是因为每个人天生或后天的能力或努力不同，所以之后的关于此方向的大多数研究都有一定的误差与问题。直接测量法的问卷设计相对困难，且数据获取的成本比较高，需要庞大的人力、物力和财力，调查结果难以量化，不同研究所得的数据也难以比较，因此很少被实践应用。因为受教育时间等数据的易得性，以及国家与地区之间的横向比较的方便性，间接测量方法比较普及。不过，曹浩文、杜育红认为，人力资本间接测量方法也存在问题：一是受教育年限仅仅反映了学校教育的长度，不能反映学校教育的质量和效果；二是受教育年限仅代表正规学校教育中人力资本的积累，不能反映后续人力资本的积累过程；三是教育水平不能反映个人在其他场合所积累的人力资本。② 正因为间接测量法存在一定问题，所以真正适合的调研方法就是直接测量法。2011年，经济合作与发展组织（OECD）开展的国际成人能力评估（The Program for the International Assessment of Adult Competencies，简称PIAAC）被认为是相对成熟、有国际可比性的人力资本直接测量项目。经过长期实践积累，经济合作与发展组织（OECD）的人力资本调查在调查概念、理论和测量技术等方面均处于领先水平，为他国提供了重要参考。孙继红介绍了经济合作与发展组织（OECD）对人力资本及计量指标的看法，并建议我国借鉴经济合作与发展组织（OECD）的经验，利用修订后的人力资本测量指标来检验教育质量，并用以指导实践。③ 李盛聪等认为国际成人能力评估（PIAAC）项目提供了大量翔实的数据，为国际成人教育研究提供了调查参考。④ 饶雨从问卷调查、直接评价、技能使用与维护评价、参与性评价过程四个方面分析了国际成人能力评估（PIAAC）的评价框架，分析了国际成人能

---

① 唐科莉. 学习以兑现教育承诺：世界银行发布《世界发展报告2018》[J]. 上海教育，2018（8）：6.
② 曹浩文，杜育红. 人力资本视角下的技能：定义、分类与测量 [J]. 现代教育管理，2015（3）：55-61.
③ 孙继红，杨晓江，岳松. OECD的人力资本观、测量指标及启示 [J]. 辽宁教育研究，2008（12）：3-106.
④ 李盛聪，余婧，饶雨. 国际成人能力评估项目的述评：基于OECD首次成人技能调查结果的分析 [J]. 现代远程教育研究，2014（6）：12-25.

力评估（PIAAC）的背景概念，并对评价项目进行了分级，推动了我国成人能力评价体系的建立。① 刘勇等从个人层面和组织层面对人力资本的测量方法进行了回顾，并将人力资本分为四个维度。② 高光、张民选介绍了经济合作与发展组织（OECD）的三项国际教育测试研究：TALIS（国际教学调查），重点关注教师专业发展和学校教学；AHELO（高等教育学习成果评估），衡量学生在高等教育中的学习；国际成人能力评估（PIAAC），衡量16—65岁成年人的能力。③

第二，宏观层面的测量。国内有很多学者探究了中国人力资本的测量方法。2002年，中国社会科学院组织了中国城市劳动力市场调查，直接测量中国五大城市的人力资本，第一次尝试直接测量人力资本。以蔡昉等及胡鞍钢为代表的大多数学者在研究时使用平均受教育年限或总体教育水平等相关指标进行人力资本的测量。④⑤ 部分学者在研究时选取了特殊的测量方法。钱雪亚和刘杰从成本角度测算了中国人力资本存量。⑥ 朱平芳和徐大丰、王德劲和向蓉美从收入入手估算了中国人力资本。⑦⑧ 周德禄、岳书敬通过加权平均的方式测量了中国人力资本。⑨⑩ 张帆用"年份累计法"计算了1953—1995年我国的有形资本、无形非人力资本和无形人力资本存量，通过扣除折旧后的不变价格，将每年的实际人力资本投资加起来计算。⑪ 孙淑军将人力资本分为教育人力资本、科研人力资本、健康人力资本、培训人力资本和迁移人力资本五类，并运用永续盘存法对我国人力资本存量进行了测算。⑫ 李海峥等将乔根

---

① 饶雨. PIAAC评价模式研究及对我国的启示［J］. 高等继续教育学报，2015（5）：52-57.
② 刘勇，张徽燕，李端凤. 基于资源观的人力资本测量方法研究［J］. 管理学家（学术版），2010（12）：22-30.
③ 高光，张民选. 经济合作与发展组织的三大国际教育测试研究［J］. 比较教育研究，2011，33（10）：28-33.
④ 蔡昉，都阳. 工资增长、工资趋同与刘易斯转折点［J］. 经济学动态，2001（9）：9-16.
⑤ 胡鞍钢. 从人口大国到人力资本大国：1980—2000年［J］. 中国人口科学，2002（5）：3-12.
⑥ 钱雪亚，刘杰. 中国人力资本水平实证研究［J］. 统计研究，2004（3）：39-45.
⑦ 朱平芳，徐大丰. 中国城市人力资本的估算［J］. 经济研究，2007（9）：84-95.
⑧ 王德劲，向蓉美. 我国人力资本存量估算［J］. 统计与决策，2006（10）：100-102.
⑨ 周德禄. 基于人口指标的群体人力资本核算理论与实证［J］. 中国人口科学，2005（3）：56-62.
⑩ 岳书敬. 我国省级区域人力资本的综合评价与动态分析［J］. 现代管理科学，2008（4）：2.
⑪ 张帆. 中国的物质资本和人力资本估算［J］. 经济研究，2000（8）：65-71.
⑫ 孙淑军. 数理统计方法在中国人力资本存量估算中的应用［J］. 武汉工程大学学报，2011，13（11）：105-110.

森·弗劳梅尼的终身收入法与扩展的 Minser 工资方程相结合,构建了人力资本估算模型,并进行交叉引用。他选取上海、广东等 6 个代表不同经济发展水平的省、市,估算这些地方的人力资本水平,构建了城乡人力资本跨省区、跨时间的可比测度指标。①

(2) 关于社会资本测量的研究

在如何测量社会资本上,西方学者尚未达成共识。皮埃尔·布迪厄(Pierre Bourdieu)认为个人拥有社会资本的多少取决于两方面因素:一是个人所拥有的且可利用的联系网络的规模大小;二是网络中每个成员所占有的资本的多少。② 科尔曼(James S. Coleman)认为社会资本构成分为三个部分,分别是责任与期望、来自他人的信息、规范与奖罚,且所有这些必须是有利于群体成员而非由消极情感所导致的障碍。③ 福山认为信任是社会资本的关键因素,只有那些能产生信任的集体才能使合作成为可能并自愿交换资源。唐·科恩(Don Cohen)将信任作为测量社会资本的关键指标,认为如果没有一定水平的信任度,关系、团队、合作以及相互忠诚等社会资本的要素特征将不复存在,信任是社会资本的一个必要条件。④ 阿德勒(Paul S. Adler)等认为善意(包括同情、信任和宽容等)是构成积极社会关系的重要组成部分。⑤ 法堪布(Marcel Fafchmaps)等使用商人之间的关系数量和关系类型作为主要测量指标;⑥ 伊沙姆和萨迪尤(Jonathan Isham & Satu Kahkonen)测量了社会网络的普及度及"邻居信任指数"。上述对社会资本的测量主要是对社会关系网络的规模、特征以及关系网络中嵌入的各种社会资源的测量,但这些测量方法存在一些问题,难以操作化和定量化。

边燕杰认为社会资本由四个因素决定:网络规模、网络顶端、网差以及

---

① 李海峥,贾娜,张晓蓓,等. 中国人力资本的区域分布及发展动态 [J]. 经济研究,2013,48(7):49-62.

② 同上。

③ COLEMAN J S. Foundations of Social Theory [M]. Cambridge:Harvard University Press,1990:302.

④ COHEN D,PRUSAK L. In Good Company:How Social Capital Makes Organizations Work [M]. Cambridge:Harvard Business School Press,2000:136.

⑤ ADLER P S,KWON S W. Social Capital:Prospects for a New Concept [J]. Academy of Management Review,2002,27(1):23-36.

⑥ FAFCHMAPS M,Minten B. Returns to Social Network Capital among Traders [J]. Oxford Economic Papers,2002,54(2):173-206.

网络的构成。① 罗家德、赵延东提出"拥有的社会资本"的测量工具包括提名生成法和定位生成法。提名生成法是根据被调查者所提供的网络成员的姓名，询问每个网络成员的特征及与被调查者之间的关系等。它的优点是可以对个人网络的具体情况进行考察，但是难以划清界限；定位生成法通过列出一个或多个有标志性的职业或者单位量表，考察被调查者的网络成员是否有这类特征，它的操作方法比较简单，但难以对网络成员的具体构成状况进行测量。② 张文宏在研究城市居民社会网络资本的结构特征时，从社会网络的规模、社会网络的密度、社会网络的异质性以及角色关系的种类等几方面测量个人层次的社会资本。③ 王卫东将社会网络视为社会资本的主要形式，他提出的一套在中国城市社会文化背景下的社会资本测量模型包括网络规模、网络成员的 ISEI（国际标准职业社会经济指数）均值、网络密度三个观测指标。④ 周玉提出"社会资本"是干部职业地位获得的重要机制，并且网络顶端、父母的行政级别、关键联系人的行政级别等因素对干部职业地位的获得产生显著的正影响。⑤ 卜长莉从个人层面、组织层面以及地域共同体层面来研究社会资本存量的测量方法。从个人层面，社会资本存量可以用个人的受教育程度、社会地位、网络规模和网络位置、社会联系的广度和深度、联系频率、关系的强弱等指标来进行测量。⑥

第一，测量个体层次的社会资本。学者大多采用社会网络分析法来进行测量，具体可分为以下两种：

一是自我中心法。常用方法有互动法、角色法。互动法根据人与自己之间的交流频率来衡量关系的强度，沟通越频繁，关系越牢固。角色法是根据网络成员与被研究对象之间的角色关系来判断关系强度。在相关研究中，以自我为中心的方法因其简单性而被广泛应用。这种单一指标方法受到了韦格纳（Wegener Bernd）的抨击，他认为运用角色关系来判断关系强弱的方法虽

---

① 边燕杰. 城市居民社会资本的来源及作用：网络观点与调查发现 [J]. 中国社会科学，2004 (3)：136-146.
② 赵延东，罗家德. 如何测量社会资本：一个经验研究综述 [J]. 国外社会科学，2005 (2)：18-24.
③ 张文宏. 城市居民社会网络资本的阶层差异 [J]. 社会学研究，2005 (4)：18.
④ 王卫东. 中国城市居民的社会网络资本与个人资本 [J]. 社会学研究，2006 (3)：16.
⑤ 周玉. 社会网络资本与干部职业地位获得 [J]. 社会，2006 (1)：15.
⑥ 卜长莉. 社会资本的负面效应 [J]. 学习与探索，2006 (2)：54-57.

然简便易行，但较为粗略①。他尝试运用多指标测量，如样本的"角色类型"、样本与被调查者认识的时间长短、社会距离、共同从事社会活动的情况、交往频繁程度、样本对被调查者的关心程度，然后通过因子分析等方法对上述指标进行组合和简化，得到表征关系强度的几个要素。

二是职位生成法。职位生成法也称为位置生成法，该方法重点考虑网络成员所拥有的社会资本情况，而不是被调查者的具体网络成员以及成员之间的关系。职位生成法认为，社会资本是呈金字塔形状的，个体的社会资本是由其社会地位决定的，每个成员所拥有社会资本的多少取决于其所处的社会地位。因此，明晰被调查者在社会网络中所处的结构地位就能大致测量出他所拥有的社会资本情况。受访者需要回答他们是否符合表中所述特征，然后总结所选定的单位类型和职业类型，计算相应分数，之后使用这些指标来反映嵌入个人社交网络的资本。美国学者林南等在研究中最先使用了职位生成法，随着研究的不断深入，该种方法得到了进一步完善。国内学者赵延东等在林南等的基础上发现了测量中国人的社会网络核心资本的方式，并取得了较好的研究成果。②

第二，测量群体层次的社会资本。帕特南（Robert D. Putnam）是较早进行群体层次角度研究的学者，他从两个角度测量了美国的群体社会资本。一是政治参与情况，一般用投票率和对政府的信任程度来表示；二是参与公共事务情况，用参加各种社会组织的人数来表示。③ 福山认为信任是社会资本的重要部分，是集体社会资本的重要考查指标，信任有助于人们在组织或群体中为达成共同目标而合作，只有互相信任的组织或群体才能达成精诚合作。④ 但有部分学者指出，除信任外，交际网络也是重要因素之一，仅仅强调交际网络中的信任是舍本逐末的做法。

综上所述，学者们在测量群体层面社会资本时，大多选取信任、公共参

---

① BERND W. Job Mobility and Social Ties: Social Resources, Prior Job, and Status Attainment [J]. American Sociological Review, 1991, 56 (1): 60-71.

② 赵延东, 风笑天. 社会资本, 人力资本与下岗职工的再就业 [J]. 上海社会科学院学术季刊, 2000 (2): 138-146.

③ PUTNAM R D. The Prosperous Community: Social Capital and Public Life [J]. The American Prospect, 1993 (13): 35-42.

④ FUKUYAMA F. Trust: The Social Virtues and the Creation of Prosperity [J]. Orbis, 1996, 40 (2): 333.

与度和群体规范性来衡量,这与社会网络主导的个人层面衡量指标有很大不同。从某种意义上说,这种差异反映了社会资本理论中微观层面与宏观层面的差距。

3. 关于自致性资本与就业质量的关系

自致性资本与就业质量之间的关系的研究,主要涵盖在人力资本和社会资本的研究中。

(1) 人力资本与就业质量的关系

辛斐斐的研究表明,学历层次、学习成绩等人力资本指标对促进大学生就业有积极影响。[①] 陈海平认为,大学生初入社会,人力资本是其唯一可以调动的资本类型。[②] 王霆经过分析发现,教育学习状况和社会实践参与度对大学生的就业质量有显著的正向影响。[③] 李黎明和张顺国认为,大学生人力资本越丰富,越倾向于选择社会地位和资源含量较高的单位就业。[④] 张车伟分析了人力资本回报率变化对收入差距的影响,发现我国教育回报率普遍偏低,呈现"马太效应",即收入越高的富人教育回报率越高,收入差距的长期扩大不利于经济发展和社会稳定。[⑤] 高耀基于2010年网络调查数据分析了人力资本对高校毕业生初次就业质量的影响,得出高校毕业生的学校层次、所学专业学科门类、学历层次、学业水平、兼职经历及政治面貌对其初次就业所在单位性质、初次就业月薪高低及初次就业满意度有显著影响。[⑥] 胡永远从当前中国经济产业结构转型与大学生就业难并存的现象出发,分析大学生数量与产业承载能力的关系,进而为政府人力资本投资决策提供理论支撑。樊明通过研究提出,随着教育的发展,劳动力市场上受教育层次较高工人的稀缺程度降

---

① 辛斐斐. 人力资本、社会资本与大学生就业研究:回顾与展望 [J]. 重庆高教研究, 2019, 7 (1): 102-109.

② 陈海平. 人力资本、社会资本与高校毕业生就业:对高校毕业生就业影响因素的研究 [J]. 青年研究, 2005 (11): 8-15.

③ 王霆. 大学生高质量就业的影响机制研究:人力资本与社会资本的视角 [J]. 高教探索, 2020 (2): 108-114.

④ 李黎明, 张顺国. 影响高校大学生职业选择的因素分析:基于社会资本和人力资本的双重考察 [J]. 社会, 2008 (2): 162-180.

⑤ 张车伟. 人力资本回报率变化与收入差距:"马太效应"及其政策含义 [J]. 经济研究, 2006 (12): 59-70.

⑥ 高耀, 刘志民, 方鹏. 人力资本对高校学生初次就业质量的影响:基于2010年网络调查数据的实证研究 [J]. 教育科学, 2012, 28 (2): 77-85.

低，导致教育投资回报率下降。经验研究显示，随着高等教育毛入学率的增加，高等教育的回报降低。岳昌君、程飞通过对2011年全国高校毕业生就业状况进行问卷调查发现，在控制其他变量的情况下，高校毕业生的受教育年限越高或者在校时的学业表现越好，就越倾向于通过正式途径寻找工作。① 赵树海对人力资本的概念有着深入的研究，他认为人力资本包括人的知识与技能、资历与经验及其熟练程度等要素。知识技能资本包括大学生的学业成绩、科研成就、奖学金获得情况、英语水平、计算机等级等，资历经验资本包括政治面貌、学生干部经历、参与社团和社会活动等。在大学生就业过程中，人力资本积累程度直接影响大学生获取工作的难度和就业质量，若大学生人力资本储备不足，将会面临很大的就业压力。②

（2）社会资本与就业质量的关系

西方学者考察社会资本对求职的影响，既关注求职的成功率，又关心求职者获得的工作的质量，工作质量通常用满意度或者工资水平来衡量。

霍布斯（Thomas Hobbes）在《利维坦》中指出，拥有朋友就拥有权力，对于个人来说，拥有广泛的人际关系就具有将他人的资源"联合起来的力量"。③ 科尔曼通过案例说明，"社会资本使农夫在物质资本（生产工具和设备）不足的条件下，可以从事生产活动"，并从微观的角度，运用"义务与期望"的关系原理说明了社会关系可以转化为个人调动的社会力量的道理。④ 格兰诺维特（Mark Granovetter）认为促成劳动者与其岗位匹配的不是市场的调节，而是非正式的社会连带。⑤ 林南和杜明分析了来自纽约奥尔巴尼研究的数据，该研究从1960年美国人口普查的职业列表中根据职业声望抽取了20个职业，然后要求被调查者逐一回答是否认识从事每个职业的某个人，如果认识，进一步询问双方的关系。林南和杜明利用得出的数据矩阵建构了两种社会资源的测量方法：可接触的最高地位（接触的具有最高声望分数的位置）

---

① 岳昌君，程飞.人力资本及社会资本对高校毕业生求职途径的影响分析[J].中国高教研究，2013（10）：24.
② 赵树海.人力资本视角下的大学生就业：评《大学生就业的理论、实证与政策研究》[J].中国教育学刊，2021（10）：112.
③ 霍布斯.利维坦[M].黎思复，黎廷弼，译.北京：商务印书馆，2009：62-63.
④ 科尔曼.社会理论的基础[M].邓方，译.北京：社会科学文献出版社，1992：360.
⑤ GRANOVETTER M. The Strength of Weak Ties[J]. American Journal of Sociology，1973，78（6）：1360-1380.

与接触的地位范围（最高与最低可接触地位之间的差距）。通过分析，这两个指标与当前的职业地位有着显著的正相关关系。① 坎贝尔（Karen E. Campbell）、马斯顿（Peter V. Marsden）和赫尔伯特（Jenne S. Hurlbert）等通过在底特律的研究发现，网络的资源构成（教育均值和最大值，声望均值和最大值）与获得的地位（如职业声望与家庭收入）显著相关。② 博克斯曼（Ed A. W. Boxman）、德格拉夫（Paul M. De Graaf）和弗拉普（Henk Flap）等对荷兰1 359名大公司总经理进行研究发现，教育与社会资本（通过其他组织中的生意上的交往者和俱乐部专业协会中的成员资格来测量）直接影响收入。③ 埃里克森（Erik Homburger Erikson）通过对多伦多个人安全行业进行调查发现，行动者接触的他人社会位置的异质性增加了行动者职业的自主性与权威性，这反过来又产生了更好的职业回报。有的调查部分证实了接近的社会资本命题。斯泰格（Doug Staiger）通过PSID数据和NLSY数据，发现尽管那些通过社会关系找到工作的人有较优的初始薪水，但相对于通过其他渠道找到工作的人来说，在工资水平方面的优势会随时间的推移而逐渐消逝。④ 布里奇斯（William P. Bridges）等⑤和马斯登（Peter V. Marsden）等⑥通过研究发现，动用社会资本寻找工作的方法对收入影响很小。喀沃迪尔（James E. Coverdill）调查发现"那些使用个人关系的就业者在工作的第一年里有着更好的提薪和升职的机会"。⑦

国内学者对社会资本与就业质量间的关系也做了广泛研究。南京师范大学"社会资本与大学生就业关系"课题组调查发现，家庭月均收入与就业结

---

① LIN N, DU M. Access to Occupations Through Social Ties [J]. Social Networks, 1986, 8 (4)：365-385.

② CAMPBELL K E, MARSDEN P V, HURLBERT J S. Social Resources and Socioeconomic Status [J]. Social Networks, 1986, 8 (1)：97-117.

③ BOXMAN E A W, GRAAF P M D, FLAP H. The Impact of Social and Human Capital on the Income Attainment of Dutch Managers [J]. Social Networks, 1991, 13 (1)：51-73.

④ STAIGER D. The Effects of Connections on the Wages and Mobility of Young Workers [M]. Cambridge：Harvard University, 1990：280.

⑤ BRIDGES W P, VILLEMEZ W J. Informal Hiring and Income in the Labor Market [J]. American Sociology Review, 1986 (51)：574-582.

⑥ MARSDEN P V, HURLBERT J S. Social Resources and Mobility Outcomes：A Replication and Extension [J]. Social Forces, 1988, 66 (4)：1038-1059.

⑦ COVERDILL J E. Personal Contacts and Post-Hire Job Outcomes [M]. Georgia：University of Georgia, 1994：83.

果之间呈负相关关系，相关系数为－0.101。① 姜继红、汪庆尧发现，父亲的职位和大学生的就业存在一定联系，两者的相关系数为 0.145，也就是说大学生就业时父亲的地位越高，就越容易与社会地位较高的人接触。② 胡永远等调查发现，只有父亲的干部级别达到科级以上，子女的就业优势才会显现出来，父亲的职位如果是"经理""干部"等科级以下，对其子女的就业影响并不大。③ 王文婷对社会关系和就业的影响进行的实证研究表明，接受过高等教育的劳动者会更容易进入高收入、自己满意的工作岗位，而社会资本的使用会对收入产生负面影响。通过交叉表分析发现利用社会资本完成就业者通常处于弱势地位，表明在劳动力市场上教育仍是影响就业的最关键因素，社会资本处于辅助地位。④ 余卉等通过深度访谈，将家庭社会资本和个人社会资本强弱关系的双重属性与青年就业之间的关系进行了呈现和讨论。通过扎根理论分析，认为青年求职具有受强关系社会资本显著影响、依赖家庭社会强关系资本、对个体社会强关系资本不够重视等特点。同时，寒门学子与家境较好学子的社会资本对求职的影响无明显差别，寒门学子可以通过自身努力使个体社会强关系资本在求职中发挥作用。⑤

关于社会资本对大学生求职的作用，国内学者的调查结果不一。北京大学"高等教育规模扩展与劳动力市场"课题组通过研究发现，家庭经济状况和社会关系数量对毕业生找到高薪工作有显著影响，父母受教育水平、父母工作状况和家庭所在地对就业产生的影响不明显。⑥ 陈成文、谭日辉等调查发现，92.8%的大学毕业生通过社会资本获得就业信息，仅极少数毕业生通过其他途径获得就业信息，90.1%的毕业生认为社会关系对就业影响很大，只有 3.7%的人认为影响非常小。⑦ 北京师范大学"我国大学生就业问题研究"

---

① 管静娟. 社会资本与大学生就业关系研究 [J]. 青年探索, 2007 (2): 30-33.
② 姜继红, 汪庆尧. 社会资本与就业行为的实证研究 [J]. 扬州大学学报（人文社会科学版）, 2007 (6): 70-74.
③ 胡永远, 马霖, 刘智勇. 个人社会资本对大学生就业市场的影响 [J]. 中国人口科学, 2007 (6): 61-67.
④ 王文婷. 高等教育与社会资本影响就业的对比实证研究 [J]. 继续教育研究, 2018 (7): 104-108.
⑤ 余卉, 胡子祥. 寒门再难出贵子？社会资本双重属性下青年就业的质性研究 [J]. 中国青年研究, 2019 (12): 57-63.
⑥ 闵维方, 丁小浩, 文东茅, 等. 2005 年高校毕业生就业状况的调查分析 [J]. 高等教育研究, 2006 (1): 31-38.
⑦ 陈成文, 谭日辉. 社会资本与大学生就业关系研究 [J]. 高等教育研究, 2004 (4): 29-32.

课题组 2002 年调查显示，在工作落实原因分析中，社会关系排第 2 位。① 胡建国等基于 PSCUS 分析了大学生就业质量的劳动力市场差异，发现社会资本有助于大学生进入就业质量相对高的部门，父亲职业对就业产生的影响更突出，且社会资本对不同性别大学生的就业有着不同的影响。② 孟欢等研究发现，社会资本对户籍为农村和性别为男性的基层就业大学生个人收入有显著的正向影响，而对于城镇户籍和女性基层就业大学生而言，社会资本对其个人收入的正向影响作用在统计上并不显著。③ 罗浩准等运用 logistic 回归方法和多元线性回归方法对 2018 届 874 名毕业生进行问卷调研，结果发现：一是超过 80% 的大学生对社会资本能够影响就业质量存在清晰认知；二是大学生社会资本总量中先赋性社会资本的占比显著大于自致性资本；三是先赋性社会资本对大学生就业结果、自致性资本对大学生就业稳定性均有显著影响。④

也有不少学者认为社会资本对求职的作用有限。张晓艳调查发现，只有 13% 的毕业生通过各类社会关系，如父母、亲戚朋友、校友、老师等获得就业信息。⑤ 熊艾伦等研究发现，劳动者如果有迫切的就业需求或是教育水平较低，对社会资本的依赖会很大。与女性相比，男性更依赖通过社会关系获得就业信息。⑥ 钟云华对 6 省 15 所高校的 2 967 名大学生进行了问卷调查，对就业过程中贫困生与非贫困生的社会资本拥有与使用情况进行了比较，发现贫困生拥有的社会资本数量更少、质量更低，使用社会资本的次数也更少，且更偏好使用弱关系和低质量社会资本来获取就业资源，两者之间存在着双重失衡，给贫困生就业带来求职成本增加、就业机会获取困难和就业质量低端等负向影响。⑦ 康小明对北京大学毕业生的实证研究表明，家庭社会经济地位对收入水平、职位等级不存在显著性影响，大学生大学期间积累的社会资本

---

① 郑洁. 家庭社会经济地位与大学生就业：一个社会资本的视角 [J]. 北京师范大学学报（社会科学版），2004（3）：111-118.
② 胡建国，裴豫. 人力资本、社会资本与大学生就业质量：基于劳动力市场分割理论的探讨 [J]. 当代青年研究，2019（5）：109-116.
③ 孟欢，郑玉洁，蒋承. 社会资本与基层就业大学生的个人收入：基于"拜年网"的实证研究 [J]. 世界经济文汇，2020（2）：106-120.
④ 罗浩准，王斌. 社会资本视角下大学生就业质量影响及对策 [J]. 西南师范大学学报（自然科学版），2020，45（5）：80-86.
⑤ 张晓艳. 大学生就业应注重开发和利用社会资本 [J]. 中国大学生就业，2008（6）：47-49.
⑥ 熊艾伦，孙衔华，王子娟. 就业市场中间人行为分析：基于社会资本视角 [J]. 社会，2019，39（5）：184-202.
⑦ 钟云华. 社会资本分布失衡对贫困大学生就业的影响 [J]. 湖南师范大学教育科学学报，2020，19（3）：116-124.

与职业发展成就指标之间存在显著正向关系。①

(3) 人力资本、社会资本双资本和就业质量的关系

黄敬宝从人力资本和社会资本两个角度研究了北京市应届大学生的就业质量问题，发现人力资本的总体影响大于社会资本，社会资本侧重影响就业地区，而人力资本侧重影响就业行业和承诺月薪。② 钟云华探讨了人力资本与社会资本在大学生就业中的影响关系，发现大学生拥有人力资本与社会资本结构的"理想类型"有五种：人力资本与社会资本双低型、高社会资本型、高人力资本型、人力资本与社会资本双高型、人力资本与社会资本一般型。钟云华指出外貌、专业、工作经历、工作能力以及是否担任学生会干部等人力资本对大学生求职有着十分重要的正向影响。③ 林欣等从就业概率、就业意向和就业成本三个维度研究了人力资本和社会资本对就业的影响，发现男生的就业概率与人力资本关系更大一些，女生的就业概率与社会资本关系更大一些；家庭越有钱，女生就业越不积极；家庭越有地位，男生就业越不积极。④ 王霆构建大学生人力资本、社会资本影响就业质量的模型假设，发现社会资本和人力资本对大学生的就业质量能够分别产生显著正相关影响，先赋性社会资本对就业质量的影响作用比后致性社会资本大。⑤ 马莉萍、丁小浩以2003、2005、2007、2009年大学毕业生作为研究对象，探讨了人力资本和社会关系对毕业生工作的影响，发现工作能力为影响大学生就业的最重要因素；社会关系对毕业生就业的重要性日益凸显，是人力资本存量较低的毕业生求职的很好补充。⑥ 李韵秋等用受教育程度和工作经验代表人力资本，用求职网动员情况代表社会资本，分析了人力资本和社会资本对收入的交互作用，发现社会资本不仅对低人力资本青年的收入产生影响，还能有效地缩小人力资

---

① 康小明. 社会资本对高等教育毕业生职业发展成就的影响与作用：基于北京大学经济管理类毕业生的实证研究 [J]. 清华大学教育研究，2006 (6)：49-57.

② 黄敬宝. 人力资本、社会资本对大学生就业质量的影响 [J]. 北京社会科学，2012 (3)：52-58.

③ 钟云华，唐芳芳，吴克明. 大学生求职过程中人力资本与社会资本的互动分析：基于"理想类型"视角的个案叙事 [J]. 湖南师范大学教育科学学报，2021，20 (4)：113-122.

④ 林欣，林素絮. 人力资本和社会资本对高职学生就业的异质性影响研究：基于广东省42所高职院校的实证分析 [J]. 高教探索，2019 (8)：53-61.

⑤ 王霆. 大学生高质量就业的影响机制研究：人力资本与社会资本的视角 [J]. 高教探索，2020 (2)：108-114.

⑥ 马莉萍，丁小浩. 高校毕业求职中人力资本与社会关系作用感知的研究 [J]. 清华大学教育研究，2010，31 (1)：84-92.

本造成的收入差距,且不分性别和体制差异。①

(四) 文献评论

就业质量是涉及多学科的综合性问题,不仅涉及社会学、经济学等学科,还包括心理学、教育学、管理学等学科。就业质量一直以来备受国内外学术界的关注,学者们在各自的研究领域对就业质量和解决问题的理论提出了各自不同的理解。但我国对就业质量还没有达到国外关注和研究的水平,学者们对我国就业质量的研究还没有进行全面、系统的分析。针对就业质量和大学生就业质量的相关概念、测量方法以及影响因素,大多数学者只对就业质量的一个方面进行了详细讨论和论证,并没有形成统一的观点和看法。

在就业质量概念的研究中,就业质量尤其是大学生就业质量的概念不断得到完善,但目前还没有达成共识。以往研究主要从宏观、理论及实证研究视角进行探讨,并将就业质量界定为综合性概念。在就业质量影响因素研究中,学者从宏观视角、中观视角、微观视角三个角度出发,针对国家政策、市场环境、家庭经济社会地位、个人所具备的人力资本和社会资本等就业质量影响因素进行了探究,为本研究提供了思路。但已有文献针对大学生就业质量评价的研究依然不足,一定程度上阻碍了大学生就业质量理论研究的发展。

关于人力资本、社会资本对就业质量的影响的研究较为丰富,尤其是针对社会资本对就业质量影响的研究,但研究自致性资本对就业质量的影响的则比较少。目前,国内很多研究缺乏对社会资本这一核心概念更为严谨的论证,要么窄化为"社会关系",要么泛化为除教育水平、学习成绩和工作经验等人力资本外的所有因素(包括政治面貌、学生干部的经历等,还有的甚至将"招聘会""媒体"等视为社会资本中的弱关系)。研究者多从社会学角度出发,更多关注社会资本,尤其是偏爱关注先赋性社会资本。事实上,在个人成长过程中,社会资本和人力资本相辅相成,单一研究不能全部展现其影响机理。在已有文献中将人力资本和社会资本作为独立指标进行研究,进行综合性研究的较少,忽视了自致性因素中的人力资本部分,混淆了自致性资本和后致性社会资本的概念。相关研究表明,人力资本和社会资本均对就业质量具有显著影响。家庭背景越优越,获得的教育资源越丰富,就拥有更广泛的社会关系,大学生的就业竞争能力就越强;个人奋斗获得的人力资本越

---

① 李韵秋,张顺. 哪类青年的社会资本更有用?人力资本和社会资本的收入效应再探 [J]. 中国青年研究,2020 (6):13-19.

多，形成的个人核心能力越强，就业竞争能力也就越强。在人力资本和社会资本对就业质量影响的研究中，大多数研究表明，人力资本的高低在影响就业质量中起着更重要的作用。也就是说，相对于社会资本，人力资本的影响更大。也有学者证明，大学生在大学期间积累的社会资本与职业发展关系正向关系显著。

因此，本研究在承认先赋性社会资本对就业质量有一定影响的前提下，主要聚焦个人努力这一自致性因素对高质量就业的影响。这里所说的"自致性因素"不仅包含大学生本人的后致性社会资本，还包括人力资本，是两者的共同体。为了全面展现个人影响就业质量的维度，本研究提出了"自致性资本"这一概念，用以说明个人努力奋斗的哪些维度能够影响甚至决定个人的就业质量。

四、研究思路与方法

（一）研究思路

首先，通过文献研究明晰大学生就业质量以及自致性资本的概念和内涵，并在此基础上明确自致性资本与大学生就业质量之间的关系，尝试构建自致性资本影响大学生就业质量的理论框架。

其次，明确自致性资本、就业质量的指标，将自致性资本与大学生就业质量指标化、量变化，使其具有可操作性，并在此基础上构建自致性资本影响大学生就业质量的指标体系。

再次，提出自致性资本影响大学生就业质量的假设关系，并详细介绍样本选择、数据采集、分析方法以及具体操作过程，通过自致性资本对大学生就业质量影响的统计性分析和传导机制分析，得出自致性资本对大学生就业质量的影响作用。

最后，在分析统计结果的基础上，建构自致性资本对就业质量发生作用的解释框架，从自致性资本的角度提出大学生就业质量提升的对策、建议。

具体研究思路见图绪-1。

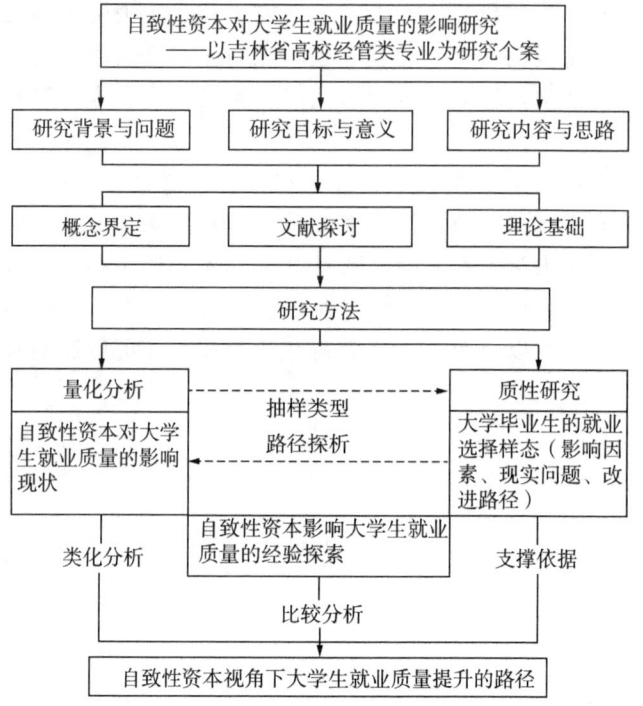

图绪-1 研究技术路线

(二) 研究方法

1. 文献法

文献法是社会研究中最基本的方法之一,主要是通过文献收集、识别和整理来开展相关研究,最后形成对研究核心问题的科学认识。该方法超越了时间和空间的限制,可以对古今中外的文献进行研究。另外,文献法受外界制约较少,研究者可以通过各种渠道获得较为全面、系统且具有代表性的研究资料,既可以积累前人的理论基础,又可以提供相关的研究思路。本研究利用中国知网、Springer Link、谷歌学术等资源以及国内外多个权威网站获得针对人力资本、社会资本、就业质量和大学生就业质量等主题相关论文、书籍等中外文献,并在前人研究的基础上,开展针对自致性资本对大学生高质量就业影响的深入研究。

2. 问卷调查法

问卷调查法是科学研究中最常用的方法之一。该方法通过有目的、有计划地搜集研究对象的有关材料，对调查中收集的大量数据进行分析、归纳和总结，发现规律性认识。本研究采用国内外社会调查中运用比较多的问卷调查法，在前人研究的基础上，结合深入的理论分析，设计了"经管类专业学生高质量就业影响因素调查问卷"，通过分批抽样的方式展开调研。第一次问卷统计的目标范围以某师范大学2021届毕业生为研究样本，进行了试测。由于毕业生都毕业于同一所大学，在劳动力就业市场上，用人单位最关心的是毕业生的毕业院校层次，只针对同一学校选样会造成样本选择偏误，进而产生同质性问题。因此，第二次问卷针对J省内的一流大学建设高校、一流学科建设高校、省属公办高校、民办高校等不同层次院校的经管类专业毕业生进行调查，样本量设计为700份，最终得到有效样本量624份，回收率89%。之所以选择经管类专业毕业生，原因有二：一是，经管类学生的毕业去向由市场机制决定，不会产生评价类同问题；二是，通过调查不同层次学校的毕业生来分析大学生就业质量的影响因素和作用机理，可以避免没有控制学校层次而导致的同质性问题。通过调查，分析总结出影响大学生就业质量的影响因素，重点测量自致性资本对就业质量的影响及作用机理。

3. 统计分析法

"统计分析法"指通过对研究对象的规模、程度等数量关系的分析研究，揭示事物间的相互关系和变化规律，以达到对事物的正确解释和预判。本研究运用最小二乘法、无序 Logit 回归、有序 Logit 回归等数学统计方法，分析了教育性人力资本、实践性人力资本、先赋性社会资本、后致性社会资本各项指标对就业质量各项主客观指标的影响。在此基础上，运用中介效应方法，以独生子女、贫困生、性别和学校水平为调节变量，以学习成绩、父亲学历、母亲学历为中介变量，分析了自致性资本对大学生就业质量的影响。

第一章

理论框架

一、核心概念

二、理论基础

三、理论分析框架

一、核心概念

（一）大学生就业质量

在界定大学生就业质量前，首先需要清楚就业的概念。按照国际劳工统计会议规定的通用标准，凡在规定年龄之内，具有下列情况之一的都为就业者：一是已签约在规定的时间内正在从事有报酬的工作人员；二是有职业，但是暂时没有工作的人；三是雇主和创业人员，或正在协助家族企业或农场而不领取报酬的家属工人。本研究所讨论的就业为第一类情况，即被雇用且正在从事有报酬的工作。这里的就业签约是指广义的签约，既包括签订三方协议或劳动合同等协议就业，又包括灵活就业。本研究认为大学生就业是指大学毕业生就业机会的获得以及所获得就业机会的质量。为了保证研究的同质性，这里的大学生样本都是本科毕业生，不包括专科生、硕士生和博士生。另外，为了叙述方便，本研究用大学生来代替大学毕业生。

就业质量概念的提出可以在一定程度上弥补单纯以就业数量概念无法真正反映劳动者就业情况的缺陷。对于就业质量的概念描述，学术界尚未达成一致。国际劳工组织提出，就业质量主要由6个维度、11个属性、40个指标构成。李军峰把就业稳定性指数、工作质量指数、就业者在劳动关系中的地位和受尊重程度、福利和保障指数、较好的职业发展前景作为就业质量的指标。薛在兴用起点工资、社会保障、户口解决、工作环境、工作稳定性、职业发展、工作压力、工作地点、单位性质、单位规模等10个变量衡量就业质量。[①]王向东指出就业质量是一个主客观结合的概念，是对客观就业状态和主

[①] 薛在兴. 打开大学生就业之门的钥匙[M]. 北京：中国社会科学出版社，2011：24.

观就业感受的综合评价。① 张淼认为大学生就业质量包括稳定与公平、安全与健康、报酬与提升这三个一级指标，其中各项指标的权重不同。② 李光红认为就业质量可以从主客观两个层面进行描述，主观方面包括劳动者个体对就业状况的满意程度和符合自身期望的程度，客观方面包括劳动者的工作和薪酬的情况。③

遵循维度分析、原则确定、指标选择等步骤，本研究运用文献分析、实证调研等方法确立了大学生就业质量的评价指标和评价方法，为大学生就业质量研究提供了有效的研究工具。

评价就业质量主要把握以下三个原则。

一是大学生能否按照自己的意愿去想去的城市，能否获得想要的工作报酬，能否按照自己的兴趣程度进行就业选择。这些反映了其就业质量。

二是大学生在就业过程中能否获得与自身相匹配的职业，进而发挥出自身所学，这也反映了就业质量。

三是大学生在就业过程中能否看到未来的发展前景，好的工作往往是有努力才有回报，因此发展前景也反映了其就业质量。

本研究从这三个角度出发，对不同的指标进行了量化设计，确定了就业质量的指标体系。其中，将兴趣程度分为反映工作地点优劣的工作城市条件以及工作环境，反映工作回报的工作薪资水平和工作满意度；将能力匹配从三个角度进行划分，分为反映专业能力的专业匹配度，专业能力以外的能力匹配度，基于自身能力来看工作是否与之相匹配的期望匹配度；将工作发展前景分为反映工作属性的工作稳定性以及工作单位类型，反映工作能否给予自身正向激励从而增强自信心的工作单位认可度以及岗位认可度。

---

① 王向东. 高校毕业生就业质量调查及其对高校教育教学的启示：基于浙江省4届毕业生的实证调查［J］. 大学教育科学，2016（4）：100-105.
② 张淼. 大学生就业质量评价指标开发及其实证检验［D］. 西安：西北工业大学，2017.
③ 李光红. 高质量就业的动态评价与协同治理［M］. 北京：中国经济出版社，2020：17.

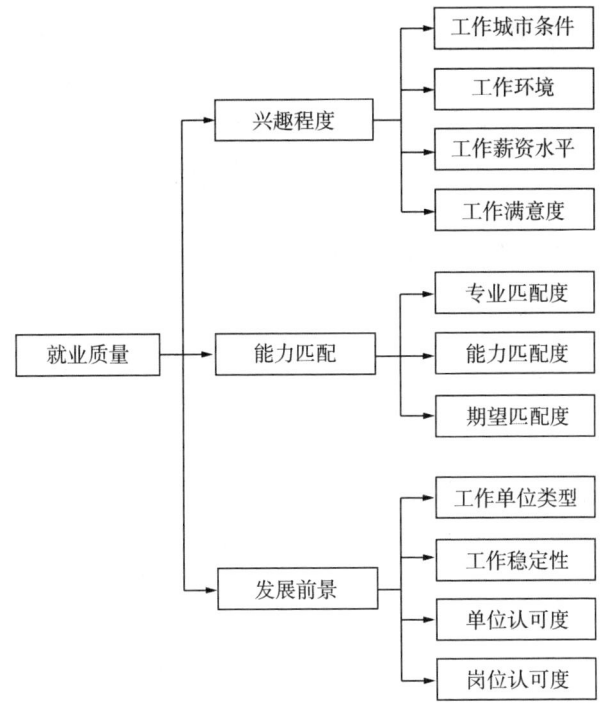

图 1-1 就业质量评价体系

（二）自致性资本

学界对自致性资本概念界定及相关理论早有研究，但研究视角不同，尚不统一。张红岩将社会资本分为先赋性和自致性两种，认为自致性社会资本指大学生在上学期间与老师、同学所建立的网络联系。① 赵娟把社会资本分为先赋型社会资本和自致型社会资本，认为自致型社会资本主要指经个人后天努力，通过投资或交换的方式建立的社会关系网络及新的社会资源，即可获取的社会资本，强调的是其拓展社会资本的能力。② 国外的人力资本理论将教育和培训看成人力资本的重要组成部分，如布劳和邓肯将人力资本划分为"先赋性因素"与"后致性因素"，认为"后致性因素"是通过个体接受教育等方式，依靠后天的努力获得的。

目前，国内外的研究多从单一视角进行研究，国内学者多从社会学中社会资本视角进行研究，国外学者多从人力资本视角进行研究，都窄化了"自

---

① 张红岩. 社会资本与就业绩效 [M]. 银川：阳光出版社，2012：13.
② 赵娟. 研究生求职行为中社会资本的质性研究 [J]. 高等教育研究，2005 (12)：83-88.

致性"的内涵和外延。因此,要跳出单一学科,从更高视角进行交叉研究。

本研究尝试提出自致性资本这一新概念,并将其界定为以个体为中心,通过个人努力而产生的一种素质、资源和能力的共同体,是一种综合性资本。与后致性社会资本不同的是,本研究提出的自致性资本由人力资本和后致性社会资本两部分组成,以此区分先赋性社会资本等非自致性资本。

1. 人力资本

学术界对人力资本的概念与界定有着较为系统的分析与研究。人力资本的基本特点如下:人力资本主要指在各类企业、单位中的工作者所具备的工作能力、知识水平和身体素质,围绕着工作者本身,人力资本形成的基础是人力本身,通过对人力资源不断加以投资最终能够形成人力资本。人力资本可以借助多维度方式投资而形成。

国内学者赵树海对人力资本的概念有着深入的研究,他认为人力资本包括人的知识技能、资历经验及熟练程度等要素。知识技能资本包括大学生的学业成绩、科研成就、奖学金获得情况、英语水平、计算机等级情况等,资历经验资本包括政治面貌、学生干部经历、参加社团和社会活动等。[①] 该观点与本研究的研究内容较为接近。

为了方便研究,本研究将人力资本分为教育性人力资本和实践性人力资本。这里提到的知识技能资本即为本研究中的教育性人力资本,资历经验资本即为实践性人力资本。本研究中的实践性人力资本主要是指大学生通过社会实践活动所能够培养的无法通过学习掌握的技能,这也是现在高等教育的重中之重。教育性人力资本的具体衡量指标为学校层次、学习成绩、外语水平、计算机水平、学业奖学金获得情况、专业技能奖学金获得情况;实践性人力资本的具体衡量指标为学生干部经历、社团参与情况、校内兼职和校外兼职情况等。

2. 后致性社会资本

后致性社会资本指个人建构的社会关系网络,是引发陌生人或组织信任的能力的综合,是表达个人的主动性或自建性关系的网络。后致性社会资本可通过个人后天获得的社会关系进行测量,比如政治活动衍生的社会关系、实践活动衍生的社会关系、社会关系情况等。大学生的关系网络大多是熟人关系(比如同学关系、师生关系、朋友关系、兼职关系等)和同辈关系,但在就业过程中,他们常常要同招聘单位的招聘人员、领导等陌生人建立新的社会关系,而能被陌生人所信任和信赖的能力也是个体的后致性社会资本。

---

① 赵树海. 人力资本视角下的大学生就业:评《大学生就业的理论、实证与政策研究》[J]. 中国教育学刊, 2021 (10): 112.

(三) 非自致性资本

本研究认为非自致性资本是指个体为实现个人目的通过外部因素发挥作用的资源或关系。非自致性资本不受个人控制，不因个人意志而改变，如国家政策、社会环境、劳动力市场状况、家庭背景等。其中，家庭背景等先赋性社会资本对大学生就业具有研究价值。本研究通过研究分析先赋性社会资本。从形成属性而言，先赋性社会资本对应后致性社会资本，都是社会资本。先赋性社会资本是指大学生与生俱来的、外界不可改变的资源，如由于父母的学历以及父母的职业等因素产生的社会资源或社会关系，是人们在社会结构中所处的位置给他们带来的先天性资源。

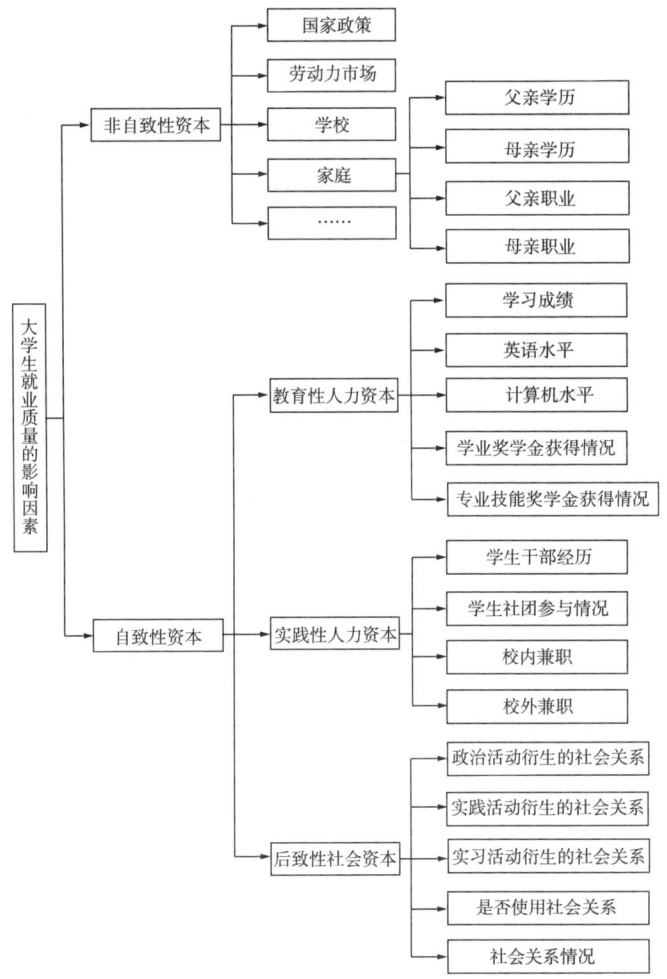

图 1-2 大学生就业质量的影响因素

二、理论基础

理论是一组结构化的概念、定义和命题，主要用来解释和预测现实世界的现象。① 社会科学研究一般从基本概念出发，在理论的指导下解决现实中存在的各种问题。对于大学生高质量就业问题，本研究主要依托人力资本理论、社会资本理论、雇主动机理论、差序格局理论提出研究假设并建立研究框架。

（一）人力资本理论

从一般意义上讲，资本是指能够带来收入的财产。人力资本就是将人力作为一种能够带来收入的资本。② 国内外关于人力资本理论的研究起步较早，研究内容相对丰富，主要经历了人力资本理论创立期、人力资本理论发展期以及人力资本理论新时期三个阶段。

1. 人力资本理论创立期

早在17世纪中叶，英国古典政治经济学的创始人威廉·佩第（William Petty）就将人的"技艺"视为土地、物力资本和劳动之外第四个特别重要的因素。现代经济学奠基人亚当·斯密（Adam Smith）在《国民财富的性质和原因的研究》中将"社会上一切供人学习的有用知识"视为"固定资本"的一部分并进行了详细的论述，他指出："学习一种才能，需受教育、须进入学校、须做学徒、所费不少。这样费去的资本好像已经实现并且固定在学习者的身上。这些才能对于他个人自然是财产的一部分，对于他所属的社会，也是财产的一部分。"③

此后，英国经济学家威廉·西尼尔（Nassan William Senior）在其著名的

---

① 李怀祖. 管理研究方法论[M]. 西安：西安交通大学出版社，2000：65.
② 李建民. 人力资本通论[M]. 上海：上海三联书店出版社，1999：6.
③ 亚当·斯密. 国民财富的性质和原因的研究[M]. 郭大力，王亚南，译. 北京：商务印书馆，1972：257-258.

《政治经济学大纲》中也对人力资本进行了详细论述。他认为："随着文化的提高，每个人所受到的教育都会提高他的生产力。在重要意义上，甚至在生产力上，智力和精神的资本都已远远超过有形资本。决定国家财富的，并不是土壤或气候的偶然性，也不是生产的有形手段的现有积累，而是这种无形资本的量及其普及程度。"①

随着经济学的不断发展，人力资本的现实意义为越来越多的经济学大师所关注。阿尔弗雷德·马歇尔（Alfred Marshall）在其经典著作《经济学原理》中不仅充分认识到了教育和培训的重要作用，而且把教育作为"国家投资"来看待。马歇尔认为："教育仅仅当作一种投资，使大多数人有比他们自己通常能利用的大得多的机会，也将是有利的。因为依靠这个手段，许多原来会默默无闻的人就能获得发挥他们的潜在能力所需要的开端。而且一个伟大的工业天才的经济价值，足以抵偿整个城市的教育费用。"②

卡尔·马克思（Karl Marx）提出创造价值的劳动分为简单劳动和复杂劳动，其中复杂劳动就是经过专门训练、具有一定技术专长的劳动，其本质上与教育经济学和劳动经济学领域的人力资本概念非常接近。

在人力资本理论创立期，教育或培训被认为是劳动者获得能力的一种渠道，通过教育或培训，劳动者可以提升生产能力，将知识和技能转化为"资本"。

2. 人力资本理论发展期

20世纪20年代初，西奥多·舒尔茨（Theodore W. Schultz）、加里·贝克尔（Gary S. Becker）等学者开始对人力资本进行系统的理论研究和实证检验，现代意义上的人力资本理论正式诞生，它不仅为西方教育经济学奠定了理论基础，还开辟了西方经济学研究的新领域。③ 舒尔茨将人力资本定义为"通过教育、培训、医疗保健、劳动力迁移、就业信息等形式凝聚在工人身上的知识、技能、健康状况和教育水平的总和，是个体通过教育和技术培训进行投资以获得回报的一种资源，个体更高的收入水平和职业发展可由人力资

---

① 西尼尔. 政治经济学大纲 [M]. 蔡受百，译. 北京：商务印书馆，1977：202-203.
② 马歇尔. 经济学原理：上卷 [M]. 朱志泰，译. 北京：商务印书馆，1964：233.
③ 曲恒昌，曾晓东. 西方教育经济学研究 [M]. 北京：北京师范大学出版社，2000：25.

本提供。① 贝克尔将人力资本定义为"个人通过人力投资形成的资本是可以用来增加未来货币回报的知识、技能和身体能力"。他认为，在职培训也是人力资本的重要内容。②

20世纪70年代，人力资本理论快速发展。迈克尔·斯彭斯（Michael Spence）提出了信号理论。该理论认为，通过教育所获得的文凭是向劳动力市场传达的一种体现劳动力质量的信号，个人收入水平和教育之间不存在必然联系。③ 肯尼斯·阿罗（Kenneth Arrow）提出的教育筛选理论认为，高校是一个"过滤器"，通过高校学历教育机制将不同能力者进行区分。④

人力资本理论发展期认为，除了教育和培训，劳动者还通过健康保健、迁徙等提高人力资本水平，从而增加工资收入。

3. 人力资本理论新时期

基思·弗利尔（Keith Flier）将人力资本分为认知型人力资本（智商等）和情感型人力资本（个人抱负、人际协调能力、冷静程度等），其中情感型人力资本主要指个性气质。⑤ 托马斯·科内利森（Thomas Cornelissen）认为人力资本投资对个体能力的形成具有关键性作用。⑥

人力资本理论新时期，"能力"因素重新成为人力资本理论的核心。教育不仅提高了传统人力资本理论中的认知能力（技能、知识等），还显著地影响了劳动者的非认知能力及工资水平。

综上所述，人力资本理论的核心思想是个体在就业过程中，通过学校的正规或非正规教育、积累的工作经验和劳动力市场迁移，对个体的人力资本进行投资，从而实现个体能力的不断提高。通过梳理人力资本理论发展的三

---

① 舒尔茨. 人力资本投资 [M]. 蒋斌, 张蘅, 译. 北京：商务印书馆, 1990：22-40.

② 贝克尔. 人力资本 [M]. 梁小民, 译. 北京：北京大学出版社, 1987：5-18.

③ SPENCE M. Job Market Signaling [J]. Quarterly Journal of Economics, 1973 (87)：355-374.

④ ARROW K. Higher Education As a Filter [J]. Journal of Public Economics, 1973 (2)：193-216.

⑤ FLIER K. The Influence of Affective Human Capital on the Wage Equation [J]. Research in Labor Economics, 1981 (4)：367-416.

⑥ CORNELISSEN T, DUSTMANN C. Early School Exposure, Test Scores, and Non–cognitive Outcomes [J]. Cream Discussion Paper Series, 2019 (3)：19-31.

个阶段我们发现，教育和能力是最为重要的两个因素，学者们使用教育这一工具解决了人力资本理论创立时期能力无法测量的问题；而新时期学者们使用非认知能力等测量人力资本弥补了教育对能力解释的不足。教育和能力之间关系的转向促进了人力资本理论的不断发展。[①]

（二）社会资本理论

关于社会资本理论的研究，前人的研究归纳起来主要有几类。[②]

1. 资源说

法国学者布迪厄（Pierre Bourdieu）提出社会资本（Social Capital）概念，并将其定义为"通过一定的制度化的社会关系网络而带来的实际或潜在的资源"[③]。林南将社会资本界定为"在目的性行动中被获取或被动员的、嵌入社会结构中的资源"，将资源分为先赋和自致两种类型，先赋资源是与生俱来的和被继承限定的，自致资源是通过教育、工作后天形成的，当资源在市场中被投资以产生期待的回报时，它们就变成了社会资本。[④] 韦恩·贝克（Wayne Baker）将社会资本界定为"一种行为者可以从特定社会结构中获得的资源，并且可以用来追求自己的利益；行为者关系的变化产生了这种资源"[⑤]。赵建国将社会资本界定为处于社会网络或更广泛社会结构中的、能够调动利用的、能够为组织或个体带来经济利益的社会资源。他结合布劳和邓肯的职业地位获得模型，将社会资本分为先赋性社会资本和后致性社会资本，其中先赋性社会资本是指个体先天即可继承并享有的社会关系财富，以家庭社会经济地位为主要代表；后致性社会资本是指个体经过后天努力所获得和积累的社会资本，以高校社会资本和社会交往能力为主要代表。[⑥]

---

① 尹振宇. 人力资本视角下劳动者认知与非认知能力的收入效应研究 [D]. 北京：首都经济贸易大学，2020.

② 薛在兴. 打开大学生就业之门的钥匙 [M]. 北京：中国社会科学出版社，2011：26-44.

③ BOURDIEU P. Le Capital Social：Note Provisoires [J]. Actes de la Recherche en Sciences Sociales，1980（3）：2-3.

④ 林南. 社会资本 [M]. 张磊，译. 上海：上海人民出版社，2005：54.

⑤ BAKER W. Market Networks and Corporate Behavior [J]. American Journal of Sociology，1990，96（3）：589.

⑥ 赵建国. 社会资本对大学生就业质量的影响研究 [J]. 财经问题研究，2017（6）：124-131.

2. 关系说

作为社会资本理论的先驱，科尔曼（James S. Coleman）认为社会资本是个人拥有的、表现为社会结构资源的资本，存在于人际关系中，能够为结构内部的个人行动提供便利。① 他将社会资本划分为个体社会资本和群体社会资本两种类型。个体社会资本其回报是对个体的，群体社会资本是指群体所拥有的各种关系网络中现实的和潜在资源的总和。② 张其仔在《社会资本论：社会资本与经济增长》中把社会资本界定为社会网络，为一种最重要的人与人之间的关系和资源配置的一种重要方式，并力图建立一个分析社会网络的规范体系。③ 卜长莉认为社会资本的关系网络，以一定的社会关系和人际互动为基础，以一定的文化作为内在行为规范。④ 张红岩将社会资本分为先赋性和自致性两种，先赋性社会资本主要指大学生个人家庭社会背景；自致性社会资本指大学生在上学期间与老师、同学所建立的网络联系。⑤

3. 能力说

为了避免"资源说"和"关系说"各执一词，美国社会学家亚历山德罗·波茨（Alejandro Portes）认为社会资本是"嵌入"（理性嵌入或者结构嵌入）的结果，强调个人通过嵌入具备成员资格，通过成员身份在网络或者更广阔的社会结构中获取稀缺资源的能力以及程度。⑥ 他提出社会资本的三个基本功能，从社会运转的角度来看，社会资本是社会控制的来源；从家庭内部考虑，社会资本是家庭支持——家庭内部或者家庭对子女的支持的来源；从家庭外部考虑，社会资本是"作为通过家庭外的网络获得的收益来源"，可以用来解释"就业、职业阶梯的向上流动等问题"。⑦ 边燕杰指出社会资本是组织或个人通过其社会关系获取金钱、权利、地位、信息、机会等稀缺资源并

---

① COLEMAN J S. Social Capital in the Creation of Human Capital [J]. American Journal of Sociology, 1988 (94)：95-120.

② COLEMAN J S. Foundations of Social Theory [M]. Cambridge：Harvard University Press, 1998：302.

③ 张其仔. 社会资本论：社会资本与经济增长 [M]. 北京：社会科学文献出版社，1997：27.

④ 卜长莉. 社会资本与社会和谐 [M]. 北京：社会科学文献出版社，2004：23-24.

⑤ 张红岩. 社会资本与就业绩效 [M]. 银川：阳光出版社，2012：13.

⑥ PORTES A. Social Capital：Its Origins and Applications in Modern Sociology [J]. Annual Review of Sociology, 1998 (24)：1-24.

⑦ 李惠斌，杨雪冬. 社会资本与社会发展 [M]. 北京：社会科学文献出版社，2000：120-121.

利用这些资源获得利益的能力。① 朱国宏认为社会资本是通过网络关系和社会结构获取资源的能力。② 赵娟将研究生社会资本定义为研究生自身具有的关系、网络等资源条件以及摄取信息、关系、机会等资源并由此在求职中获益的能力。③ 她把社会资本分为先赋型社会资本和自致型社会资本。先赋型社会资本是与生俱来或通过继承获得的，主要指父母、亲戚的社会关系网络或由他人转让而获得的资源，是可运用的社会资本；自致型社会资本指经个人后天努力，通过投资或交换建立的社会关系网络及新的社会资源，强调的是其拓展社会资本的能力。④

4. 协调说

帕特南（Robert D. Putnam）认为"社会资本，指的是社会组织的特征，如信任、规范和网络，它们能够通过推动协调的行动来提高社会的效率"。⑤ 他认为："在现代的复杂社会里，社会信任能够从这样两个互相联系的方面产生：互惠规范和公民参与网络。"⑥ 如果社会规则是明晰的，违反规则所受到的惩罚是肯定的，那么欺骗行为的成本很高，个体就会减少欺骗行为，对方的行为也就可信。如果两者都处于同一网络，在一定程度上会把对方的利益纳入自己的考虑体系，从而更愿意帮助对方，不愿意欺骗对方。

5. 分层说

杜尔劳夫（Steven Durlauf）和法肯姆普斯（Marcel Fafchamps）指出，社会资本对组织成员产生外部性，通过共享信任、价值观及其对期望和行为的影响来实现，共同的信任、规范和价值观来自基于社会网络和协会的非正式组织形式。这三种因素相互交织，共同被视为社会资本。

本研究采纳社会资本关系说，认为社会资本是一种社会关系网络。其中，

---

① 边燕杰. 城市居民社会资本的来源及作用：网络观点与调查发现 [J]. 中国社会科学，2004 (3)：136-146.

② 朱国宏. 经济社会学 [M]. 上海：复旦大学出版社，1999：103-104.

③ 赵娟. 研究生求职行为中社会资本的质性研究 [J]. 高等教育研究，2005 (12)：83-88.

④ 同上.

⑤ PUTNAM R D. Bowling Alone: America's Declining Social Capital [J]. Journal of Democracy, 1995, 6 (1): 65-78.

⑥ PUTNAM R D. Making Democracy Work. Civic Tradition in Modern Italy [J]. Contemporary Sociology, 1993, 26 (3): 306-308.

重点关注了比较经典的弱关系理论和地位获得模型理论。

"弱关系"理论是格兰诺维特（Mark Granovetter）在1973年提出的，他认为弱关系在帮助人们获取信息方面是强的，从"相识时间""互动频率""亲密度""互惠服务内容"四个维度定义了关系强度，并提出了嵌入性概念。[①] 格兰诺维特（Mark Granovetter）认为，融入社交圈的个人需要寻找与其他圈子相关的关系，而这种关系是桥梁。在个人社交网络关系中，强关系对应同一水平的人际关系，资源同质性高，对个人意义不大。能够提供重要信息和帮助的人是具有高度异质性的弱势群体。信息是一种流动的社会资源，弱关系有利于信息社会资本的形成。根据格兰诺维特（Mark Granovetter）的弱关系理论，强关系会限制社会网络的范围和建立，而弱关系可以扩大网络的范围，具体来说，即通过增加网络成员的数量，扩大弱关系的社会距离。研究表明，"弱关系"在劳动力流动过程中具有"强力量"，因为它是传递信息的有效的桥梁。[②]

地位获得模型理论最早出现在美国社会学家布劳和邓肯（Peter M. Blau and Otis Dudley Duncan）所著的《美国的职业结构》一书中。他们在书中指出职业是衡量社会阶层的最有效指标，并发现光依靠个人能力和家庭背景是不能决定其社会经济分层的，社会阶层在形成的过程中还会受到一些具有干预性的中介因素的影响，比如教育因素。某些先赋性因素会对这些中介变量产生影响，比如家庭。因此，对于第一次步入职场的人来说，个体接受的社会教育和家庭教育都会对其产生影响，其中个体所受的社会教育影响更大；对于已经步入职场的人来说，个体接受的社会教育是最重要的，对其初次就业影响较大。这说明，相比先赋性因素，自致性因素是更重要的角色，社会所提供的教育在社会再生产和社会流动中起到主导作用，代际间的地位继承能够以教育为中介传递给后代。地位获得模型理论凸显了教育对个体职业地位获得的重要性，说明了代际传递是通过父母给予子女受到更高水平教育机会的方式，促使子女有机会获得有优势的职业地位的。

---

① GRANOVETTER M. The Strength of Weak Ties [J]. American Journal of Sociology, 1973, 78 (6): 1360-1380.
② 同上。

(三) 雇主动机理论

社会资本理论和"弱关系"理论都是从劳动力市场中的供给方即求职者角度解释社会资本在就业过程中体现的作用的。就业是供需双方共同作用的结果，如果用人单位拒绝录用社会资本丰富的新员工或者通过社会资本招聘新员工，那么，即使研究发现了就业与社会资本之间的因果关系，也只能是"假关系"，而非因果解释。

近年来，学界开始从用人单位的视角来考察社会资本对就业的影响。费尔南德斯（Roberto M. Fernandez）等人深刻剖析了用人单位利用老员工推荐招聘新员工的社会现象。[①] 他们认为雇主这样做的原因如下：第一，扩大应聘者的范围；第二，他们可以招募与现有员工一样合格的新员工；第三，老员工会为了自己在公司的声誉选择推荐优秀的应聘者；第四，用人单位可以对推荐的应聘者进行深入全面的了解；第五，老员工愿意帮助被推荐的新员工尽快胜任新工作。格里克（Joseph M. Grieco）强调了员工推荐在节约企业监管成本方面的作用，因为如果被推荐的候选人表现不佳，会影响推荐人的声誉，所以推荐人会自觉加强对新员工的监督和指导，以减少新员工"懒惰"行为的发生。[②] 格兰诺维特（Mark Granovetter）等人强调了员工推荐对提高员工忠诚度的积极作用。他们认为，根据胁迫的程度，雇主管理方式可以从直接监督和惩罚转为基于忠诚的控制。当管理层依托忠诚管理员工时，员工对雇主的承诺源自雇主的积极激励和认可，而不仅仅是物质回报。忠诚不仅来自员工对组织的认同，更多的则是来自个人对组织的忠诚，这种忠诚起到监督和支持的作用。

当然，通过员工推荐进行招聘也会给雇主带来一些负面影响。如果现有员工的素质不高，根据同质性原则，他们推荐的应聘者很可能素质也不高。如果现有员工对组织不够忠诚，受之影响，他们推荐的应聘者也可能会对组织撒谎。因此，雇主通常只有在确认现有员工素质高、能力强、对组织忠诚

[①] FERNANDEZ R M, CASTILLA E, MOORE P. Social Capital at Work: Networks and Employment at a Phone Center [J]. American Journal of Sociology, 2000 (105): 1288-1356.

[②] GRIECO J M. Keeping It in the Family [M]. London: Travistock, 1987: 43.

的情况下，才会采用老员工推荐新员工的招聘机制。

(四) 差序格局理论

费孝通在《乡土中国》中提出了"差序格局"这一重要概念，利用"差序格局"来描述人际格局的亲疏远近、说明中国社会中社会关系的特点，形成了中国本土的社会资本理论。根据差序格局理论，中国社会的人际关系是以血缘、地缘和情感为基础形成的，社会关系网络从"己"推出，每个人以自我为中心结成社会关系网络，而最根本的是以血缘关系形成的亲属关系。差序格局不仅为个人和家庭提供了发生社会关系的渠道，还是其生存和发展的重要社会资源。

费孝通的差序格局理论得到后来学者的研究、论证和发展。吕妍等提出，中国社会是一个人情社会，不管是差序格局理论中的"顺差"还是"逆差"格局，都强调在利用社会关系找工作时，首先需要强关系的介入。强关系作为一种非制度性的社会支持起到非常重要的作用。边燕杰也提出，强关系对职业地位获得的作用更重要，它可以为没有联系的个人创造网络桥梁。

关系的强弱亲疏并不单纯地以血缘为原则，也可能因交往的频率、感情的亲疏、利益的纠葛而发生变化，它是人与人在交往的过程中发生、积累、维持和发展壮大的。强关系具有更强的信任度和稳定性，因此在遇到重要事情时，人们常常会动用自己的所有关系寻求最大、最优的帮助，从而达到事半功倍的效果。

三、理论分析框架

当前关于大学生就业质量影响因素研究的理论分析框架主要是基于人力资本理论和社会资本理论，人力资本理论主张用人单位招聘时以大学生的知识、技能和成就为主要考量，涉及的因素主要包括学生的学业成绩、获奖情况、学生干部经历等。社会资本理论主张培育学生积累丰富的社会关系或社会资源,涉及的因素主要包括父母职业、父母教育经历、家庭收入等家庭社会资本和个人所拥有的社会关系等后致性社会资本。比如,美国社会学家布劳和邓肯在《美国的职业结构》一书中首创了"地位获得"模型理论,提出了先赋性因素和自致性因素两个新概念。先赋性因素以父亲职业地位、父亲受教育程度为代表,自致性因素以本人受教育程度、初职和现职为代表。整体上,人力资本理论更关注大学生自致性因素对其就业质量的影响,社会资本理论更关注大学生的非自致性因素对其就业质量的影响。但实际上,二者测量的一些因素存在某种程度的交叉。比如学生干部经历,既能体现学生的组织、协调能力,是人力资本,又从中培育了学生的各类社会关系,丰富了学生的社会资本。这种交叉因素直接影响了传统的人力资本理论和社会资本理论对大学生就业质量分析的解释力和指导力。尤其是社会资本理论,往往将影响大学生就业质量的因素指向大学生自身之外的一些因素。

当针对大学生就业指导工作分析大学生就业质量的影响因素时,我们更倾向于分析我们的指导工作能做什么和不能做什么。因此,笔者将大学生就业质量的影响因素分为自致性因素和非自致性因素两类。自致性因素主要指通过个人努力获得的知识、技能、成就和社会资源,非自致性因素指不受个人控制的因素,如国家政策、社会环境、家庭情况等。相较于非自致性因素,自致性因素有更好的可调控性,对高等学校和高校教师做好大学生就业指导工作具有更强的现实意义。与此同时,在大学生高质量就业过程中,那些指向大学生知识、能力等自身素养的自致性资本往往具有更可持续、更有发展性的深刻影响。而那些指向大学生家庭背景、社会地位的非自致性资本可能更多的是影响大学生能否实现就业,但是对于真正的高质量就业,影响则没有那么深远。因此,大学生就业指导工作对大学生自致性资本是一种强影响,对大学生非自致性资本是一种弱影响。大学生高质量就业的实现受到自致性资本的强影响,受到非自致性资本的弱影响。(见图1-3)

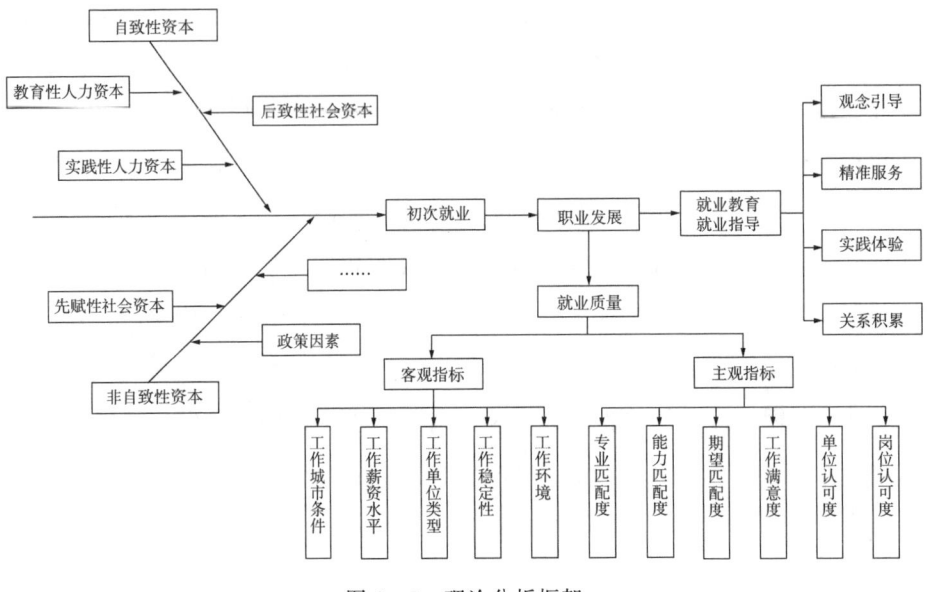

图 1-3 理论分析框架

在两对强弱影响关系的对比下，大学生就业指导工作显然应着眼于大学生自致性资本发力。基于以上分析，在传统就业研究和社会资本研究基础上，本研究提出了以大学生自致性资本为核心的大学生就业指导理论分析框架。

影响大学生就业的因素有很多，包括宏观的就业政策因素和市场因素、中观的学校因素，以及微观的个体因素、家庭因素。这五个因素按照逻辑关系排列，体现了个人意志到国家意志的递变。

表 1-1 影响大学生就业因素的逻辑关系

	个体可控性	个人自主性	个体意志性	
个体因素	↑	↑	↑	最大
家庭因素				较大
学校因素				中
市场因素				较小
国家就业政策因素	↓	↓	↓	最小

在影响大学生就业质量的各因素中，从个体、家庭、高校、就业市场到国家政策，个体所能起的自主作用越来越小，主体可控性也越来越弱，因此，

提升大学生就业质量和就业效率，根本点在大学生个体，应该重点关注个体的专业选择、能力提升与陌生关系建设。布劳和邓肯提出的地位获得模型描述了先赋性因素和自致性因素对个人职业地位的影响，如先赋性因素的作用大于自致性因素的作用，则社会较为封闭；反之，则比较开放。在就业市场提供岗位既定的情况下，大学生能否顺利就业或高质量就业主要由个人的自致性资本决定。

　　自致性资本是影响大学生高质量就业的关键变量，对大学生实现高质量就业起着重要作用。本研究聚焦自致性资本、就业质量，界定了各自的指标体系，探究了两者之间的关系。本研究创新性地将人力资本和后致性社会资本综合为自致性资本，又将人力资本分为教育性人力资本和实践性人力资本。其中，教育性人力资本通过学校层次、学习成绩、英语水平、计算机水平、学业奖学金获得情况、专业技能奖学金获得情况来测量；实践性人力资本通过学生干部、学生社团、校内兼职和校外兼职情况来测量。后致性社会资本可通过政治活动衍生的社会关系、实践活动衍生的社会关系、实习活动衍生的社会关系、是否使用社会关系和社会关系情况来测量。本研究利用统计学常用的 OLS 回归、无序 Logit 回归、有序 Logit 回归等方法，分析了教育性人力资本、实践性人力资本、后致性社会资本与就业质量主客观指标的关系，总结出了作用机理，并在此基础上提出了以自致性资本为核心的提高大学生就业质量的对策、建议。

第二章

研究设计

一、研究假设

二、样本选择

三、指标体系

四、数据分析方法

五、描述性统计

一、研究假设

假设 1：自致性资本是大学生自身核心竞争力的本质体现，对大学生高质量就业具有积极显著的影响。与先赋性社会资本比较，自致性资本是个人在求学过程中通过自己的努力形成的人力资本和后致性社会资本，是自我本领提升和关系网构建的过程，是自我综合素质提升的表现，本质上体现的是个人核心竞争力的形成与提升，这种提升相对于先赋性社会资本对个人高质量就业和未来职业发展具有更加积极显著的影响。

假设 2：大学生高质量就业本质上依赖自致性资本的提升。虽然社会上流传着"证书无数，不如贵人相助"的说法，但从本质上看，这是个体行为或者说是少数群体现象，从宏观上来看，绝大部分大学生求职就业是依赖自我综合素质的，也就是说，自致性资本在绝大多数大学生求职就业中起着本质的影响作用。"师傅领进门，修行在个人"，从个人职业发展的长远路径看，大学生高质量就业的长期效应依赖学生个体的核心竞争力，也就是自致性资本。

二、样本选择

作为在职教育博士，受研究时间、精力和研究资源等方面的限制，笔者无法对我国高校各个专业的情况进行全面系统的分析。之所以选择高校经管类专业本科生为研究对象，主要基于以下三个方面的考量：一是因为经管类专业每年的毕业生人数众多。根据教育部 2020 年教育统计数据，2020 年大学毕业生有 870 万，其中经管类占 100 万，占比超过九分之一。全国本科专业共 703 个,经管类占 23 个;专科专业共 747 个,经管类占 49 个。全国 1 270 所本科院校中有 789 所开设了经管类专业,占比 62%。出于样本同质性考虑,本研究将研究对象选定为经管类专业学生。二是经管类专业毕业生就业压力大,就业率低于教育类、信息技术类等专业。以某师范大学为例,该校《2020 届高校毕业生就业质量年度报告》显示,经管类 2020 届本科毕业生 337 人,占比 9.09%,位列全校第一,而就业率仅为 75.96%,低于当年全校平均就业率和非师范生就业率,在全校 20 个本科培养单位中排名倒数第一。三是研究兴趣和工作职责所在。笔者自参加工作以来,长期在一线负责经管类专业毕业生就业工作,对该专业毕业生就业有一定的研究基础和经验积累。因此,出于研究兴趣和工作职责选择经管类专业毕业生作为调查对象。笔者计划通过本研究为经管类学生就业提供一些参考建议,提高学生就业的核心竞争力。

本研究为了保证最终测试结果的严谨性,首先对某大学毕业生进行了样本试测。之后对统计数据进行了处理、总结、归纳,发现本研究具有较强的实际意义。由此开展大规模调查,以期获得更多的样本以及更细化的指标,并且解决了试测过程中存在的一些问题。以下为两次测试结果的对比。

(一) 同质性

本研究的调查对象为 J 省四所高校经管类本科应届毕业生,主要考虑调查对象的同质性问题。由于地区差异,全国各高校的经管类专业毕业生就业机会不同,就业选择空间不同,就业率也不同,而且高校所在地对就业的影响已有很多文献对其进行研究,不是本研究的研究重点。因此,为了保证调查样本的同质性,仅考虑了 J 省四所高等学校经管类专业近五年已就业的本科毕业生,这样就能最大可能地避免样本异质性问题带来的总体偏差,从而将自致性资本和非自致性资本的作用凸显出来。

第一次问卷统计的目标范围为某大学所有学院的部分毕业生,包含已就业以及非就业毕业生,包括师范生以及非师范生,在对数据进行回归分析过程中发现各变量之间的相关性较弱,大体原因为师范生就业渠道和就业水平大体相同,对其就业质量影响有限。此外,由于毕业生都为某大学学生,只针对同一学校进行样本统计会产生样本选择偏误,进而产生同质性问题。

（二）异质性

不同地区就业存在异质性，不同院校层次毕业生就业也存在异质性。在第一次问卷中，计算机水平、奖学金证书以及专业技能证书并没有进行细分，对问卷结果进行统计发现，大部分学生都获得了这类证书，并不能体现出这几个指标的有效性。理论上，国家级证书比院级证书在就业市场上的优势更大。因此，在第二次问卷调查中对这几个指标进行了细化，将其分为国家级、校级以及院级证书，探讨不同层次证书对就业质量的影响。

在第一次问卷调查中，参与社团次数等问题设置为0次、1—3次、4—5次、5—10次、10次以上，通过数据统计发现，大多数学生都选择3—5次，给予被调研者问题的选择范围可能会使被调研者不说真话，因为他们可以猜测别人的选择。此外，选择会导致数据的不连续，参与社团4次和5次在数据统计结果中为同一数据，仅与1次、2次、3次不同，这种分类方法缺乏科学依据，3次不一定是影响就业质量的断点。因此在第二次问卷调查中将此类选项改为填空题，由被调研者根据自己的实际情况进行填写。

本研究认为，毕业生可以分为一流大学建设高校、一流学科建设高校、省属公办高校、省属民办高校毕业本科生四类。这四类毕业生在就业市场上受到的关注不同，就业层次不同，对自己的目标定位不同，因此其就业质量也有所区别。本研究第二次调查样本选择了一流大学建设高校、一流学科建设高校、省属公办高校、省属民办高校的毕业生。首先，选取这部分样本可以避免上文提到的第一个问题，经济与管理类学生的毕业去向由市场机制决定，不会有由于政策分配引起的就业质量类同问题。其次，选取这四类大学，可以分析不同层次学校毕业生的人力资本和社会资本对其就业质量的影响，可以避免没有控制学校层次而导致的同质性问题。本次调研发放问卷700份，回收有效问卷624份，其中一流大学建设高校109份，一流学科建设高校106份，省属公办高校198份，省属民办高校211份，有效回收率为89.1%，这些数据有助于获得较为普遍的结论。

三、指标体系

本研究通过调查大学生就业质量相关文献资料，用各种指标对影响就业质量的因素进行归类总结，并具体量化整理，采用下列指标进行分析，明确每个指标对就业质量影响的强弱程度。

（一）就业质量影响因素指标

根据柯羽的研究，就业质量可从大学生与家长认可度的角度和用人单位角度来进行分析。从大学生与家长的角度看，大学生与家长对自己所选职业的收入、工作条件、工作环境、工作地域、发展前景等方面是否满意，能反映其就业质量。从用人单位的角度看，主要关注用人单位对大学生是否认可。[①] 根据李颖等的研究，就业质量影响因素还包括是否符合自己兴趣和能力、对工作是否满意、工作类型等一系列指标。[②] 综合学者们的意见，本研究将就业质量影响因素指标分为客观因素指标和主观因素指标。其中，客观因素指标包括工作城市条件与工作环境、工作薪资水平、工作单位类型、工作稳定性；主观因素指标包括工作的专业与能力匹配度、对工作的期望匹配度和满意度、岗位及单位的认可度。

[①] 柯羽. 高校毕业生就业质量评价指标体系的构建[J]. 中国高教研究，2007（7）：82-84，93.
[②] 李颖，刘善仕，翁赛珠. 大学生就业能力对就业质量的影响[J]. 高教探索，2005（2）：91-93.

表 2-1 就业质量指标

指标	变量	对应题号	变量类型	解释
客观指标	工作城市条件	C1	连续变量	2020年工作所在地城市人均GDP
	工作薪资水平	C4	连续变量	
	工作单位类型	C3	多分类变量	政府机关、城镇社区、部队、农村建制村；国有企业、其他事业单位、中初教育单位；高等教育单位、科研设计单位、医疗卫生单位；其他企业、三资企业；其他；(1,2,3,4,5)
	工作稳定性	C6	有序变量	非常稳定、很稳定、一般、很不稳定、非常不稳定 (5,4,3,2,1)
	工作环境	C7	有序变量	非常好、很好、一般、很不好、非常不好 (5,4,3,2,1)
主观指标	专业匹配度	C8	有序变量	非常匹配、很匹配、一般、很不匹配、非常不匹配 (5,4,3,2,1)
	能力匹配度	C9	有序变量	非常匹配、很匹配、一般、很不匹配、非常不匹配 (5,4,3,2,1)
	期望匹配度	C10	有序变量	非常匹配、很匹配、一般、很不匹配、非常不匹配 (5,4,3,2,1)
	工作满意度	C11	有序变量	非常满意、很满意、一般、很不满意、非常不满意 (5,4,3,2,1)
	单位认可度	C12	有序变量	非常认可、很认可、一般、很不认可、非常不认可 (5,4,3,2,1)
	岗位认可度	C13	有序变量	非常认可、很认可、一般、很不认可、非常不认可 (5,4,3,2,1)

1. 就业质量客观因素指标

客观因素是不因就业群体自身所具备的内在因素而变化的事实存在的外

在条件，分为以下四类。

工作城市的条件及工作环境：也就是大学生就业所选择的工作城市。地域是很重要的因素，一线城市还是二、三线城市，人均 GDP 相差很大。大城市收入高，机遇多，各行各业的企业龙头都会把总部设在大城市，这里资源丰富、机会多，并且很多政策与项目都会向大城市倾斜，城市也需要人才来支撑，因此，哪个城市的 GDP 高，就业机会就越多，吸引力就越大，大学生就会倾向往哪里去。本研究用城市 GDP 来衡量不同城市之间的差距。采用该指标的原因是地级市与县级市之间的差距相较于一线城市及三线城市之间的差距更大，采用城市行政属性分类不能很好地体现城市之间的不同。因此，用城市的年平均 GDP 来衡量不同城市的属性更具有说服力。

工作薪资水平：代表就业后的物质回报，单纯说是否就业不能够衡量大学生就业质量的好坏，工作薪资可以相对体现出已经就业的大学生之间的差距。

工作单位类型：是指大学生根据自身受教育的条件，择优选择自己的目标工作单位。工作单位性质不同，大学生竞争的激烈程度也不相同。在全国高校毕业生就业管理系统中，工作单位类型可以分为机关、科研设计单位、高等教育单位、中初教育单位、医疗卫生单位、其他事业单位、国有企业、三资企业、其他企业、部队、农村建制村、城镇社区和其他。其中，中初教育单位指公办小学、初中和高中。①

工作稳定性：工作岗位稳定，收入稳定，不会有太大的人事变动，不管社会环境发生怎样的变化，都有抵抗风险的能力。

工作环境：工作环境包含两种含义：一种是硬环境，一种是软环境。硬环境是指办公场所的舒适程度，选择一个好的办公环境使人心情愉悦，相反，不好的环境使人压抑。软环境是指工作中的人际关系、企业文化等。好的工作环境也是吸引人才的重要因素。

2. 就业质量主观因素指标

主观因素是大学生就业群体将客观的就业条件与自身就业愿望进行匹配，以达到预期的就业目标。具体指标包括以下六种。

专业匹配度：是指大学生所选择的工作与所学专业的相似程度。高度匹

---

① 工作单位类别参照教育部学生服务与素质发展中心（原全国高等学校学生信息咨询与就业指导中心，2022 年 2 月 16 日起更名）《全国高校毕业生就业管理系统》中单位性质分类。

配的专业度使就业群体能很快融入工作，用人单位在选择人才时也会按照行业分类，选择本专业的学生，以节约时间成本。

能力匹配度：是学生职业素养在工作中的具体体现，它是学生从开始工作到结束工作所反映出来的应变能力。大学生的工作能力越强，就业的机会就越多。

期望值匹配度：是就业条件与大学生心理预期的一致程度，是就业条件达到学生愿望的一个估值，也是用人单位在选择人才时希望达到用人目的的一种估值。在校学习和单位工作是两种不同的评价结果，学习是吸收，工作是释放。大学生和用人单位需对学生从事的工作进行评价，这是影响大学生就业的主观原因。

工作满意度：是从业人员对工作的情感反映、情绪体验和态度，反映了其对从事工作或工作经历的评价。包括对工作本身、报酬、晋升机会、同事等方面的满意度。基于工作能否帮助个体实现个体的价值观、能否满足个体的需要和兴趣而体现为不同程度的满意度，当工作与个人需要、兴趣相符时，工作满意度就高，反之就低。

单位认可度：是用人单位对毕业生的满意程度。根据就业群体从事工作的状态、努力程度、工作完成效果等进行评价，是用人单位对毕业生认可度的反馈。

岗位认可度：是指从事的岗位是否达到学生要求的认可程度，是用人单位对个体的一种态度，是影响就业人员的去留的评价指标。

（二）自致性资本指标

自致性资本包括人力资本和后致性社会资本，其中，人力资本又可分为教育性人力资本和实践性人力资本。赵树海认为人力资本包括人的知识技能、资历经验及熟练程度等要素。知识技能资本包括大学生的学业成绩、科研成就、奖学金获得情况、英语水平、计算机等级等，资历经验资本包括政治面貌、学生干部经历、社团参与情况、社会活动参加情况等。[①] 本研究认为这里提到的知识技能资本即为本研究的教育性人力资本，资历经验资本即为实践

---

① 赵树海.人力资本视角下的大学生就业：评《大学生就业的理论、实证与政策研究》[J].中国教育学刊，2021（10）：112.

性人力资本。

表 2-2 自致性资本

指标		变量	对应题号	变量类型	解释
自致性资本	教育性人力资本	学习成绩	B1	连续变量	年级排名占总人数比重
		英语水平	B2	有序变量	CET-6、CET-4、无（2，1，0）
		计算机水平	B4	有序变量	国家等级考试三级、国家等级考试二级、无（2，1，0）
		学业奖学金获得情况	B5.1	离散变量	大学期间获得国家级学业奖学金情况
			B5.2	离散变量	大学期间获得省级学业奖学金情况
			B5.3	离散变量	大学期间获得校级学业奖学金情况
		专业技能奖学金获得情况	B6.1	离散变量	大学期间获得国家级专业技能奖学金情况
			B6.2	离散变量	大学期间获得省级专业技能奖学金情况
			B6.3	离散变量	大学期间获得校级专业技能奖学金证书的数量
	实践性人力资本	学生干部	B7	多分类变量	校级、院级、班级、无（3，2，1，0）
		学生社团	B8	离散变量	大学期间参加学生社团个数
			B9	离散变量	大学期间参加校级学生社团活动次数
			B10	离散变量	大学期间参加院级学生社团活动次数
			B11.1	离散变量	独立组织学生校级活动的次数
			B11.2	离散变量	独立组织学生院级活动的次数
		校内兼职	B13	离散变量	平均每月从事校内兼职的次数
		校外兼职	B14	离散变量	平均每月从事校外兼职的次数

续 表

指标		变量	对应题号	变量类型	解释
自致性资本	后致性社会资本	政治活动衍生的社会关系	D9	离散变量	参加党团活动获得的社会关系人数
		实践活动衍生的社会关系	D10	离散变量	参加社团活动获得的社会关系人数
		实习活动衍生的社会关系	D11	分类变量	兼职获得的社会关系对求职是否有帮助
		是否使用社会关系	D12	分类变量	求职过程中，是否通过社会关系帮忙
		社会关系情况	D13	离散变量	就业过程中对你提供帮助的社会关系人数

1. 教育性人力资本指标

教育性人力资本指标是指教育资源投入后，通过各种指标反映投入效果，进而使其成为就业条件的量化反映。孙淑军将人力资本分为教育人力资本、健康人力资本、科研人力资本、培训人力资本和迁移人力资本五类，较早提出了教育人力资本的概念。① 盛伟、廖桂蓉借助多层次空间计量模型，给出了城市教育人力资本及其外部性影响我国劳动力市场效率的微观经验证据。② 唐代盛、韩学芳研究了地区教育人力资本对教育代际传递的影响，发现通过控制个人、父母和家庭背景等变量，地区教育人力资本的提高可显著抑制教育代际传递。③ 钟云华、孟大虎等学者研究了不同人力资本对就业的影响。本研究的参考指标综合了各位学者的观点。④⑤

学习成绩：是大学生在校期间接受教育取得成果的最直观的反映，大多数用人单位会根据学生的学习成绩择优录取人才。本研究中学习成绩将通过学生成绩排名来体现。

英语水平：是通过国家英语等级考试达到的各级标准，是衡量就业人才接受英语教育水平的重要标尺。对于一些对英语要求较高的企业，这是一个

---

① 孙淑军. 数理统计方法在中国人力资本存量估算中的应用 [J]. 武汉工程大学学报，2011，33 (11)：105-110.

② 盛伟，廖桂蓉. 教育人力资本、外部性及时空异化效应：劳动力市场效率视角 [J]. 南开经济研究，2021 (5)：240-256.

③ 唐代盛，韩学芳. 地区教育人力资本与教育代际传递：抑制或促进 [J]. 现代教育管理，2020 (4)：25-31.

④ 钟云华，唐芳芳，吴克明. 大学生求职过程中人力资本与社会资本的互动分析：基于"理想类型"视角的个案叙事 [J]. 湖南师范大学教育科学学报，2021，20 (4)：113-122.

⑤ 孟大虎，曾凤婵，杨娟. 人力资本、社会资本与大学毕业生求职渠道的选择 [J]. 中南财经政法大学学报，2011 (6)：38-43，143.

非常重要的指标。

计算机水平：是指就业人员是否能熟练操作电脑、熟练运用各种办公软件进行工作的能力。在互联网迅速发展的当今，各行各业已经进行无纸化办公，因此计算机能力的高低是用人单位选择人才的基本指标。

学业奖学金获得情况：是就业人员在整体学业上优于其他人员的标志。如何证明大学生在校期间的成绩优劣，只有通过奖学金获得情况进行区别，比如国家级学业奖学金、省级学业奖学金、校级学业奖学金都能够反映学生的学业等级。

专业技能奖学金获得情况：是就业人员在某项专业技能上优于其他人员的标志。就业人员的专业技能水平也是通过国家级、省级、校级专业技能奖学金获得情况反映的。

2. 实践性人力资本指标

实践性人力资本的表现形式有很多种，是指通过社会实践活动提高自身竞争力，锻炼组织能力、沟通能力的渠道和方法。比如在校期间参加的校级、院级等学生社团活动。赵延东、陆德梅等学者研究了不同的实践性人力资本对就业的影响。本研究的参考指标综合了各位学者的观点。[1][2]

学生干部：是指在学生群体中担任某些职务、承担某些职责，协助学校进行管理工作的学生，是一种学生身份。选拔标准一般是优秀学生、有能力的学生。分为校级、院级、班级干部三个级别。

学生社团：是指学生在自愿基础上形成的各种群众性文化、艺术和学术团体。不分年级、专业甚至学校，由兴趣爱好相近的同学组成。学生在保证完成学习任务和不影响学校正常教学秩序的前提下开展各种活动。其目的是活跃学校学习氛围，提高学生自治能力，丰富学生课余生活，交流思想、切磋技艺、互相启迪、增进友谊。

校内兼职：是指高校会提供一定的校内工作岗位给某些有需要的学生，如勤工助学岗位、助管助研助教岗位等，让学生的大学生活不局限在学习上，让学生在学习之余，通过自己的劳动增加一部分收入，锻炼各方面的能力。

校外兼职：是指大学生利用自己的休息时间，走出校门接触社会、了解社会和积累社会经验。校外兼职既可以锻炼自我，提高各方面的能力，又能使学生提前进入工作状态，在一定程度上还可以减轻学生家里的经济负担，使学生体会到父母的辛苦与不易，对培养学生科学的就业观念、理性择业也有一定的帮助。

---

[1] 赵延东. 人力资本、再就业与劳动力市场建设 [J]. 中国人口科学, 2003 (5)：24-29.

[2] 陆德梅. 职业流动的途径及其相关因素对上海市劳动力市场的实证分析 [J]. 社会, 2005 (3)：101-115.

3. 后致性社会资本指标

后致性社会资本是指大学生通过自身努力获得的外在资源所构建的社会关系网络。这些外在资源与就业机会息息相关，用人单位可以根据各种变量进行分类，其中就包括通过比较分析应聘人员的社会资本来确定其是否被录用。Mouw、刘杰等学者研究了不同社会资本对就业的影响。[1][2] 本研究的参考指标综合了各位学者的观点，用不同类型的社会关系所认识的人数来衡量社会网络规模，用求职过程中是否使用社会关系来衡量社会关系的强度。

政治活动衍生的社会关系：是否能够成为党员主要取决于学生自身的努力程度。成为党员之后，与党组织、团组织以及相关师生的相处涉及待人接物的能力，这是一种通过自身努力使社交圈子变化的能力，属于后致性社会资本。

实践活动衍生的社会关系：与政治活动衍生的社会关系相同，实践活动衍生的社会关系同样属于后致性社会资本，是指通过参加社会团体组织的各种活动来获得的就业信息及资源。

实习活动衍生的社会关系：与政治活动衍生的社会关系相同，校内外兼职培育的社会关系同样属于后致性社会资本，是指大学生通过兼职形成的社会关系，在工作过程中受到认可，获得推荐，了解招聘信息、招聘要求，比其他大学生能够更加及时快捷地获得就业机会。

其他社会关系：除了政治活动衍生的社会关系、实践活动衍生的社会关系以及实习活动衍生的社会关系外，个人可能会通过其他渠道获得新的社会关系，以此来代表本研究可能遗漏的情况。

（三）先赋性社会资本指标

先赋性社会资本，是指大学生与生俱来的、外界不可改变的资源，如由于父母的学历以及父母的职业等因素产生的社会资源或社会关系，是人们在社会结构中所处的位置给他们带来的先天性资源。钟云华、马永霞、张少平等学者研究过不同先赋性社会资本对就业的影响。[3][4][5] 此外，先赋性社会资

---

[1] MOUW T. Social Capital and Finding a Job [J]. Ted American Sociological Review, 2003, 12 (6): 868.
[2] 刘杰, 黄未. 社会资本与大学生就业关系的实证考察 [J]. 统计与决策, 2016 (12): 110-114.
[3] 钟云华. 大学毕业生社会资本拥有及影响因素研究 [J]. 教育学术月刊, 2009 (8): 45-47, 56.
[4] 马永霞, 张雪. 先赋还是后致：什么在影响大学生就业能力？[J]. 教育经济评论, 2019, 4 (1): 74-97.
[5] 张少平. 先赋性社会资本在大学生就业中的作用及局限 [J]. 高校辅导员学刊, 2009, 1 (2): 22-25.

本指标的选取还参照了李黎明的方法,他认为目前测量先赋性社会资本的方法是对个体的家庭社会经济地位(SES)进行测算,具体包括父母的学历、父母的职业地位及家庭经济收入。[①] 本研究主要根据父母学历及父母职业进行衡量。

表 2-3　先赋性社会资本

指标	变量	对应题号	变量类型	解释
先赋性社会资本	父亲学历	D1	有序变量	研究生及以上、本科、高中及大专、初中、小学及以下(4,3,2,1,0)
	母亲学历	D2	有序变量	研究生及以上、本科、高中及大专、初中、小学及以下(4,3,2,1,0)
	父亲职业	D4	有序变量	管理人员、工作人员、无业(2,1,0)
	母亲职业	D5	有序变量	管理人员、工作人员、无业(2,1,0)
	学校水平	A1	离散变量	一流大学建设高校、一流学科建设高校、省属公办高校、省属民办高校(4,3,2,1)

父母学历:是指父亲和母亲受教育的程度。父母学历高低意味着职业地位和工资水平有差异,上过大学和没有上过大学的父母,他们的认知体系及价值观念是不一样的。父母都希望孩子能比自己过得更好,一般高学历的父母对子女的学业规划、就业规划优于低学历的父母。当然这种因素也不是绝对的,关键还在于学生自身对目标的认知认可。

父母职业:是指父亲和母亲所从事的工作处于社会怎样的阶层。父母职业决定家庭的社会地位、社会资源、物质资源和信息资源。父母职业对子女的认知、品德、行为、职业价值观都有一定影响。在没有接触到真实的职场、不了解各种职业的情况下,子女的职业选择可能主要源自对父母职业的了解,来自社会对父母职业的认可度,以及父母的职业给自己家庭所带来的经济效益和精神财富。

学校水平:或者学校层次,是指就业人员所接受的教育资源在社会整体

---

① 李黎明,许珂. 人力资本、社会资本与收入差距:基于中国城市居民收入的分位回归模型分析[J]. 复旦教育论坛,2017,15(1):83-90.

教育资源中所占位置。原分类有985、211建设高校,现在最新提法为"双一流"高校,即世界一流大学建设高校和世界一流学科建设高校。"双一流"建设高校的师资力量、经费来源、实验室建设、学科建设都走在其他院校前列,"双一流"建设高校的毕业生更具竞争优势,这也提升了高校的竞争力,形成了高校招生与就业、入口与出口的良性循环;其他院校,比如省属公办高校及民办高校的就业竞争力则相对小一些。本研究的研究对象为大学生,研究分析的是其进入大学后的自致性资本状况,学校水平对大学生是不可改变的,本研究仅将其作为控制变量进行比较分析。

四、数据分析方法

本章将通过 OLS 回归、无序 Logit 回归、有序 Logit 回归、中介效应等方法分析教育性人力资本、实践性人力资本、先赋性社会资本、后致性社会资本等各项指标对就业质量各项主客观指标的影响并进行解释。

(一) OLS 回归

OLS 回归(最小二乘回归)也称线性回归,即采用最小二乘法估计线性回归模型的回归系数。当被解释变量(因变量)为连续型变量时常采用这种方法研究解释变量(自变量)对被解释变量的影响或解释程度。OLS 回归需满足如下基本假定。

首先,假定 OLS 回归的基准模型为如下线性模型:
$$y_i = b_0 + b_1 x_{i1} + b_2 x_{i2} + \cdots + b_p x_{ip} + \varepsilon_i,$$
其中,b_0 为截距项,b_1,b_2,…,b_p 为回归系数,ε_i 为随机扰动项。线性假定的含义为每个解释变量对被解释变量的边际影响为常数,如果认为边际效应可变,可以加入变量之间的交乘项或者加入变量的高次方项;另外,线性假定反映出各解释变量对被解释变量的影响是可加的,反映了分而治之的思想。

其次,OLS 回归解释变量之间不存在严重的多重共线性。如果解释变量存在多重共线性,会导致解释变量的样本观测值矩阵 X 不满秩,$(X'X)^{-1}$ 不存在,无法估计出回归系数。对于解释变量近似共线性的情况,会降低估计的有效性。避免共线性影响的方法大体有逐步回归法、方差膨胀因子法

(VIF)、主成分分析法、岭回归法（Ridge Regression）等，但主成分分析法会导致单个解释变量对被解释变量的影响难以解释，岭回归法会得到有偏误的回归系数估计，实际中常采用逐步回归法或方差膨胀因子法对解释变量进行选择，从而避免严重多重共线性的出现。

最后，要满足球形扰动项假设，即扰动项 ε_i 要满足同方差，无自相关，服从正态分布，如果存在自相关或者异方差会导致回归系数估计有效性遭到破坏，同时无法进行显著性检验。

（二）无序 Logit 回归

有时候被解释变量并不是连续的，而是多分类的，此时 OLS 回归的基本假设无法满足。对于这样的数据类型，常采用无序 Logit 回归（也称多项 Logit 回归）来拟合多分类被解释变量和解释变量之间的回归关系。该模型也存在诸多假定。

首先，假设被解释变量的几种选择（类）互斥，满足"无关方案的独立性假设"，即选择方案并不依赖于其他任何方案。在各类备选方案极其相似的情况下，可能会存在违反"无关方案的独立性假设"的情况，此时需要进行 Hausman 检验或者 Small 和 Hsiao 检验来进行验证。

其次，使用无序 Logit 回归首先需要使用随机效用法假定个体的效用：
$$U_{ij}=b'_j x_i+\varepsilon_{ij},$$
其中 $b_j=(b_{j1},\cdots b_{jp})'$ 为第 j 个方案的回归系数向量（$j\in\{1,2,\cdots,J\}$），$x_i=(x_{i1},\cdots x_{ip})'$ 为多元解释变量，在假定过程中需要解释变量和个体特征有关而和方案特征无关，如果违背这条假定可以考虑条件 Logit 模型或者混合 Logit 模型。然后计算个体 i 选择方案 j 的概率：$P(y_i=j\mid x_i)=P(U_{ij}\geqslant U_{ik},\forall k\neq j)=P(\varepsilon_{ij}-\varepsilon_{ik}<b'_j x_i-b'_k x_i,\forall k\neq j)$，

当随机误差项 ε_{ij} 满足独立同分布（iid）假设且服从极值分布时：
$$P(y_i=j\mid x_i)=\frac{e^{b'_j x_i}}{\sum_{k=1}^{J}e^{b'_j x_i}}$$

再将某方案作为参照方案可以求出个体 i 选择方案 j 的概率为：
$$P(y_i=j\mid x_i)=\begin{cases}\dfrac{1}{1+\sum_{k>1}e^{b'_j x_i}}(j=1)\\[2mm]\dfrac{e^{b'_j x_i}}{1+\sum_{k>1}e^{b'_j x_i}}(j=2,\cdots,J)\end{cases}$$

此时，采用极大似然估计法得出回归系数的估计结果。

（三）有序 Logit 回归

在无序 Logit 回归中，被解释变量之间不存在排序关系。然而满意度等指标存在天然的排序，采用无序 Logit 回归会忽视数据的排序关系，减少使用数据包含的信息。对于这种被解释变量我们应该采用有序 Logit 模型。在使用有序 Logit 回归时，应该注意被解释变量是否满足平行性检验，即无论被解释变量的分割点在什么位置，模型中各个解释变量对被解释变量的影响不变，解释变量对被解释变量的回归系数与分割点无关。

有序 Logit 回归模型假设

$$ln\left(\frac{P(y_i \leqslant j \mid x_i)}{1-P(y_i \leqslant j \mid x_i)}\right)=b'_j x_i,$$

其中，$j \in \{1, 2, \cdots, J\}$，

$$P(y_i \leqslant j \mid x_i) = \begin{cases} e^{b'_j x_i} & (j=1, \cdots, J-1), \\ 1 & (j=J) \end{cases}$$

该模型采用极大似然估计法得出回归系数的估计结果。

（四）中介效应方法

中介变量是指在 X 对 Y 的影响过程中存在一个变量 Z，使得 X 对 Z 产生影响进而影响 Y，对这两个过程的估计就是中介效应估计方法。该模型包括三阶段回归，即

$$Y = cX + \varepsilon_1,$$
$$Z = aX + \varepsilon_2,$$
$$Y = dX + bZ + \varepsilon_3,$$

想要验证中介效应，首先需要验证自变量 X 对因变量 Y 的总效应 c；其次检验方程组的系数 a，也就是自变量 X 和中介变量 Z 的关系；最后，控制中介变量 Z 后，检验方程组的系数 d 和系数 b，如果 c、a、b 都显著，则存在中介效应，如果 d 不显著，则存在完全中介。此外，可以采用系数乘积法针对 $ab=0$ 进行检验，最为常用的就是 sobel 检验。其检验效率要高于逐步回归法，但是也有一定的要求，如果 a 和 b 无法同时满足正态性的情况下，用 sobel 检验往往存在偏误，对于这种情况，可以采用 bootstrap 检验获得更准

确的标准误。

五、描述性统计

（一）就业质量分析

在本研究中，就业质量主要体现在客观指标和主观指标两个方面，客观指标分为工作城市条件、工作薪资水平、工作单位类型、工作稳定性、工作环境五项；主观指标分为专业匹配度、能力匹配度、期望匹配度、工作满意度、单位认可度和岗位认可度六项。

1. 客观指标

本研究调研数据显示，大学生的就业城市主要分布在省会城市，有374人选择省会城市，占比59.94%，仅有32名毕业生选择在乡镇工作。工作单位类型以企事业单位和政府机关为主，占比50.64%。在经济发展整体向好的情况下，大学生的工作环境处于良好水平，其中35.26%的毕业生认为工作环境非常好，仅有2.56%的大学生认为自己的工作环境不好。整体的平均工资为每年10.2万元。

2. 主观指标

本研究调研数据显示，有84.62%的大学生认为自己现在所做的工作与所学专业相匹配，有15.38%的大学生认为自己现在所做的工作与所学专业不匹配。在能力匹配度上，仅有20名大学生认为现在的工作与自身能力不匹配，28.21%的大学生认为自身能力与现在的工作非常匹配，40.38%的大学生认为自身能力与现在的工作很匹配。在工作满意度上，整体呈现比较满意的情况。其中，95.51%的大学生对现在的工作是满意的，40.38%的大学生很满意，23.08%的大学生非常满意，只有28名大学生表示对现在的工作不满意。被调研的大学生对单位的认可度是极高的，对单位表示认可的百分比达到了97.76%，仅有14人对目前的单位不认可。相较于对单位的认可度，大学生对岗位的认可度则低了 1.61 个百分点,为 96.15%,从整体来看,大学生对目前岗位的认可度还是比较高的。

(二) 自致性资本分析

自致性资本包括教育性人力资本、实践性人力资本以及后致性社会资本。

1. 教育性人力资本

教育性人力资本包括学习成绩、外语水平、计算机水平、学业奖学金证书、专业技能奖学金证书五个方面。

(1) 学习成绩

本研究调研数据显示,被调研的学生中有 124 人成绩在前 10%,占比 19.87%;212 人成绩在 10% 至 30% 之间,占比为 33.97%;126 人成绩在 30% 至 50% 之间,占比 20.19%;成绩在后 50% 的有 162 人,占比 25.96%。整体来看,被调研学生的成绩比较优秀。(见图 2-1)

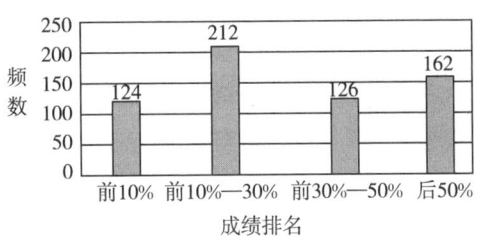

图 2-1 学习成绩排名

(2) 学校水平

本研究调研的大学生毕业院校层次分为一流大学建设高校、一流学科建设高校、省属公办高校、省属民办高校四类,分布比较平均,分别为 202 人、138 人、126 人、158 人。

(3) 英语水平

本研究调研数据显示,被调研的学生获得英语水平 CET-6 级证书占比最高,比例为 52.24%,其次为 CET-4 级证书,占比为 31.09%。这说明大学生非常重视英语等级考试,在毕业前就获得了相关等级证书;当然,也有个别学生没有通过英语等级考试。

表 2-4　英语水平

英语水平	频数	百分比（%）
CET-6	326	52.24
CET-4	194	31.09
无	104	16.67
合计	624	100.00

（4）计算机水平

本研究调研数据显示，被调研的学生中有 292 人没有考取计算机等级证书，占比 46.79%，考取计算机国家等级考试二级证书的占 51.60%，考取计算机国家等级考试三级证书的仅占 1.60%，这说明大学生对计算机等级考试并没有像英语水平考试那么重视，有近半数没有考取计算机等级证书。

表 2-5　计算机水平

计算机水平	频数	百分比（%）
国家等级考试三级	10	1.60
国家等级考试二级	322	51.60
无	292	46.79
合计	624	100.00

（5）学业奖学金获得情况

本研究调研数据显示，被调研的大多数毕业生都获得过学业奖学金，占比 60.89%，达到了 380 人。其中 92 人获得过国家奖学金，40 人获得过省级奖学金，354 人获得过校级奖学金。获得十次以上学业奖学金的毕业生仅有 16 人，占比 2.60%，大多数都在十次以下，集中分布在 1—3 次，分别有 82 人、76 人、82 人获得 1 次、2 次、3 次学业奖学金。

表 2-6　学业奖学金获得情况

学业奖学金获得情况	频数	百分比（%）
0	244	39.10
1—9	364	58.33
10 及以上	16	2.57
合计	624	100.00

相较于学业奖学金，被调研的大学生获得专业技能奖学金的人数相对较少，仅有 202 人，占比 32.37%。140 人获得了国家级专业技能奖学金，74 人获得了省级专业技能奖学金，92 人获得了校级专业技能奖学金。获得十次以上专业技能奖学金的大学生仅有 4 人，大多数都在十次以下，集中分布在 1—3 次，分别有 84 人、44 人、44 人获得 1 次、2 次、3 次专业技能奖学金。

表 2-7　专业技能奖学金获得情况

专业技能奖学金获得情况	频数	百分比（%）
0	422	67.63
1—9	198	31.73
10 及以上	4	0.64
合计	624	100.00

2. 实践性人力资本

实践性人力资本包括学生干部、学生社团、校内兼职、校外兼职四个方面。

（1）学生干部任职情况

本研究调研数据显示，388 名被调研大学生在校就读期间曾担任过学生干部，占比达到 62.18%，超过了半数。其中 106 人曾担任校级学生干部，188 人曾担任院级学生干部，94 人曾担任班级学生干部。

（2）参加学生社团情况

在参加学生社团方面，464 人参加过学生社团，占比 74.36%，参加社团的个数主要集中在 1—2 个，其中 196 人参加过 1 个学生社团，168 人参加过两个学生社团,参加超过 6 个学生社团的学生有 4 人。参加社团活动的次数无论是校级活动还是院级活动,都集中在 1—10 次,超过 20 次的学生仅占 4 个百分点。

表 2-8 参加社团活动情况

参加校级社团活动(次)	频数	百分比%	参加院级社团活动(次)	频数	百分比%
0	176	28.20	0	182	29.17
1—10	378	60.58	1—10	380	60.90
11—20	42	6.73	11—20	36	5.77
21 及以上	28	4.49	21 及以上	26	4.17
合计	624	100.00	合计	624	100.00

与参加社团活动相比,组织学生活动的学生则少了很多,共计 294 人,不足 50%。组织学生活动的大学生,组织活动的次数集中在 5 次以下,组织 1 次的学生数最多,为 82 人,其次是 2 次,为 60 人。组织校级活动的学生数则更少,为 182 人,其中 6 名学生组织校级学生活动的次数超过 10 次。与校级活动相比,学生组织院级活动数量明显增加,组织 1—5 次院级学生活动的有 220 人;组织 6—10 次院级学生活动的有 36 人。组织超过 10 次学生活动的人数,院级活动为 8 人、校级活动为 6 人,差别不大。

表 2-9 组织学生活动情况

组织学生活动(次)	频数	组织校级活动(次)	频数	组织院级活动(次)	频数
0	330	0	442	0	360
1—5	242	1—5	164	1—5	220
6—10	38	6—10	12	6—10	36
11—50	14	11—50	6	11—50	8
总计	624	总计	624	总计	624

(3)兼职情况

在兼职方面,本研究从校内兼职和校外兼职两方面进行分析。调研数据显示，学生平均每月进行校内兼职 1.8 次、校外兼职 2.1 次。在有效数据中，226 名学生参加过校内兼职，占比 36.22%，其中有 110 人每个月会进行校内兼职 1—2 次。值得注意的是，有 10 名学生每个月的校内兼职次数达到了 30 次。参加过校外兼职的学生比校内兼职多，占比达到了 50%。与参加校内兼职不同的是，学生参加校外兼职的次数明显增多，主要分布在 1—5 次，有 256 人每个月进行 1—5 次的校外兼职，这与校内兼职的分布形态是不同的。与此同时，也有 8 名学生每个月的校外兼职次数达到了 30 次。

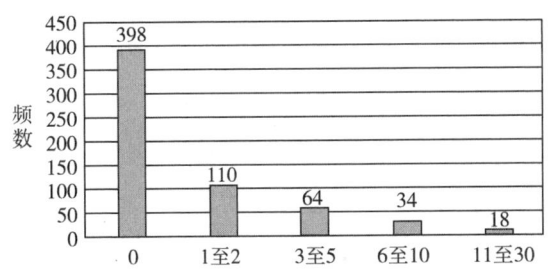

图 2-2　平均每月从事校内兼职的次数

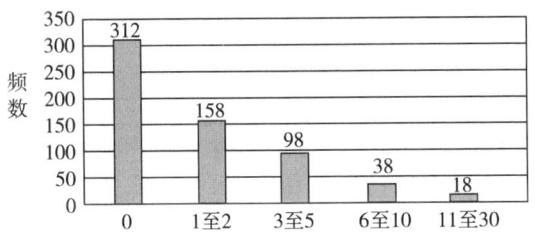

图 2-3　平均每月从事校外兼职的次数

3. 后致性社会资本

后致性社会资本包括政治活动衍生的社会关系、实践活动衍生的社会关系、实习活动衍生的社会关系、是否使用社会关系、社会关系情况。

（1）政治活动衍生的社会关系

本研究调研数据显示，学生参加党团活动平均获得社会关系人数为 32.56。31.73% 的学生没有通过党团活动获得社会关系，在从党团活动获得了社会关系的学生中，获得社会关系人数在 1 至 10 的有 272 人，占比为 43.59%。其次是获得社会关系人数在 11 至 20 之间的，占比 11.22%。值得注意的是，有 30 人通过参加党团活动获得社会关系人数超过 50，占比 4.81%。

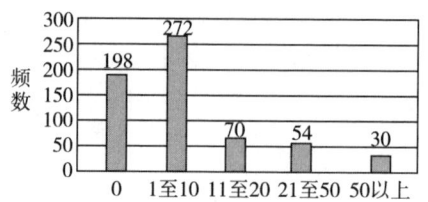

图 2-4　参加党团活动获得的社会关系人数

（2）实践活动衍生的社会关系

本研究调研数据显示，学生参加社团活动平均获得的社会关系人数为 51.28，比参加党团活动的多了 18 人。21.15% 的学生没有通过社团活动获得社会关系，比没有通过党团活动获得社会关系低 10 个百分点。参加社团活动获得社会关系人数在 1 至 10 的学生有 258 人，占比最高，为 41.35%。其次是获得社会关系人数为 21 至 50 的学生，占比 14.74%。有 56 人通过参加党团活动获得社会关系人数超过 50，占比 8.97%。整体来看，学生通过参加社团活动获得社会关系人数比通过参加党团活动获得社会关系人数多。

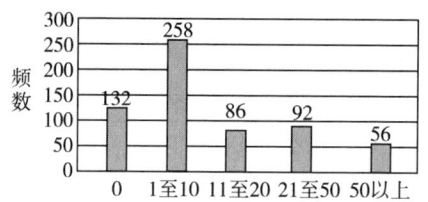

图 2-5　参加社团活动获得的社会关系人数

（3）实习活动衍生的社会关系

本研究调研数据显示，学生参加实习对求职是有帮助的。在被调研的学生中，认为实习活动衍生的社会关系对求职有帮助的有 482 人，占比达到了 77.24%。

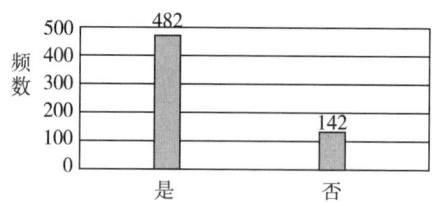

图 2-6　实习活动衍生的社会关系对求职的帮助

(4) 求职过程中提供帮助的社会关系人数

本研究调研数据显示，有超过三分之一的学生在求职过程中没有使用或接受社会关系的帮助，三分之二的学生在求职过程中接受了社会关系的帮助。在求职过程中接受社会关系帮助的人数在 1 至 5 人的学生人数是最多的，占比 51.28%；人数在 6 至 10 人的有 52 人，占比 8.33%；人数在 11 至 50 人的有 26 人，占比 4.17%；超过 50 的有 6 人，占比 0.96%。

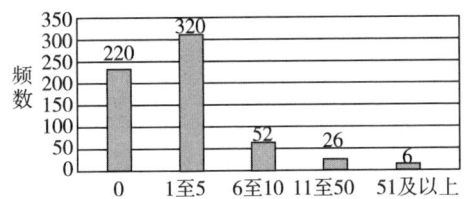

图 2-7 求职过程中提供帮助的社会关系人数

（三）先赋性社会资本分析

先赋性社会资本包括父亲学历、母亲学历、父亲职业、母亲职业四个方面。

1. 父母学历

本研究调研数据显示，学生父母的学历主要集中在高中以及大专、初中水平，其中父亲的学历为初中的有 204 人，占比 32.69%，父亲的学历为高中及大专的有 226 人，占比 36.22%；母亲的学历为初中的有 212 人，占比 33.97%，母亲的学历为高中及大专的有 206 人，占比 33.01%。父亲的学历为小学及以下的有 76 人，母亲的学历为小学及以下的有 114 人。父亲的学历为本科的有 100 人，母亲的学历为本科的有 78 人。学生父母学历达到研究生及以上学历的人数较少，父亲为研究生及以上学历的有 18 人，母亲为研究生及以上学历的有 14 人。

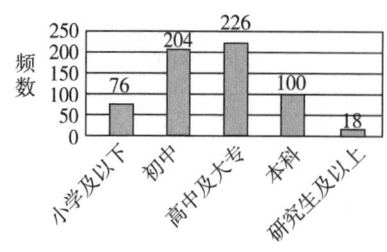
图 2-8 父亲的学历

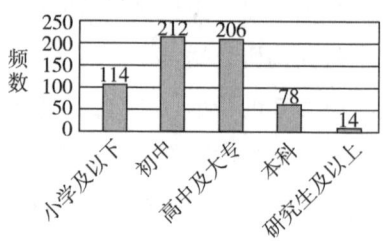
图 2-9 母亲的学历

2. 父母职业

本研究调研数据显示，在父母职业方面，有超半数的学生父母为管理人员，其中338人的父亲为管理人员，占比54.17%；318人的母亲为管理人员，占比50.96%。160名学生的父亲是工作人员，142名学生的母亲是工作人员，剩余20.19%的学生的父亲是无业状态，26.28%的学生的母亲是无业状态。

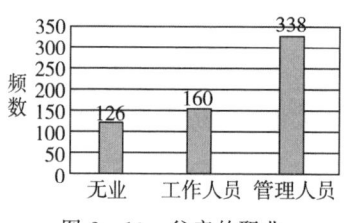
图 2-10 父亲的职业

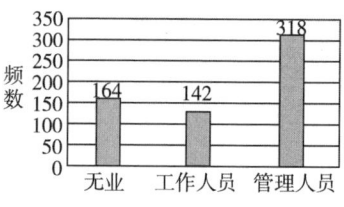
图 2-11 母亲的职业

第三章

自致性资本和先赋性社会资本对就业质量影响的实证研究

一、自致性资本对就业质量的影响

二、先赋性社会资本对就业质量的影响

三、自致性资本与先赋性社会资本对就业质量的综合影响

影响大学生就业质量的因素是多方面的,既有个人努力的因素,又有外力帮助的因素。曾经有一段时期,社会上普遍信奉关系哲学,认为自己再有本事也是没有用的,如果没有可靠的"硬关系",是不可能找到高质量工作的。我们假设,随着社会的不断进步,个人努力在大学生高质量就业中发挥的作用越来越大。如果要证明这一点,就必须对外力帮助因素和个人努力因素究竟发挥了多大的作用进行实证研究。我们把外力帮助因素表征为先赋性社会资本,个人努力因素表征为个人的自致性资本。本章主要通过 OLS 回归、无序 Logit 回归、有序 Logit 回归等方法分析自致性资本、先赋性社会资本对就业质量的影响。

一、自致性资本对就业质量的影响

(一) 教育性人力资本对就业质量的影响

教育性人力资本对就业质量有着显著的影响。其中,学习成绩、学业奖学金获得情况、学校水平对工作城市条件有着显著的影响;计算机三级、专业技能奖学金获得情况对工作薪资水平有着显著的影响;学习成绩、英语水平、计算机水平、专业技能奖学金获得情况、学校水平对工作单位类型有着显著的影响;学习成绩、学业奖学金获得情况、学校水平对工作稳定性有着显著的影响;学业奖学金获得情况对工作环境、能力匹配度、期望匹配度、工作满意度有着显著的影响;计算机水平对单位认可度和岗位认可度有着显著的影响。

1. 教育性人力资本对工作城市条件和工作薪资水平的影响

将工作城市条件和工作薪资水平分别作为连续性被解释变量,将教育性人力资本各指标作为解释变量,采用 OLS 回归方法进行模型拟合,参数估计结果见表 3-1。

表 3-1 OLS 回归结果

教育性人力资本		工作城市条件		工作薪资水平	
学习成绩		−1.606*	(−1.78)	−0.302	(−0.12)
英语水平	无	0	(.)	0	(.)
	CET-4	−0.0832	(−0.12)	0.186	(0.10)
	CET-6	−0.273	(−0.34)	0.955	(0.42)
计算机水平	无	0	(.)	0	(.)
	计算机二级	−0.334	(−0.67)	1.293	(0.93)
	计算机三级	2.988	(1.64)	8.613*	(1.69)
学业奖学金获得情况	国家级	0.675*	(1.78)	1.191	(1.13)
	省级	−0.776	(−1.42)	1.650	(1.08)
	校级	0.167	(1.60)	−0.443	(−1.52)
专业技能奖学金获得情况	国家级	0.301	(1.36)	0.0180	(0.03)
	省级	0.586	(1.41)	6.690***	(5.78)
	校级	0.249	(1.00)	−0.246	(−0.35)
学校水平		0.690***	(2.78)	0.985	(1.42)

注：OLS 回归，标 * 为 10% 显著性水平下显著，** 为 5% 显著性水平下显著，*** 为 1% 显著性水平下显著，"( )" 内为回归系数估计的标准误。工作城市条件根据所在工作城市 GDP 进行衡量。多分类解释变量当作虚拟变量（哑变量）处理，英语水平的"无"、计算机水平的"无"作为虚拟变量的基准值，由于基准值不作为虚拟解释变量出现在模型中，因此其回归系数估计值为 0，无须计算标准误，因此标注为"(.)"。

由表 3-1 可知，学习成绩在 10% 显著性水平下对工作城市条件的影响显著，且由于回归系数为负值，因此二者具有负相关关系。国家级学业奖学金获得情况在 10% 显著性水平下对工作城市条件具有显著影响，且二者具有正相关关系。学校水平在 1% 显著性水平下对工作城市条件有影响，二者具有正相关关系。这表明，学生获得的学业奖学金层次越高、数量越多，学生所在学校层次越高，形成的个人核心竞争力就越强，学生综合素质就越高，也就越容易在条件更好的城市工作。

计算机三级在 10% 显著性水平下对工作薪资水平影响显著，表明相对于没有计算机等级证书来说，拥有计算机三级证书会提高工作薪资水平。省级专业技能奖学金获得情况在 1% 显著性水平下对工作薪资水平的影响显著，其对工作薪资水平有正向影响；国家级专业技能奖学金获得情况对工作薪资水平影响不显著。

2. 教育性人力资本对工作单位类型的影响

本研究中的工作单位类型参照全国高校毕业生就业管理系统中单位性质分类。

将工作单位类型作为多分类被解释变量，取"国有企业、事业单位、中初教育单位"作为参照值，将教育性人力资本各指标作为解释变量，采用无序 Logit 回归方法进行模型拟合，参数估计结果见表 3-2。

表 3-2 无序 Logit 回归结果

教育性人力资本		工作单位类型				
		政府机关、城镇社区、农村建制村委会、部队	国有企业、事业单位、中初教育单位	高等教育单位、科研设计单位、医疗卫生单位	三资企业及其他企业	其他
学习成绩		0.379	0	-1.713*	-0.359	-1.462
		(0.53)	(.)	(-1.72)	(-0.55)	(-1.44)
英语水平	无	0	0	0	0	0
		(.)	(.)	(.)	(.)	(.)
	CET-4	-0.767	0	-1.762**	-0.864*	-0.349
		(-1.30)	(.)	(-2.09)	(-1.66)	(-0.58)
	CET-6	-1.152*	0	-2.597***	-1.786***	0.392
		(-1.67)	(.)	(-2.67)	(-2.84)	(0.54)
计算机水平	无	0	0	0	0	0
		(.)	(.)	(.)	(.)	(.)
	二级	0.691*	0	0.432	0.393	-0.645
		(1.65)	(.)	(0.82)	(1.10)	(-1.35)
	三级	1.515	0	1.838	0.436	-0.121
		(0.99)	(.)	(1.06)	(0.27)	(-0.07)
学业奖学金获得情况	国家级	0.330	0	0.361	-0.0229	0.371
		(1.03)	(.)	(1.05)	(-0.07)	(1.05)
	省级	0.150	0	-0.387	-0.250	-0.842
		(0.36)	(.)	(-0.63)	(-0.45)	(-1.23)
	校级	-0.00203	0	0.0583	0.0491	-0.0145
		(-0.02)	(.)	(0.60)	(0.61)	(-0.14)
专业技能奖学金获得情况	国家级	0.0234	0	0.284	0.233	-0.0530
		(0.11)	(.)	(1.30)	(1.40)	(-0.22)
	省级	-0.242	0	-0.348	0.239	-0.0857
		(-0.64)	(.)	(-0.78)	(0.75)	(-0.22)
	校级	-0.0817	0	0.0680	-0.553*	-0.0177
		(-0.38)	(.)	(0.33)	(-1.67)	(-0.08)
学校水平		-0.183	0	0.855***	0.274	-0.763***
		(-0.88)	(.)	(2.81)	(1.45)	(-3.11)

注：无序 Logit 回归，标 * 为 10% 显著性水平下显著，** 为 5% 显著性水平下显著，*** 为 1% 显著性水平下显著，"（）"内为回归系数估计的标准误，多分类解释变量当作虚拟变量（哑变量）处理，英语水平的"无"、计算机水平的"无"作为虚拟变量的基准值，由于基准值不作为虚拟解释变量出现在模型中，其回归系数估计值为 0，无须计算标准误，因此标注为（.）。被解释变量的参照值所对应的回归系数设置为 0，无须计算标准误。

由表 3-2 可知，相对于国有企业、事业单位、中初教育单位，拥有 CET-6 证书对选择政府机关、城镇社区、农村建制村委会、部队的工作有显著负向影响，回归系数为 −1.152，OR（Odds Ratio）值为 3.16，说明有 CET-6 证书的学生会比没有证书的学生更不倾向于选择政府机关、城镇社区、农村建制村委会、部队的工作。计算机二级水平在 10% 显著性水平下显著，回归系数为 0.691，OR 值为 1.99，表明有计算机二级水平的学生相对于无计算机水平的学生更倾向于选择政府机关、城镇社区、农村建制村委会、部队的工作且可能性是无计算机水平的学生的 1.99 倍。这表明，相对于其他单位，政府、国企等事业单位对计算机二级证书的认可度更高。

相对于国有企业、事业单位、中初教育单位，学习成绩、达到 CET-4 以及学校水平分别在 10%、5%、1% 显著性水平下对选择高等教育单位、科研设计单位、医疗卫生单位的工作具有显著影响，学习成绩回归系数为 −1.713，OR 值为 0.18，说明学生学习成绩每增加一个单位会降低其选择高等教育单位、科研设计单位、医疗卫生单位的工作的可能性。CET-4 的回归系数为 −1.762，OR 值为 0.17，表明达到 CET-4 的英语水平的学生相比没有达到的学生不倾向于选择高等教育单位、科研设计单位、医疗卫生单位的工作。学校水平的回归系数为 0.855，OR 值为 2.35，说明学校水平和学生选择高等教育单位、科研设计单位、医疗卫生单位的工作具有正相关关系，学校水平越高的学生越可能选择高等教育单位、科研设计单位、医疗卫生单位就业。

相对于国有企业、事业单位、中初教育单位，学生英语水平是 CET-4 和 CET-6 分别在 10% 和 5% 显著性水平下对其选择三资企业及其他企业的工作有显著负向影响，回归系数分别为 −0.864 和 −1.786，OR 值为 0.42 和 0.167，说明没有英语水平的学生不会选择三资企业及其他企业的工作。学生获得校级专业技能奖学金情况与选择三资企业及其他企业的工作有负相关关系，OR 值为 0.57，说明学生获得校级专业技能奖学金的次数增加会降低学生选择三资企业及其他企业的工作的可能性。

相对于国有企业、事业单位、中初教育单位，学校水平在 1‰ 显著性水平下对学生选择其他单位类型工作有负向影响，回归系数为 -0.763，OR 值为 0.47，说明学生学校水平越高越会降低选择其他单位类型的工作的可能。

3. 教育性人力资本对其他就业质量指标的影响

将除工作城市条件、工作薪资水平和工作单位类型外的其他就业指标作为有序被解释变量，将教育性人力资本各指标作为解释变量，采用有序 Logit 回归方法进行模型拟合，参数估计结果见表 3-3。

表 3-3 有序 Logit 回归结果

教育性人力资本		工作稳定性	工作环境	专业匹配度	能力匹配度	期望匹配度	工作满意度	单位认可度	岗位认可度
学习成绩		1.062**	0.214	-0.463	0.0876	-0.287	0.0926	-0.0898	0.0774
		(2.24)	(0.47)	(-1.09)	(0.20)	(-0.63)	(0.21)	(-0.20)	(0.17)
英语水平	无	0	0	0	0	0	0	0	0
		(.)	(.)	(.)	(.)	(.)	(.)	(.)	(.)
	CET-4	0.0110	-0.418	0.241	0.0412	-0.148	-0.0474	0.0529	0.0385
		(0.03)	(-1.18)	(0.72)	(0.12)	(-0.43)	(-0.14)	(0.15)	(0.11)
	CET-6	-0.331	-0.540	0.223	-0.0889	-0.190	0.0281	0.0687	0.0703
		(-0.80)	(-1.32)	(0.57)	(-0.22)	(-0.48)	(0.07)	(0.17)	(0.17)
计算机水平	无	0	0	0	0	0	0	0	0
		(.)	(.)	(.)	(.)	(.)	(.)	(.)	(.)
	二级	0.237	-0.120	-0.131	-0.308	-0.123	-0.0877	-0.485**	-0.468*
		(0.96)	(-0.50)	(-0.54)	(-1.26)	(-0.50)	(-0.36)	(-1.98)	(-1.91)
	三级	0.531	-0.0470	0.449	-0.830	-0.00806	-0.359	-0.654	-1.084
		(0.54)	(-0.05)	(0.53)	(-0.86)	(-0.01)	(-0.34)	(-0.66)	(-1.05)

续 表

教育性人力资本		工作稳定性	工作环境	专业匹配度	能力匹配度	期望匹配度	工作满意度	单位认可度	岗位认可度
学业奖学金获得情况	国家级	0.329*	0.329*	0.194	0.400**	0.382**	0.245	0.0415	0.198
		(1.67)	(1.70)	(1.03)	(2.07)	(2.03)	(1.25)	(0.21)	(1.00)
	省级	-0.0541	-0.316	0.252	-0.141	-0.137	0.0599	0.0930	-0.0613
		(-0.18)	(-1.11)	(0.86)	(-0.52)	(-0.48)	(0.20)	(0.32)	(-0.18)
	校级	-0.0232	-0.0304	-0.0827	-0.0502	0.0128	-0.0176	-0.0111	-0.00408
		(-0.45)	(-0.62)	(-1.63)	(-0.98)	(0.27)	(-0.36)	(-0.23)	(-0.08)
专业技能奖学金获得情况	国家级	-0.0755	0.00183	0.0509	0.0393	0.0845	0.179*	0.0768	0.0589
		(-0.72)	(0.02)	(0.49)	(0.38)	(0.80)	(1.66)	(0.74)	(0.57)
	省级	0.0177	0.164	-0.160	0.0688	0.0495	0.106	0.259	0.292
		(0.08)	(0.80)	(-0.80)	(0.35)	(0.27)	(0.49)	(1.26)	(1.31)
	校级	0.193	0.164	0.0523	-0.0455	0.0389	-0.0797	-0.0653	-0.00884
		(1.39)	(1.18)	(0.49)	(-0.40)	(0.36)	(-0.69)	(-0.58)	(-0.08)
学校水平		0.275**	0.173	0.181	0.126	0.128	0.0452	0.125	0.0512
		(2.25)	(1.42)	(1.52)	(1.02)	(1.06)	(0.36)	(1.03)	(0.42)

注：有序 Logit 回归，标 * 为 10% 显著性水平下显著，** 为 5% 显著性水平下显著，*** 为 1% 显著性水平下显著，"（）"内为回归系数估计的标准误，多分类解释变量当作虚拟变量（哑变量）处理，英语水平的"无"、计算机水平的"无"作为虚拟变量的基准值，由于基准值不作为虚拟解释变量出现在模型中，其回归系数估计值为 0，无须计算标准误，因此标注为（.）。①

由表 3-3 可知，学习成绩在 5% 显著性水平下对工作稳定性的影响显著，回归系数为 1.062，OR 值为 2.89，说明学生学习成绩每增加一个单位，工作稳定程度会上升，稳定水平变化 2.89 倍。国家级学业奖学金获得情况的回归系数为 0.329，并且在 10% 显著性水平下显著，意味着学生国家级学业奖学金获得情况会对工作稳定性产生显著的正向影响，OR 值为 1.39，说明学生

---

① 有序 Logit 回归，工作稳定性分为非常稳定、很稳定、一般、很不稳定、非常不稳定。工作环境分为非常好、很好、一般、很不好、非常不好。专业匹配度分为非常匹配、很匹配、一般、很不匹配、非常不匹配。能力匹配度分为非常匹配、很匹配、一般、很不匹配、非常不匹配。期望匹配度分为非常匹配、很匹配、一般、很不匹配、非常不匹配。工作满意度分为非常满意、很满意、一般、很不满意、非常不满意。单位认可度分为非常认可、很认可、一般、很不认可、非常不认可。岗位认可度分为非常认可、很认可、一般、很不认可、非常不认可。

国家级学业奖学金获得次数每增加一个单位，其工作稳定水平变化1.39倍。学校水平在5%显著性水平下对工作稳定性有正向影响，这表明，学生学校水平越高，工作稳定性就高。综上分析，学生的学习成绩、国家级学业奖学金获得情况和学校水平都会对工作稳定性产生正向的影响。

国家级学业奖学金获得情况在10%显著性水平下对工作环境的影响显著，回归系数为0.329，OR值为1.39，说明国家级学业奖学金获得情况对工作环境有正向影响，学生国家级学业奖学金获得次数每增加一个单位，其工作环境水平变化1.39倍。这表明，学生获得的国家级学业奖学金越多，越容易找到环境好的工作。

国家级学业奖学金获得情况在5%显著性水平下对能力匹配度的影响显著，回归系数为0.400，OR值为1.49，说明国家级学业奖学金获得情况对能力匹配度有正向影响，学生国家级学业奖学金获得次数每增加一个单位，其能力匹配度变化1.49倍。这表明，学生获得的国家级学业奖学金越多，个人能力就越强，与工作的能力匹配度就越高。

国家级学业奖学金获得情况在5%显著性水平下对期望匹配度影响显著，回归系数为0.382，OR值为1.47，说明国家级学业奖学金获得情况对期望匹配度有正向影响，学生国家级学业奖学金获得次数每增加一个单位，其期望匹配度变化1.47倍。这表明，学生获得的国家级学业奖学金越多，找到的工作就越能满足自己的预期。

国家级专业技能奖学金获得情况在10%显著性水平下对工作满意度影响显著，回归系数为0.179，OR值为1.20，说明国家级专业技能奖学金对工作满意度有正向影响，学生国家级专业技能奖学金获得次数每增加一个单位，其工作满意度变化1.20倍。这表明，学生获得的国家级专业技能奖学金越多，其在未来工作中的胜任力越强，工作的满意度就越高。

计算机二级在5%显著性水平下对单位认可度影响显著，回归系数为-0.485，OR值为0.62，说明计算机二级证书对单位认可度有负向影响。学生有计算机三级证书相较于没有计算机证书对单位认可度的影响不显著。

计算机二级在10%显著性水平下对岗位认可度影响显著，回归系数为-0.468，OR值为0.63，说明计算机二级证书对岗位认可度有负向影响。学生有计算机三级证书相较于没有计算机证书对岗位认可度的影响不显著。

(二) 实践性人力资本对就业质量的影响

实践性人力资本对就业质量有着显著的影响。其中,学生社团、校外兼职对工作城市条件有着显著的影响;学生干部、学生社团、校外兼职对工作薪资水平有着显著的影响;学生干部、学生社团、校内兼职、校外兼职对工作单位类型有着显著的影响;学生干部、校内兼职对专业匹配度有着显著的影响;学生干部、校外兼职对能力匹配度有着显著的影响;学生干部对期望匹配度、工作满意度有着显著的影响;学生干部、校内兼职对单位认可度和岗位认可度有着显著的影响。

1. 实践性人力资本对工作城市条件和工作薪资水平的影响

将工作城市条件和工作薪资水平分别作为连续性被解释变量,将实践性人力资本各指标作为解释变量,采用 OLS 回归方法进行模型拟合,参数估计结果见表 3-4。

表 3-4 实践性人力资本对工作城市条件和工作薪资水平的影响情况

	实践性人力资本	工作城市条件	工作薪资水平
学生干部	无	0	0
	班级	0.535	−0.151
	院级	−0.0896	−2.845*
	校级	0.586	0.459
学生社团	大学期间参加学生社团个数	0.0992**	0.0462
	大学期间参加校级学生社团活动次数	−0.0294	−0.130
	大学期间参加院级学生社团活动次数	0.0136	0.508***
	独立组织学生校级活动的次数	0.00519	0.0292
	独立组织学生院级活动的次数	−0.0383	0.517**
	校内兼职	−0.0137	0.231
	校外兼职	0.131**	0.275*

注:该表最后两列为 OLS 回归系数参数估计值,标 * 为 10% 显著性水平下显著,** 为 5% 显著性水平下显著,*** 为 1% 显著性水平下显著。解释变量学生干部取值"无"作为基准值,由于基准值不作为虚拟解释变量出现在模型中,因此其回归系数估计值为 0。

由表 3-4 可知,大学期间参加学生社团的个数、平均每月从事校外兼职的次数在 5% 显著性水平下对工作城市条件有显著的正向影响。这表明,学生在校期间参加的社团越多,从事的校外兼职次数越多,得到的历练越多,个人综合素质就越高,工作城市条件也会越好。

大学期间参加院级学生社团活动次数、独立组织学生院级活动的次数、平均每月从事校外兼职的次数分别在 1%、5% 和 10% 显著性水平下对工作薪资水平有显著的正向影响。这表明,学生在校期间参加的院级学生社团活动次数越多,独立组织院级学生活动的次数越多,从事的校外兼职次数越多,得到的历练越多,个人综合素质就越高,工作薪资水平也会越高。学生大学期间参加校级学生社团活动次数、独立组织学生校级活动次数对工作薪资水平影响不显著。

相对于没有学生干部工作经历,院级学生干部工作经历在 10% 显著性水平下对工作薪资水平有显著的负向影响。

2. 实践性人力资本对工作单位类型的影响

将工作单位类型作为多分类被解释变量,取"国有企业、事业单位、中初教育单位"作为参照值,将实践性人力资本各指标作为解释变量,采用无序 Logit 回归方法进行模型拟合,参数估计结果见表 3-5。

表 3-5 实践性人力资本对工作单位类型的影响情况

实践性人力资本		工作单位类型				
		政府机关、城镇社区、农村建制村委会、部队	国有企业、事业单位、中初教育单位	高等教育单位、科研设计单位、医疗卫生单位	三资企业及其他企业	其他
学生干部	无	0	0	0	0	0
	班级	−0.458	0	0.221	−0.518	−0.286
	院级	−0.682	0	−0.282	−0.785*	0.35
	校级	−0.163	0	1.003	−1.117*	−0.276

续 表

实践性人力资本		工作单位类型				
		政府机关、城镇社区、农村建制村委会、部队	国有企业、事业单位、中初教育单位	高等教育单位、科研设计单位、医疗卫生单位	三资企业及其他企业	其他
学生社团	大学期间参加学生社团个数	0.0548	0	0.0551	-0.0108	-0.0496
	大学期间参加校级学生社团活动次数	-0.0122	0	-0.0498	0.0264	-0.0165
	大学期间参加院级学生社团活动次数	0.0264	0	0.0623**	-0.00367	0.0211
	独立组织学生校级活动的次数	0.00149	0	0.077	-0.194	-0.0526
	独立组织学生院级活动的次数	0.0298	0	-0.0108	0.042	-0.0463
校内兼职		0.0687	0	0.172***	0.0663	0.0512
校外兼职		-0.178**	0	-0.312**	-0.0646	-0.0224

注：该表最后 5 列为无序 Logit 回归系数参数估计值。标 * 为 10% 显著性水平下显著，** 为 5% 显著性水平下显著，*** 为 1% 显著性水平下显著。解释变量学生干部取值"无"作为基准值，由于基准值不作为虚拟解释变量出现在模型中，因此其回归系数估计值为 0。被解释变量参照值的回归系数设置为 0。

由表 3-5 可以看出，相较于国有企业、事业单位、中初教育单位，平均每月从事校外兼职的次数在 5% 显著性水平下负向影响学生去政府机关、城镇社区、农村建制村委会、部队工作的概率，这表明学生每月从事校外兼职的次数越多，越不倾向于选择政府机关、城镇社区、农村建制村委会、部队的工作。相较于国有企业、事业单位、中初教育单位，大学期间参加院级学生社团活动次数、平均每月从事校内兼职的次数分别在 5% 和 1% 显著性水平下正向影响学生去高等教育单位、科研设计单位、医疗卫生单位工作的概率，这表明学生大学期间参加院级学生社团活动次数、平均每月从事校内兼职的次数越多，越倾向于选择高等教育单位、科研设计单位、医疗卫生单位的工作。相较于国有企业、事业单位、中初教育单位,平均每月从事校外兼职的次数在5%显著性水平下负向影响学生去高等教育单位、科研设计单位、医疗卫生单位工作的概率,这表明,学生每月从事校外兼职的次数越多,越不倾向于选择高等教育单位、科研设计单位、医疗卫生单位的工作。相对于国有企业、事业单位、中初教育单位,担任校级和院级学生干部在10%显著性水平下负向影响学生去三资企业及其他企业工作的概率,这表明,学生有担任校、院级学生干部的经历,不倾向于选择三资企业及其他企业的工作,更容易受到国有企业的青睐。

3. 实践性人力资本对其他就业质量指标的影响

将除工作城市条件、工作薪资水平和工作单位类型的其他就业指标分别作为有序被解释变量,将实践性人力资本各指标作为解释变量,采用有序Logit回归方法进行模型拟合,参数估计结果见表3-6。

表3-6 实践性人力资本对其他就业质量指标的影响情况

实践性人力资本		专业匹配度	能力匹配度	期望匹配度	工作满意度	单位认可度	岗位认可度
学生干部	无	0	0	0	0	0	0
	班级	0.0354	0.604*	0.631*	0.832**	0.919***	0.819**
	院级	-0.287	0.241	0.284	0.382	0.543*	0.309
	校级	-0.592*	0.577	0.715**	1.055***	0.940***	0.841**
学生社团	大学期间参加学生社团个数	-0.000850	0.0162	0.00545	0.0250	0.0177	0.0131
	大学期间参加校级学生社团活动次数	0.0233	0.00502	0.0107	-0.0127	-0.0126	-0.00585
	大学期间参加院级学生社团活动次数	-0.000503	-0.0115	-0.00729	0.000860	0.000153	-0.00187
	独立组织学生校级活动的次数	0.00245	-0.0117	-0.0113	0.0248	0.0556	0.0313
	独立组织学生院级活动的次数	0.0430	0.0478	0.0338	0.0277	0.000356	0.0244
	校内兼职	0.0485*	0.0242	0.0281	0.0333	0.0485*	0.0523*
	校外兼职	0.0184	0.0738**	0.0304	0.0191	0.0180	0.0230

注:该表最后6列为无序Logit回归系数参数估计值。标*为10%显著性水平下显著,**为5%显著性水平下显著,***为1%显著性水平下显著。学生干部取值"无"作为基准值,由于基准值不作为

虚拟解释变量出现在模型中,因此其回归系数估计值为0。

由表3-6可知,相对于没有学生干部经历,校级学生干部经历在10%显著性水平下对专业匹配度有显著的负向影响,这表明,担任校级学生干部在一定程度上会导致工作与专业的相关性较弱;平均每月从事校内兼职的次数在10%显著性水平下对专业匹配度有显著的正向影响,这表明,平均每月从事校内兼职的次数越多,工作与专业的匹配度会越高。

相对于没有学生干部经历,班级学生干部经历在10%显著性水平下对能力匹配度有显著的正向影响,这表明,班级学生干部经历会使得能力与岗位匹配度更高,同时,校、院级学生干部经历对能力匹配度影响不显著;平均每月从事校外兼职的次数在5%显著性水平下对能力匹配度有显著的正向影响,这表明,平均每月从事校外兼职的次数越多,能力匹配度与岗位匹配度就越高。

相对于没有学生干部经历,班级和校级学生干部经历分别在10%和5%显著性水平下对期望匹配度有正向影响,这表明,班级和校级学生干部经历会提高学生期望与岗位的匹配度。同时,院级学生干部经历对期望匹配度影响不显著。

相对于没有学生干部经历,班级和校级学生干部经历分别在5%和1%显著性水平下对工作满意度有正向影响,这表明,班级和校级学生干部经历会提高学生的工作满意度。同时,院级学生干部经历对工作满意度影响不显著。

相对于没有学生干部经历,班级和校级学生干部经历均在1%和5%显著性水平下对单位认可度有正向影响,同时,院级学生干部经历在10%显著性水平下对单位认可度有正向影响;平均每月从事校内兼职的次数在10%显著性水平下对单位认可度有显著的正向影响。这表明,拥有班级和校级学生干部经历,平均每月从事校内兼职的次数越多,学生对单位的认可度就越高。

相对于没有学生干部经历,班级和校级学生干部经历均在5%显著性水平下对岗位认可度有正向影响,同时,院级学生干部经历对岗位认可度影响不显著;平均每月从事校内兼职的次数在10%显著性水平下对岗位认可度有显著的正向影响。这表明,拥有班级和校级学生干部经历,平均每月从事校内兼职的次数越多,学生对岗位的认可度就越高。

将工作稳定性和工作环境分别作为有序被解释变量,将实践性人力资本各指标作为解释变量,采用有序Logit回归方法进行模型拟合,参数估计结果见表 3-7。

表 3-7　实践性人力资本对工作稳定性和工作环境的影响情况

实践性人力资本		工作稳定性	工作环境
学生干部	无	0	0
	班级	0.519	0.502
	院级	0.320	0.313
	校级	0.553	0.437
学生社团	大学期间参加学生社团个数	0.0653	0.0363
	大学期间参加校级学生社团活动次数	−0.00799	−0.0186
	大学期间参加院级学生社团活动次数	0.00655	−0.0163
	独立组织学生校级活动的次数	−0.000617	0.0600
	独立组织学生院级活动的次数	0.0212	0.0585
	校内兼职	0.0112	0.0281
	校外兼职	−0.0200	−0.00467

注：该表最后 2 列为有序 Logit 回归系数参数估计值。标 * 为 10% 显著性水平下显著，** 为 5% 显著性水平下显著，*** 为 1% 显著性水平下显著。学生干部取值"无"作为基准值，由于基准值不作为虚拟解释变量出现在模型中，因此其回归系数估计值为 0。

由表 3-7 可知，实践性人力资本对工作稳定性和工作环境影响不显著。

（三）后致性社会资本对就业质量的影响

后致性社会资本对就业质量有着显著的影响。其中，学校水平对工作城市条件有着显著的影响；政治活动衍生的社会关系对工作薪资水平有着显著的影响；政治活动衍生的社会关系、社会关系情况、学校水平对工作单位类型有着显著的影响；是否使用社会关系、社会关系情况、学校水平对工作稳定性有着显著的影响；社会关系情况对工作环境有着显著的影响；政治活动衍生的社会关系对专业匹配度有着显著的影响；社会关系情况对能力匹配度有着显著的影响；政治活动衍生的社会关系、是否使用社会关系、社会关系情况对期望匹配度有着显著的影响；政治活动衍生的社会关系、实习活动衍生的社会关系、是否使用社会关系、社会关系情况对工作满意度有着显著的影响；社会关系情况对单位认可度和岗位认可度有着显著的影响。

1. 后致性社会资本对工作城市条件和工作薪资水平的影响

将工作城市条件和工作薪资水平作为连续性被解释变量，将后致性社会资本各指标作为解释变量，采用OLS回归方法进行模型拟合，参数估计结果见表3-8。

表3-8 后致性社会资本对工作城市条件和工作薪资水平的影响情况

后致性社会资本	工作城市条件	工作薪资水平
政治活动衍生的社会关系	-0.000818	0.0498**
实践活动衍生的社会关系	0.00463	0.0103
实习活动衍生的社会关系	0.537	-0.317
是否使用社会关系	0.507	-0.549
社会关系情况	-0.000425	-0.00408
学校水平	0.545***	0.84

注：该表最后两列为OLS回归系数参数估计值，标*为10%显著性水平下显著，**为5%显著性水平下显著，***为1%显著性水平下显著。

（1）工作城市条件：学校水平在1%显著性水平下与工作城市条件之间存在正相关关系。

（2）工作薪资水平：政治活动衍生的社会关系在5%显著性水平下对工作薪资水平有显著影响，且二者为正相关关系。这表明，政治活动衍生的社会关系能够帮助大学生在求职过程中谋求更高的工资。

2. 后致性社会资本对工作单位类型的影响

将工作单位类型作为多分类被解释变量，取"国有企业、事业单位、中初教育单位"作为参照值，将后致性社会资本各指标作为解释变量，采用无序Logit回归方法进行模型拟合，参数估计结果见表3-9。

表 3-9 后致性社会资本对工作单位类型的影响情况

后致性社会资本	工作单位类型				
	政府机关、城镇社区、农村建制村委会、部队	国有企业、事业单位、中初教育单位	高等教育单位、科研设计单位、医疗卫生单位	三资企业及其他企业	其他
政治活动衍生的社会关系	0.00407	0	−0.00356	−0.0013	−0.0518**
实践活动衍生的社会关系	−0.00311	0	0.00382	−0.00567	−0.00266
实习活动衍生的社会关系	−0.239	0	−0.6	−0.253	0.354
是否使用社会关系	−0.628	0	0.564	0.436	−0.375
社会关系情况	0.0142	0	0.0401**	−0.0795	0.0363*
学校水平	−0.273*	0	0.819***	−0.0935	−0.777***

注：该表最后 5 列为无序 Logit 回归系数参数估计值。标 * 为 10% 显著性水平下显著，** 为 5% 显著性水平下显著，*** 为 1% 显著性水平下显著。被解释变量参照值的回归系数设置为 0。

（1）相较于国有企业、事业单位、中初教育单位，学校水平在 10% 显著性水平下对选择政府机关、城镇社区、农村建制村委会、部队的工作有负相关的显著影响，回归系数为 −0.273，OR 值为 0.761，说明学生学校水平越高越不可能选择政府机关、城镇社区、农村建制村委会、部队的工作。

（2）相较于国有企业、事业单位、中初教育单位，社会关系情况在 5% 显著性水平下对选择高等教育单位、科研设计单位、医疗卫生单位的工作有正相关的显著影响，回归系数为 0.0401，OR 值为 1.0409，说明学生社会关系情况越好越可能选择高等教育单位、科研设计单位、医疗卫生单位的工作；学校水平在 1% 显著性水平下对选择高等教育单位、科研设计单位、医疗卫生单位的工作有正相关的显著影响，回归系数为 0.819，OR 值为 2.268，说明学生学校水平越高越可能选择高等教育单位、科研设计单位、医疗卫生单位的工作。

（3）相较于国有企业、事业单位、中初教育单位，政治活动衍生的社会关系在 5% 显著性水平下对选择其他单位类型的工作有负相关的显著影响，回归系数为 −0.0518，OR 值为 0.9495，说明学生通过参加党团活动获得的社会关系人数越多越不可能选择其他单位类型的工作；社会关系情况在10%显著性水平下对选择其他单位类型的工作有正相关的显著影响，回归系数为0.0363，OR值为1.0369，说明学生社会关系情况越好则越可能选择其他单位类型的工作；学校水平在1%显著性水平下对选择其他单位类型的工作有负相关的显著影响，回归系数为－0.777，OR值为0.4597，说明学生学校水平越高越不可能选择其他单位类型的工作。

3. 后致性社会资本对其他就业质量指标的影响

将除工作城市条件、工作薪资水平和工作单位类型的其他就业指标作为有序被解释变量，将后致性社会资本各指标作为解释变量，采用有序Logit回归方法进行模型拟合，参数估计结果见表3－10。

表3－10 后致性社会资本对其他就业质量指标的影响情况

后致性社会资本	工作稳定性	工作环境	专业匹配度	能力匹配度	期望匹配度	工作满意度	单位认可度	岗位认可度
政治活动衍生的社会关系	0.00511	0.00293	0.00721*	0.00478	0.0155***	0.0113**	0.00302	0.0062
实践活动衍生的社会关系	－0.00104	0.000953	－0.00219	0.00113	－0.00204	－0.000861	0.00224	0.000163
实习活动衍生的社会关系	－0.272	0.205	0.0963	0.18	0.202	0.429*	0.186	0.272
是否使用社会关系	－0.453*	－0.334	－0.116	－0.367	－0.386*	－0.388*	－0.294	－0.27
社会关系情况	－0.00173*	－0.00241**	－0.00122	－0.00251**	－0.00203*	－0.00235**	－0.00280**	－0.00230**
学校水平	0.224**	0.0734	0.138	0.0632	0.0737	0.0735	0.0676	0.0181

注：该表最后8列为无序Logit回归系数参数估计值。标*为10%显著性水平下显著，**为5%显著性水平下显著，***为1%显著性水平下显著。

(1) 工作稳定性：是否使用社会关系在10%显著性水平下对工作稳定性影响显著，回归系数为－0.453，OR值为0.6357，说明使用社会关系会降低学生工作的稳定程度；社会关系情况在10%显著性水平下对工作稳定性影响显著，回归系数为－0.00173，OR值为0.9982，说明就业过程中"对你提供帮助的社会关系的人数"越多越能降低工作的稳定程度，"对你提供帮助的社会关系"每增加一人，工作稳定水平变化0.9982倍；学校水平在5%显著性水平下对工作稳定性影响显著，回归系数为0.224，OR值为1.2511，说明学生学校水平越高越能提高工作的稳定性。

(2) 工作环境：社会关系情况在5%显著性水平下对工作环境影响显著，回归系数为－0.00241，OR值为0.9976，说明就业过程中"对你提供帮助的社会关系的人数"越多越没有好的工作环境，"对你提供帮助的社会关系"每增加一人，工作环境变化 0.9976 倍。

（3）专业匹配度：政治活动衍生的社会关系在 10% 显著性水平下对专业匹配度影响显著，回归系数为 0.00721，OR 值为 1.0072，说明学生"参加党团活动获得社会关系的人数"越多专业匹配度越高，社会关系每增加一人，专业匹配度变化 1.0072 倍。

（4）能力匹配度：社会关系情况在 5% 显著性水平下对能力匹配度影响显著，回归系数为 −0.00251，OR 值为 0.9975，说明"就业过程中对你提供帮助的社会关系的人数"越多能力匹配度越低，社会关系每增加一人，能力匹配度变化 0.9975 倍。

（5）期望匹配度：政治活动衍生的社会关系在 1% 显著性水平下对期望匹配度影响显著，回归系数为 0.0155，OR 值为 1.0156，说明"参加党团活动获得的社会关系的人数"越多期望匹配度越高，社会关系每增加一人，期望匹配度变化 1.0156 倍；是否使用社会关系在 10% 显著性水平下对期望匹配度影响显著，回归系数为 −0.386，OR 值为 0.6798，说明使用社会关系会降低期望匹配度；社会关系情况在 10% 的显著性水平下对期望匹配度影响显著，回归系数为 −0.00203，OR 值为 0.998，说明"对你提供帮助的社会关系的人数"越多期望匹配度越低，社会关系每增加一人，期望匹配度变化 0.998 倍。

（6）工作满意度：政治活动衍生的社会关系在 5% 显著性水平下对工作满意度影响显著，回归系数为 0.0113，OR 值为 1.0114，说明"参加党团活动获得的社会关系的人数"越多工作满意度越高，社会关系每增加一人，工作满意度变化 1.0114 倍；实习活动衍生的社会关系在 10% 显著性水平下对工作满意度影响显著，回归系数为 0.429，OR 值为 1.5357，说明实习活动衍生的社会关系的人数越多工作满意度越高；是否使用社会关系在 10% 显著性水平下对工作满意度影响显著，回归系数为 −0.388，OR 值为 0.6784，说明使用社会关系会降低工作满意度；社会关系情况在 5% 显著性水平下对工作满意度影响显著，回归系数为 −0.00235，OR 值为 0.9977，说明"对你提供帮助的社会关系的人数"越多工作满意度越低，社会关系每增加一人，工作满意度变化 0.9977 倍。

（7）单位认可度：社会关系情况在5%显著性水平下对单位认可度影响显著，回归系数为－0.00280，OR值为0.9972，说明"对你提供帮助的社会关系的人数"越多单位认可度越低，社会关系每增加一人，单位认可度变化0.9972倍。

（8）岗位认可度：社会关系情况在5%显著性水平下对岗位认可度影响显著，回归系数为－0.00230，OR值为0.9977，说明"对你提供帮助的社会关系的人数"越多岗位认可度越低，社会关系每增加一人，岗位认可度变化0.9977倍。

回归结果显示，大多数社会关系都会导致大学生主观就业质量下降，这可能是由于为了维持社会关系所付出的成本与社会关系带来的收益不成比例。大学生为了找到更好的工作，为了维持社会关系投入了巨大的成本，但是找到的工作不能与自己的期望相匹配，这在一定程度上降低了就业质量。

二、先赋性社会资本对就业质量的影响

先赋性社会资本对大学生就业质量有着显著的影响，学校水平虽不是先赋性社会资本，但其作为调节变量也具有重要影响，因此将学校水平与先赋性社会资本一起分析。先赋性社会资本中母亲学历、学校水平对工作城市条件有着显著的影响；父亲学历、母亲学历、父亲职业、学校水平对工作单位类型有着显著的影响；父亲学历、学校水平对工作稳定性有着显著的影响；父亲学历、母亲职业对工作环境有着显著的影响；父亲学历、母亲学历对专业匹配度有着显著的影响；父亲学历对能力匹配度有着显著的影响。

（一）先赋性社会资本对工作城市条件和工作薪资水平的影响

将工作城市条件和工作薪资水平作为连续性被解释变量，将先赋性社会资本各指标作为解释变量，采用OLS回归方法进行模型拟合，参数估计结果见表3-11。

表 3-11 先赋性社会资本对工作城市条件和工作薪资水平的影响情况

先赋性社会资本		工作城市条件	工作薪资水平
父亲学历	小学及以下	0	0
	初中	−0.335	1.619
	高中及大专	0.759	2.668
	本科	−0.257	3.279
	研究生及以上	−0.884	−3.406
母亲学历	小学及以下	0	0
	初中	0.395	−0.997
	高中及大专	−0.622	−2.603
	本科	0.301	5.339
	研究生及以上	4.738**	1.956
父亲职业	无业	0	0
	工作人员	1.003	1.869
	管理人员	1.295	0.327
母亲职业	无业	0	0
	工作人员	0.0753	1.537
	管理人员	−0.591	0.601
学校水平		0.516***	0.465

注：该表最后两列为 OLS 回归系数参数估计值。标 * 为 10% 显著性水平下显著，** 为 5% 显著性水平下显著，*** 为 1% 显著性水平下显著。父亲学历和母亲学历取"小学及以下"作为基准值，父亲职业和母亲职业取"无业"作为基准值，由于基准值不作为虚拟解释变量出现在模型中，因此其回归系数估计值为 0。

1. 工作城市条件：母亲学历为研究生及以上在 5% 显著性水平下对工作城市条件有显著的正向影响，说明母亲学历为研究生及以上相对于母亲学历为小学及以下水平的会要求学生选择更好的工作城市条件；学校水平在 1% 显著性水平下对工作城市条件有显著的正向影响，说明学校的层次越高，大学生未来选择工作的城市条件越好。

2. 工作薪资水平：由表 3-11 可知，先赋性社会资本中的父母亲学历、职业以及学校水平都与工作薪资水平没有显著性的回归关系。

(二) 先赋性社会资本对工作单位类型的影响

将工作单位类型作为多分类被解释变量,取"国有企业、事业单位、中初教育单位"作为参照值,将先赋性社会资本各指标作为解释变量,采用无序 Logit 回归方法进行模型拟合,参数估计结果见表 3-12。

表 3-12 先赋性社会资本对工作单位类型的影响情况

先赋性社会资本		工作单位类型				
		政府机关、城镇社区、农村建制村委会、部队	国有企业、事业单位、中初教育单位	高等教育单位、科研设计单位、医疗卫生单位	三资企业及其他企业	其他
父亲学历	小学及以下	0	0	0	0	0
		(.)	(.)	(.)	(.)	(.)
	初中	1.191	0	−0.774	−0.501	0.456
		(1.63)	(.)	(−1.02)	(−0.92)	(0.55)
	高中及大专	0.827	0	−2.247**	−0.184	0.523
		(1.01)	(.)	(−2.41)	(−0.31)	(0.60)
	本科	1.809*	0	−2.587**	−0.997	0.418
		(1.83)	(.)	(−2.36)	(−1.22)	(0.37)
	研究生及以上	−28.57	0	−17.54	0.404	−13.40
		(−0.01)	(.)	(−0.00)	(0.28)	(−0.01)

续表

先赋性社会资本		工作单位类型				
		政府机关、城镇社区、农村建制村委会、部队	国有企业、事业单位、中初教育单位	高等教育单位、科研设计单位、医疗卫生单位	三资企业及其他企业	其他
母亲学历	小学及以下	0	0	0	0	0
		(.)	(.)	(.)	(.)	(.)
	初中	-0.566	0	-0.769	-0.523	-0.552
		(-1.03)	(.)	(-1.11)	(-1.14)	(-0.85)
	高中及大专	-0.750	0	0.814	-1.181**	-0.539
		(-1.12)	(.)	(1.04)	(-2.09)	(-0.74)
	本科	-1.853*	0	1.204	-0.118	-0.675
		(-1.88)	(.)	(1.16)	(-0.16)	(-0.63)
	研究生及以上	30.43	0	1.499	-16.31	15.70
		(0.01)	(.)	(0.00)	(-0.01)	(0.01)
父亲职业	无业	0	0	0	0	0
		(.)	(.)	(.)	(.)	(.)
	工作人员	-0.709	0	0.0435	0.539	-0.0954
		(-0.81)	(.)	(0.04)	(0.80)	(-0.09)
	管理人员	-1.872**	0	-0.0482	0.344	0.141
		(-2.21)	(.)	(-0.05)	(0.55)	(0.15)
母亲职业	无业	0	0	0	0	0
		(.)	(.)	(.)	(.)	(.)
	工作人员	0.573	0	0.699	-0.0784	-0.0235
		(0.68)	(.)	(0.77)	(-0.13)	(-0.03)
	管理人员	0.895	0	0.545	-0.288	0.771
		(1.14)	(.)	(0.62)	(-0.53)	(0.95)
学校水平		-0.380**	0	0.596***	-0.0358	-0.718***
		(-2.30)	(.)	(2.69)	(-0.26)	(-3.92)

注：该表最后两列为无序 Logit 回归系数参数估计值，"( )"内为回归系数估计的标准误。标 * 为

10%显著性水平下显著，**为5%显著性水平下显著，***为1%显著性水平下显著。父亲学历和母亲学历取"小学及以下"作为基准值，父亲职业和母亲职业取"无业"作为基准值，由于基准值不作为虚拟解释变量出现在模型中，因此其回归系数估计值为0，标准误标记为"（.）"。被解释变量的参照值所对应的回归系数设置为0，无须计算标准误。

由表3-12可知，相对于国有企业、事业单位、中初教育单位，父亲是本科学历在10%显著性水平下对学生选择政府机关、城镇社区、农村建制村委会、部队的工作有显著正向影响，回归系数为1.809，OR值为6.10，说明相对于父亲学历为小学及以下，父亲为本科学历对学生选择政府机关、城镇社区、农村建制村委会、部队的工作有正向影响，且为其学历在小学及以下影响的6.10倍。母亲是本科学历在10%显著性水平下对学生选择政府机关、城镇社区、农村建制村委会、部队的工作有显著负向影响，回归系数为－1.853，OR值为0.16，说明相对于母亲是小学及以下学历，母亲为本科学历会降低学生选择政府机关、城镇社区、农村建制村委会、部队的工作的可能性。父亲是管理人员在5%显著性水平下对学生选择政府机关、城镇社区、农村建制村委会、部队的工作有显著负向影响，回归系数为－1.872，OR值为0.15，说明相对于无业，父亲是管理人员会降低学生选择政府机关、城镇社区、农村建制村委会、部队的工作的可能性。学校水平在5%显著性水平下对学生选择政府机关、城镇社区、农村建制村委会、部队的工作有显著负向影响，回归系数为－0.380，OR值为0.68，说明学校水平越高学生越不会选择政府机关、城镇社区、农村建制村委会、部队的工作。

相对于国有企业、事业单位、中初教育单位，父亲是高中及大专学历或者本科学历在5%显著性水平下对学生选择高等教育单位、科研设计单位、医疗卫生单位的工作有显著负向影响，回归系数分别为－2.247和－2.587，OR值分别为0.11和0.08，说明相对于父亲是小学及以下学历，父亲是高中及大专学历或者本科学历会降低学生选择高等教育单位、科研设计单位、医疗卫生单位的工作的可能性。学校水平在1%显著性水平下对学生选择高等教育单位、科研设计单位、医疗卫生单位的工作有显著正向影响，回归系数为0.596，OR值为1.81，表明学校水平高会增加学生选择高等教育单位、科研设计单位、医疗卫生单位的工作的可能性。

相对于国有企业、事业单位、中初教育单位，母亲是高中及大专学历在

5%显著性水平下对学生选择三资企业及其他企业的工作有显著负向影响,回归系数为－1.181,OR 值为 0.31,说明相对于母亲是小学及以下学历,母亲是高中及大专学历会降低学生选择三资企业及其他企业的工作的可能性。

相对于国有企业、事业单位、中初教育单位,学校水平在 1%显著性水平下对学生选择其他单位类型的工作有显著负向影响,回归系数为－0.718,OR 值为 0.49,说明学校水平高会降低学生选择其他单位类型的工作的可能性。

综上所述,父母学历越高越会促进孩子进入国企、政府部门等工作。这也可能与当前的就业形势有关,见多识广的父母更希望孩子过得平稳,因此鼓励他们选择稳定的工作。

(三)先赋性社会资本对其他就业质量指标的影响

将除工作城市条件、工作薪资水平和工作单位类型的其他就业指标作为有序被解释变量,将先赋性社会资本各指标作为解释变量,采用有序 Logit 回归方法进行模型拟合,参数估计结果见表 3-13。

表 3-13 先赋性社会资本对其他就业质量指标的影响情况

先赋性社会资本		工作稳定性	工作环境	专业匹配度	能力匹配度	期望匹配度	工作满意度	单位认可度	岗位认可度
父亲学历	小学及以下	0	0	0	0	0	0	0	0
	初中	0.858**	0.89**	0.659*	0.665*	－0.0577	－0.0617	0.156	0.108
	高中及大专	0.555	0.727	0.659	0.533	－0.144	－0.253	－0.0190	0.00647
	本科	1.444**	1.18**	1.253**	0.849	0.0117	0.285	0.421	0.350
	研究生及以上	－0.0987	0.504	0.483	－0.118	－0.911	－0.517	－0.467	－0.103
母亲学历	小学及以下	0	0	0	0	0	0	0	0
	初中	－0.371	0.108	－0.68**	－0.394	－0.299	－0.113	0.0348	－0.0818
	高中及大专	0.292	0.414	－0.0753	－0.0549	0.0629	－0.00144	0.154	－0.0256
	本科	－0.396	－0.061	－0.378	－0.149	0.145	0.0718	0.284	0.259
	研究生及以上	1.093	0.733	1.589	1.503	2.063	0.955	1.322	1.024
父亲职业	无业	0	0	0	0	0	0	0	0
	工作人员	0.157	0.518	－0.738	－0.200	0.263	0.354	0.0612	－0.441
	管理人员	0.214	0.272	－0.465	－0.334	0.451	0.261	0.0118	－0.290

续　表

先赋性社会资本		工作稳定性	工作环境	专业匹配度	能力匹配度	期望匹配度	工作满意度	单位认可度	岗位认可度
母亲职业	无业	0	0	0	0	0	0	0	0
	工作人员	−0.152	−0.634	−0.0891	−0.0718	−0.0022	0.531	0.289	0.363
	管理人员	−0.404	−0.73*	−0.167	−0.162	0.00714	0.293	0.277	0.363
学校水平		0.242***	0.0649	0.0940	0.0525	0.0899	0.0508	0.0762	0.0228

注：该表最后 8 列为有序 Logit 回归系数参数估计值。标 * 为 10% 显著性水平下显著，** 为 5% 显著性水平下显著，*** 为 1% 显著性水平下显著。父亲学历和母亲学历取 "小学及以下" 作为基准值，父亲职业和母亲职业取 "无业" 作为基准值，由于基准值不作为虚拟解释变量出现在模型中，因此其回归系数估计值为 0。

1. 工作稳定性：相对于父亲学历为小学及以下，父亲学历为初中或者本科在 5% 显著性水平下对工作稳定性有显著的正向影响，说明父亲学历为初中或本科相比于父亲学历为小学及以下会提高学生工作的稳定性；学校水平在 1% 显著性水平下对工作稳定性有正向影响，说明学校水平越高越能提高学生工作的稳定性。

2. 工作环境：相对于父亲学历为小学及以下，父亲学历为初中或者本科在 5% 显著性水平下对工作环境有显著正向影响，说明父亲学历为初中或本科相比于父亲学历为小学及以下会对学生工作环境产生正向影响；相对于母亲职业为无业，母亲职业为管理人员在 10% 显著性水平下对学生工作环境有负向影响，回归系数为 −0.73，OR 值为 0.4823，说明母亲职业为管理人员相对于母亲无业会使学生工作环境水平降低。

3. 专业匹配度：相对于父亲学历为小学及以下，父亲学历为初中和本科分别在 10% 及 5% 显著性水平下对专业匹配度有显著的正向影响，说明父亲学历为初中和本科相比于父亲学历为小学及以下会提高学生专业匹配度；相对于母亲学历为小学及以下，母亲学历为初中在 5% 显著性水平下对专业匹配度有负向影响。

4. 能力匹配度：相对于父亲学历为小学及以下，父亲学历为初中在 10% 显著性水平下对能力匹配度有显著的正向影响，说明父亲学历为初中相比父亲学历为小学及以下会提高学生的能力匹配度。

5. 期望匹配度、工作满意度、单位认可度和岗位认可度：表 3-13 数据显示，父母亲学历和学校水平对这四个被解释变量无显著性回归影响。

三、自致性资本与先赋性社会资本对就业质量的综合影响

为了宏观地比较自致性资本与先赋性社会资本对就业质量的影响,本研究将上文的各项指标按照极差标准化的方式进行统一,调整其量纲的影响,按照相同的权重进行加总。最后得到样本的三个综合指标,就业质量、先赋性社会资本以及自致性资本。

将就业质量作为被解释变量,将自致性资本和先赋性社会资本各指标作为解释变量,采用 OLS 回归方法进行模型拟合,参数估计结果见表 3-14。

表 3-14 自致性资本和先赋性社会资本指标对就业质量的综合影响情况

	就业质量
自致性资本	0.260***
	(2.70)
先赋性社会资本	0.150***
	(3.82)

从表 3-14 可以看出,自致性资本对就业质量的影响比先赋性社会资本要大,在大学生就业过程中自致性资本占主导地位。这表明,大学生要积累自致性资本。

第四章

自致性资本对就业质量的影响机制分析

一、自致性资本与就业质量的关系受先赋性社会资本的影响程度分析

二、先赋性社会资本通过自致性资本影响就业质量的中介机制分析

三、自致性资本内部影响就业质量的中介机制分析

本章在研究先赋性社会资本和自致性资本直接影响大学生就业质量的基础上，加入了调节变量和中介变量进行影响机制的分析。本章以独生子女、贫困生、性别和学校水平为调节变量，以学习成绩、父亲学历、母亲学历为中介变量，通过 OLS 回归、无序 Logit 回归、有序 Logit 回归等方法分析了人力资本和社会资本是如何影响大学生就业质量的。其中，人力资本分为教育性人力资本和实践性人力资本，社会资本分为先赋性社会资本和后致性社会资本，独生子女、贫困生、性别为分类变量，学校水平为多分类变量，学习成绩为连续变量，父亲学历、母亲学历为有序变量。

是否为独生子女、是否为贫困生、性别以及学校水平在自致性资本对大学生就业质量的影响过程中都起到了至关重要的作用。在自致性资本积累过程中，独生子女及非独生子女在家庭教育、思维习惯、为人处世等方面都有显著的不同。这些因素同样会影响大学生的就业质量。独生子女家庭对独生子女的教育投入成本往往较高，这也会造成独生子女与非独生子女在就业选择时的差异。因此，本章首先讨论独生子女在不同自致性资本以及先赋性社会资本情况下就业质量的异质性差异。本研究综合参考李志[①]、罗凌云[②]等学者的观点，认为与独生子女相比，非独生子女大学生在生活中更注重职业工作，而独生子女更注重休闲活动。非独生子女大学生在工作上具有更强的责任意识，独生子女在工作上的自主意识更强。因此，本研究将独生子女作为研究的重要调节变量进行分析。

贫困生档案是确定学生能否获得国家助学贷款、学费减免、困难补助、勤工助学和社会资助的重要依据。贫困生与非贫困生思维方式及生活阅历都不同，这会导致其对不同工作的就业评价产生差异化评判，从而产生差异性结果。因此，本章对贫困生及非贫困生也进行了区分，分析不同家庭经济水平的大学生就业质量的差异化结果。本研究参考了褚惠萍[③]等学者的观点，总结了一系列贫困生就业可能存在的问题，其中包括综合素质低、就业谋求地位平等较难以及精英情结引发的就业障碍等。因此，本研究将贫困生作为回

---

① 李志. 独生子女与非独生子女大学生职业价值观的比较研究 [J]. 青年研究，1997（3）：33-37.
② 罗凌云，风笑天. 城市独生子女与非独生子女家庭教育的比较研究 [J]. 青年探索，2001（6）：12-16.
③ 褚惠萍. 高校贫困生就业存在的问题及对策研究 [J]. 教育与职业，2005（32）：10-11.

归的重要调节变量,分析贫困生和非贫困生的自致性资本对其就业质量的影响是否不同。

性别这一先天因素也被纳入异质性分析。不同性别的人因性格差异其社交圈子会有所不同,其爱好当然也不尽相同,在就业市场上的受欢迎程度也有所不同。男性和女性都会在某些领域受到特定就业市场的青睐,他们对就业质量的评价也会在人力资本以及社会资本相同的情况下产生差异化结果。因此,本章也针对性别进行异质性分析,以此来探讨不同性别的影响程度的差异。

学校水平也是影响大学生就业质量的关键因素。就业单位招聘时首先会对学校进行筛选,这也导致不同学校之间存在明显的差异化结果。不同层次院校的学生即使都获得了国家级学业奖学金或者国家级专业技能奖学金,在用人单位眼里,其含金量也有所不同。不同学校之间,相同的自致性资本同样会产生明显的差异化结果。因此,本章也对学校水平进行了分类,并进行差异化分析。

中介效应部分大体可以分为三类:自致性资本内部的中介效应影响,先赋性社会资本内部的中介效应影响,先赋性社会资本通过自致性资本进而对就业质量产生的影响。自致性资本内部方面,本研究认为学生成绩会影响学生获得的奖学金数量,进而影响学生的就业质量。此外,用人单位在招聘时不仅会关注大学生奖学金的获得情况,还会关注其在学校的学习成绩。因此,学生成绩或许也会对学生就业质量产生影响。

本章还探讨了大学生大学期间参加院级学生社团活动次数是否会影响其独立组织学生院级活动的次数,进而对就业质量产生影响。一般来讲,大学生参加社团活动次数越多,越容易获得组织社会活动的机会,这也会促进其社交圈子的扩大,对其就业质量产生影响。但是这种影响的直接效应以及间接效应都不明显,因此需要采用中介效应分析。

本章要探讨父亲的学历是否会影响学生就业过程中社会关系的使用,进而对就业质量产生影响,以及父亲学历是否会影响大学生的学校水平、组织活动次数以及获得奖学金的层次和次数,进而对大学生就业质量产生影响。父亲学历代表了大学生上一代的受教育水平,在家庭教育过程中会对下一代产生重要影响,也会对大学生在学校时期的表现以及就业质量产生显著影响。

一、自致性资本与就业质量的关系受先赋性社会资本的影响程度分析

(一) 教育性人力资本对就业质量影响中的调节机制分析

1. 以独生子女为调节变量

首先,独生子女是否会影响教育性人力资本对工作城市条件和工作薪资水平的影响程度。这里引入独生子女与教育性人力资本各指标的交乘项进行OLS回归,以此来判断是否存在独生子女导致教育性人力资本对工作城市条件和工作薪资水平的差异化影响。

表4-1 独生子女在教育性人力资本对工作城市条件和工作薪资水平影响中的调节效应

教育性人力资本	工作城市条件		工作薪资水平	
学习成绩	−1.120	(−0.86)	3.624	(1.03)
计算机水平	0.642	(0.98)	2.100	(1.18)
国家级学业奖学金获得情况	0.851**	(1.99)	2.821**	(2.42)
国家级专业技能奖学金获得情况	0.214	(0.81)	−0.0517	(−0.07)
省级专业技能奖学金获得情况	0.0224	(0.04)	5.113***	(3.73)
学习成绩*独生子女	−0.0299	(−0.02)	−1.128	(−0.25)
计算机水平*独生子女	−0.953	(−1.06)	−0.400	(−0.16)
国家级学业奖学金获得情况*独生子女	−1.462*	(−1.74)	0.409	(0.18)
国家级专业技能奖学金获得情况*独生子女	0.446	(0.84)	1.116	(0.78)
省级专业技能奖学金获得情况*独生子女	0.742	(1.05)	3.678*	(1.92)
独生子女	−0.0585	(−0.06)	0.175	(0.07)
截距	7.835***	(11.95)	5.773***	(3.23)

注:OLS回归的回归系数估计,"( )"内为回归系数估计的标准误。标*为10%显著性水平下显著,**为5%显著性水平下显著,***为1%显著性水平下显著,工作城市条件根据所在工作城市GDP

进行衡量。

由表 4-1 可知，独生子女的国家级学业奖学金获得情况对工作城市条件有调节效应，如果学生是独生子女，每多获得一单位国家级学业奖学金，对其工作城市条件的影响为 0.851－1.462＝－0.611，即降低了工作城市条件的标准；学生如果不是独生子女，每多获得一单位国家级学业奖学金，对其工作城市条件的影响为 0.851，即会提高工作城市条件的标准。这可能是由于独生子女赡养老人的压力较大，在毕业之后更倾向于回到父母身边生活，而非独生子女面临的赡养压力较小，更希望去大城市发展。

独生子女国家级学业奖学金获得情况对工作薪资水平没有调节效应，即无论是否是独生女子，学生每多获得一单位国家级学业奖学金将使工作薪资水平上升 2.821，获得国家级学业奖学金越多，学生工作薪资水平越高。独生子女省级专业技能奖学金获得情况对工作薪资水平有调节效应，学生如果是独生子女，每多获得一单位省级专业技能奖学金对其工作薪资水平的影响为 5.113＋3.678＝8.791，即提高了工作薪资水平；学生如果不是独生子女，每多获得一单位省级专业技能奖学金对其工作薪资水平的影响为 5.113，也会提高工作薪资水平，但是没有独生子女提高得多。

其次，独生子女是否会影响教育性人力资本对工作单位类型的影响程度，这里引入独生子女与教育性人力资本各指标的交乘项进行无序 Logit 回归，以此来判断是否存在独生子女导致教育性人力资本对工作单位类型的差异化影响。被解释变量工作单位类型取"国有企业、事业单位、中初教育单位"作为参照值。

表4-2 独生子女在教育性人力资本对工作单位类型影响中的调节效应

教育性人力资本	工作单位类型				
	政府机关、城镇社区、农村建制村委会、部队	国有企业、事业单位、中初教育单位	高等教育单位、科研设计单位、医疗卫生单位	三资企业及其他企业	其他
学习成绩	1.125	0	1.155	0.655	-3.973**
	(1.12)	(.)	(0.85)	(0.74)	(-2.23)
计算机水平	-0.265	0	-0.728	-0.0669	-1.304**
	(-0.50)	(.)	(-1.06)	(-0.15)	(-2.11)
国家级学业奖学金获得情况	0.471	0	1.241***	0.312	0.587
	(1.08)	(.)	(2.78)	(0.78)	(1.37)
国家级专业技能奖学金获得情况	-0.0254	0	0.123	0.0954	-0.247
	(-0.11)	(.)	(0.47)	(0.56)	(-0.81)
省级专业技能奖学金获得情况	0.0677	0	-0.926	-0.161	-0.0996
	(0.15)	(.)	(-1.56)	(-0.38)	(-0.19)
学习成绩*独生子女	-1.692	0	-4.466**	-1.365	1.960
	(-1.30)	(.)	(-2.23)	(-1.21)	(0.96)
计算机水平*独生子女	0.923	0	1.984**	-0.0600	0.841
	(1.28)	(.)	(2.00)	(-0.10)	(1.04)
国家级学业奖学金获得情况*独生子女	-0.293	0	-2.180***	-15.11	-1.502*
	(-0.44)	(.)	(-2.70)	(-0.03)	(-1.82)
国家级专业技能奖学金获得情况*独生子女	-0.0220	0	0.741	0.599	0.581
	(-0.04)	(.)	(1.54)	(1.44)	(1.07)
省级专业技能奖学金获得情况*独生子女	-0.306	0	0.282	0.0989	0.0497
	(-0.51)	(.)	(0.33)	(0.18)	(0.07)
独生子女	0.196	0	0.519	0.342	-0.568
	(0.25)	(.)	(0.50)	(0.52)	(-0.73)
截距	-0.998*	0	-1.636**	-0.287	0.694
	(-1.81)	(.)	(-2.27)	(-0.62)	(1.17)

注：无序 Logit 回归的回归系数估计，"（ ）"内为回归系数估计的标准误。标 * 为 10%显著性水平下显著，** 为 5%显著性水平下显著，*** 为 1%显著性水平下显著。参照值的回归系数设置为 0，无须计算标准误，因此标记为"（.）"。

由表 4-2 可知，相对于国有企业、事业单位、中初教育单位，独生子女选择高等教育单位、科研设计单位、医疗卫生单位的工作的回归系数为 1.241—2.180，说明独生子女获得的国家级学业奖学金越多越倾向于选择高等教育单位、科研设计单位、医疗卫生单位的工作，非独生子女选择高等教育单位、科研设计单位、医疗卫生单位的工作的回归系数为 1.241，说明非独生子女获得的国家级学业奖学金越多越倾向于选择高等教育单位、科研设计单位、医疗卫生单位的工作。相对于国有企业、事业单位、中初教育单位，独生子女学习成绩越差越倾向于选择高等教育单位、科研设计单位、医疗卫生单位的工作。相对于国有企业、事业单位、中初教育单位，独生子女计算机水平越高越倾向于选择高等教育单位、科研设计单位、医疗卫生单位的工作。相对于国有企业、事业单位、中初教育单位，非独生子女学习成绩越差越倾向于选择其他单位类型的工作。相对于国有企业、事业单位、中初教育单位，非独生子女计算机水平越低越倾向于选择其他单位类型的工作。相对于国有企业、事业单位、中初教育单位，独生子女获得的国家级学业奖学金越多越倾向于选择其他单位类型的工作。

最后，独生子女是否会影响教育性人力资本对其他就业质量指标的影响程度。这里引入了独生子女与教育性人力资本各指标的交乘项，将除工作城市条件、工作薪资水平、工作单位类型之外的其他各就业质量指标分别作为被解释变量，进行有序 Logit 回归，以此来判断是否存在独生子女导致教育性人力资本对其他各就业质量指标的差异化影响。

表 4-3 独生子女在教育性人力资本对其他就业质量指标影响中的调节效应

教育性人力资本	工作稳定性	工作环境	专业匹配度	能力匹配度	期望匹配度	工作满意度	单位认可度	岗位认可度
学习成绩	1.793***	0.429	0.880	0.713	0.228	0.604	0.460	0.475
	(2.58)	(0.70)	(1.40)	(1.18)	(0.37)	(0.93)	(0.70)	(0.74)
计算机水平	0.234	-0.287	-0.179	-0.559*	-0.0753	-0.151	-0.556	-0.613*
	(0.74)	(-0.90)	(-0.57)	(-1.73)	(-0.24)	(-0.46)	(-1.69)	(-1.88)
国家级学业奖学金获得情况	0.322	0.200	0.356*	0.413*	0.412*	0.528**	0.298	0.345
	(1.45)	(0.88)	(1.72)	(1.86)	(1.92)	(2.24)	(1.29)	(1.48)
国家级专业技能奖学金获得情况	-0.0499	0.0409	0.122	0.0811	0.108	0.230*	0.131	0.0904
	(-0.42)	(0.35)	(1.03)	(0.68)	(0.89)	(1.80)	(1.10)	(0.77)
省级专业技能奖学金获得情况	0.0785	0.153	-0.249	-0.0958	-0.176	0.137	0.140	0.161
	(0.27)	(0.50)	(-1.01)	(-0.36)	(-0.67)	(0.39)	(0.42)	(0.48)
学习成绩*独生子女	-0.674	0.124	-1.415*	-0.468	-0.631	-0.765	-0.667	-0.587
	(-0.78)	(0.15)	(-1.76)	(-0.58)	(-0.78)	(-0.93)	(-0.80)	(-0.71)
计算机水平*独生子女	0.0128	0.142	0.164	0.442	-0.00120	0.154	0.324	0.370
	(0.03)	(0.33)	(0.39)	(1.01)	(-0.00)	(0.35)	(0.74)	(0.84)
国家级学业奖学金获得情况*独生子女	0.438	0.498	0.0555	0.163	0.0618	-0.608	-0.254	-0.235
	(1.02)	(1.20)	(0.14)	(0.40)	(0.16)	(-1.45)	(-0.61)	(-0.55)
国家级专业技能奖学金获得情况*独生子女	-0.0972	-0.244	-0.254	-0.185	-0.0852	-0.0992	-0.0916	-0.0803
	(-0.40)	(-0.99)	(-1.03)	(-0.76)	(-0.34)	(-0.40)	(-0.37)	(-0.32)
省级专业技能奖学金获得情况*独生子女	-0.0452	0.0237	0.285	0.0850	0.351	-0.0931	0.0714	0.153
	(-0.12)	(0.06)	(0.87)	(0.24)	(1.04)	(-0.22)	(0.18)	(0.36)
独生子女	0.416	0.0340	0.246	-0.0182	0.0443	0.477	0.424	-0.00504
	(0.89)	(0.07)	(0.56)	(-0.04)	(0.10)	(1.05)	(0.93)	(-0.01)

注：有序 Logit 回归的回归系数估计，"（）"内为回归系数估计的标准误。工作稳定性分为非常稳定、很稳定、一般、很不稳定、非常不稳定。工作环境分为非常好、很好、一般、很不好、非常不好。专业匹配度分为非常匹配、很匹配、一般、很不匹配、非常不匹配。能力匹配度分为非常匹配、很匹配、一般、很不匹配、非常不匹配。期望匹配度分为非常匹配、很匹配、一般、很不匹配、非常不匹配。工作满意度分为非常满意、很满意、一般、很不满意、非常不满意。单位认可度分为非常认可、很认可、一般、很不认可、非常不认可。岗位认可度分为非常认可、很认可、一般、很不认可、非常不认可。标*为10%显著性水平下显著，**为5%显著性水平下显著，***为1%显著性水平下显著。

由表4-3可知，独生子女的学习成绩对工作稳定性没有调节效应，即无论是否是独生子女，学习成绩每多上升一单位，工作稳定性上升1.793。独生子女国家级学业奖学金获得情况对专业匹配度没有调节效应，即无论是否是独生子女，学生每多获得一单位国家级学业奖学金，专业匹配度上升0.356。独生子女的学习成绩对专业匹配度有调节效应，独生子女相较于非独生子女，学习成绩对其专业匹配度的影响会下降。独生子女的计算机水平对能力匹配度没有调节效应，即无论是否是独生子女，学生的计算机水平每多上升一单位，能力匹配度下降0.559。独生子女的国家级学业奖学金获得情况对能力匹配度没有调节效应，即无论是否是独生子女，学生每多获得一单位国家级学业奖学金，能力匹配度上升0.413。独生子女的国家级学业奖学金获得情况对期望匹配度没有调节效应，即无论是否是独生子女，学生每多获得一单位国家级学业奖学金，期望匹配度上升0.412。独生子女的国家级学业奖学金获得情况对工作满意度没有调节效应，即无论是否是独生子女，学生每多获得一单位国家级学业奖学金，工作满意度上升0.528。独生子女的国家级专业技能奖学金获得情况对工作满意度没有调节效应，即无论是否是独生子女，学生每多获得一单位国家级专业技能奖学金，工作满意度上升0.230。独生子女的计算机水平对单位认可度没有调节效应，即无论是否是独生子女，学生的计算机水平每多上升一单位，单位认可度下降0.556。独生子女的计算机水平对岗位认可度没有调节效应，即无论是否是独生子女，学生的计算机水平每多上升一单位，岗位认可度下降0.613。由此可以看出，是否是独生子女不会影响人力资本对工作稳定性等指标的影响程度。

2. 以贫困生为调节变量

首先，贫困生是否会影响教育性人力资本对工作城市条件和工作薪资水平的影响程度。这里引入了贫困生与教育性人力资本各指标的交乘项进行OLS回归，以此来判断是否存在贫困生导致教育性人力资本对工作城市条件及工作薪资水平的差异化影响。

表4-4 贫困生在教育性人力资本对工作城市条件和工作薪资水平影响中的调节效应

教育性人力资本	工作城市条件	工作薪资水平
学习成绩	−1.602	1.292
	(−1.65)	(0.49)
计算机水平	−0.652	2.134
	(−1.22)	(1.46)
国家级学业奖学金获得情况	0.489	3.574**
	(0.89)	(2.39)
国家级专业技能奖学金获得情况	0.435	0.315
	(1.60)	(0.42)
省级专业技能奖学金获得情况	0.349	4.823***
	(0.76)	(3.86)
学习成绩*贫困生	1.698	3.473
	(1.00)	(0.75)
计算机水平*贫困生	2.379**	−0.870
	(2.47)	(−0.33)
国家级学业奖学金获得情况*贫困生	0.288	−1.022
	(0.39)	(−0.51)
国家级专业技能奖学金获得情况*贫困生	−0.333	−0.749
	(−0.68)	(−0.56)
省级专业技能奖学金获得情况*贫困生	−0.0690	5.787***
	(−0.09)	(2.62)
贫困生	−2.666**	−3.421
	(−2.65)	(−1.24)
截距	8.621**	7.476***
	(15.81)	(5.02)

注：OLS回归的回归系数估计，"（）"内为标准误。标*为10%显著性水平下显著，**为5%显著性水平下显著，***为1%显著性水平下显著，工作城市条件根据所在工作城市GDP进行衡量。

由表4-4可知，贫困生的计算机水平对工作城市条件有调节效应，学生是贫困生，计算机水平对其工作城市条件水平的影响会上升。贫困生的国家级学业奖学金获得情况对工作薪资水平没有调节效应,即无论是否是贫困生,学生每多获得一单位国家级学业奖学金,工作薪资水平上升 3.574,学生获得的国家级学业奖学金数量越多,工作薪资水平越高。贫困生的省级专业技能奖学金获得情况对工作薪资水平有调节效应,学生如果是贫困生,每多获得一单位省级专业技能奖学金对工作薪资水平的影响为 $4.823+5.787=10.61$,即提高了工作薪资水平;学生如果不是贫困生,每多获得一单位省级专业技能奖学金对工作薪资水平的影响为 4.823,没有学生是贫困生的影响程度高。这可能是由于贫困生获得省级专业技能奖学金需要更多的努力和付出,在之后的求职过程中表现出来的能力也更容易让用人单位信服。

其次,贫困生是否会影响教育性人力资本对工作单位类型的影响程度,这里引入了贫困生与教育性人力资本各指标的交乘项进行无序 Logit 回归,以此来判断是否存在贫困生导致教育性人力资本对工作单位类型的差异化影响。被解释变量工作单位类型取"国有企业、事业单位、中初教育单位"作为参照值。

表 4-5　贫困生在教育性人力资本对工作单位类型影响中的调节效应

教育性人力资本	工作单位类型				
	政府机关、城镇社区、农村建制村委会、部队	国有企业、事业单位、中初教育单位	高等教育单位、科研设计单位、医疗卫生单位	三资企业及其他企业	其他
学习成绩	−0.171	0	−3.225***	−0.739	−2.425**
	(−0.22)	(.)	(−2.63)	(−1.10)	(−2.52)
计算机水平	0.796*	0	−0.0124	−0.193	−0.789*
	(1.69)	(.)	(−0.02)	(−0.52)	(−1.74)
国家级学业奖学金获得情况	0.870*	0	0.775	−0.252	−0.0463
	(1.74)	(.)	(1.35)	(−0.39)	(−0.06)
国家级专业技能奖学金获得情况	−0.180	0	0.134	0.204	−0.252
	(−0.62)	(.)	(0.57)	(1.10)	(−0.74)
省级专业技能奖学金获得情况	−0.431	0	−0.821	−0.194	−0.0247
	(−1.00)	(.)	(−1.47)	(−0.60)	(−0.06)

续　表

教育性人力资本	工作单位类型				
	政府机关、城镇社区、农村建制村委会、部队	国有企业、事业单位、中初教育单位	高等教育单位、科研设计单位、医疗卫生单位	三资企业及其他企业	其他
学习成绩＊贫困生	0.808	0	5.111＊＊＊	1.963	－1.330
	(0.58)	(.)	(2.64)	(1.61)	(－0.51)
计算机水平＊贫困生	－1.136	0	1.918	0.577	0.0254
	(－1.46)	(.)	(1.51)	(0.86)	(0.03)
国家级学业奖学金获得情况＊贫困生	－0.946	0	－0.125	－0.0903	0.240
	(－1.47)	(.)	(－0.17)	(－0.12)	(0.27)
国家级专业技能奖学金获得情况＊贫困生	0.199	0	0.304	－0.0971	0.447
	(0.44)	(.)	(0.70)	(－0.27)	(0.89)
省级专业技能奖学金获得情况＊贫困生	0.791	0	0.502	0.497	－0.0215
	(1.14)	(.)	(0.50)	(0.81)	(－0.03)
贫困生	0.817	0	－3.668＊＊	－0.622	－0.398
	(0.98)	(.)	(－2.56)	(－0.86)	(－0.43)
截距	－1.216＊＊	0	－0.217	0.0690	0.412
	(－2.35)	(.)	(－0.41)	(0.18)	(0.92)

注：无序 Logit 回归的回归系数估计，"（）"内为回归系数估计的标准误。标＊为10％显著性水平下显著，＊＊为5％显著性水平下显著，＊＊＊为1％显著性水平下显著。参照值的回归系数设置为0，无须计算标准误，因此标记为"（.）"。

由表4-5可知，相对于国有企业、事业单位、中初教育单位，非贫困生计算机水平越高越倾向于选择政府机关、城镇社区、农村建制村委会、部队的工作。相对于国有企业、事业单位、中初教育单位，非贫困生获得的国家级学业奖学金越多越倾向于选择政府机关、城镇社区、农村建制村委会、部队的工作。相对于国有企业、事业单位、中初教育单位，贫困生选择高等教育单位、科研设计单位、医疗卫生单位的工作的回归系数为5.111，说明贫困生学习成绩越好越倾向于选择高等教育单位、科研设计单位、医疗卫生单位的工作，非贫困生选择高等教育单位、科研设计单位、医疗卫生单位的工作的回归系数为－3.225，说明非贫困生学习成绩越好越倾向于选择高等教育单位、科研设计单位、医疗卫生单位的工作。相对于国有企业、事业单位、中初教育单位，非贫困生学习成绩越差越倾向于选择三资企业及其他企业的工作。

最后，贫困生是否会影响教育性人力资本对其他就业质量指标的影响程度，这里引入了贫困生与教育性人力资本各指标的交乘项，将除工作城市条件、工作薪资水平、工作单位类型之外的其他各就业质量指标分别作为被解释变量，进行有序Logit回归，以此来判断是否存在贫困生导致教育性人力资本对其他各就业质量指标的差异化影响。

表4-6 贫困生在教育性人力资本对其他就业质量指标影响中的调节效应

教育性人力资本	工作稳定性	工作环境	专业匹配度	能力匹配度	期望匹配度	工作满意度	单位认可度	岗位认可度
学习成绩	1.510***	0.768	-0.303	0.155	-0.469	0.0624	-0.229	-0.0485
	(2.92)	(1.48)	(-0.67)	(0.31)	(-0.99)	(0.13)	(-0.47)	(-0.10)
计算机水平	0.263	-0.256	-0.306	-0.497*	-0.232	-0.0841	-0.370	-0.539**
	(1.00)	(-0.97)	(-1.21)	(-1.87)	(-0.89)	(-0.32)	(-1.41)	(-2.05)
国家级学业奖学金获得情况	1.057**	0.482	0.322	0.720**	0.921**	0.695*	0.828**	0.938**
	(2.19)	(1.30)	(1.06)	(1.99)	(2.20)	(1.83)	(1.98)	(2.26)
国家级专业技能奖学金获得情况	-0.0755	0.0641	0.154	0.0873	0.125	0.195	0.101	0.0760
	(-0.62)	(0.51)	(1.22)	(0.70)	(1.00)	(1.50)	(0.81)	(0.61)
省级专业技能奖学金获得情况	-0.207	-0.0892	-0.167	-0.298	-0.124	-0.296	-0.0501	-0.0860
	(-0.84)	(-0.42)	(-0.79)	(-1.30)	(-0.57)	(-1.31)	(-0.23)	(-0.33)
学习成绩*贫困生	-0.259	-0.566	0.755	0.584	1.074	0.520	0.968	0.584
	(-0.29)	(-0.67)	(0.92)	(0.70)	(1.26)	(0.61)	(1.13)	(0.68)
计算机水平*贫困生	-0.0908	-0.0128	0.737	0.451	0.193	0.0529	-0.114	0.302
	(-0.19)	(-0.03)	(1.61)	(0.98)	(0.41)	(0.11)	(-0.25)	(0.64)
国家级学业奖学金获得情况*贫困生	-0.706	-0.0635	0.0517	-0.338	-0.430	-0.366	-0.672	-0.775
	(-1.31)	(-0.14)	(0.14)	(-0.78)	(-0.89)	(-0.81)	(-1.39)	(-1.61)
国家级专业技能奖学金获得情况*贫困生	-0.00327	-0.218	-0.284	-0.183	-0.121	-0.0328	-0.0578	-0.0341
	(-0.01)	(-0.96)	(-1.24)	(-0.82)	(-0.51)	(-0.14)	(-0.26)	(-0.15)
省级专业技能奖学金获得情况*贫困生	0.686	0.831	0.215	0.608	0.405	1.127**	0.714	0.818*
	(1.46)	(1.61)	(0.51)	(1.56)	(1.07)	(2.19)	(1.61)	(1.68)

续　表

教育性人力资本	工作稳定性	工作环境	专业匹配度	能力匹配度	期望匹配度	工作满意度	单位认可度	岗位认可度
贫困生	-0.264	-0.341	-0.788	-0.637	-0.909*	-0.772	-0.719	-0.707
	(-0.52)	(-0.70)	(-1.63)	(-1.31)	(-1.88)	(-1.55)	(-1.45)	(-1.42)

注：有序 Logit 回归的回归系数估计，"()"内为回归系数估计的标准误。工作稳定性分为非常稳定、很稳定、一般、很不稳定、非常不稳定。工作环境分为非常好、很好、一般、很不好、非常不好。专业匹配度分为非常匹配、很匹配、一般、很不匹配、非常不匹配。能力匹配度分为非常匹配、很匹配、一般、很不匹配、非常不匹配。期望匹配度分为非常匹配、很匹配、一般、很不匹配、非常不匹配。工作满意度分为非常满意、很满意、一般、很不满意、非常不满意。单位认可度分为非常认可、很认可、一般、很不认可、非常不认可。岗位认可度分为非常认可、很认可、一般、很不认可、非常不认可。标*为10%显著性水平下显著，**为5%显著性水平下显著，***为1%显著性水平下显著。

由表 4-6 可知，贫困生的学习成绩对工作稳定性没有调节效应，即无论是否是贫困生，学生学习成绩每多上升一单位，工作稳定性上升 1.510。贫困生的国家级学业奖学金获得情况对工作稳定性没有调节效应，即无论是否是贫困生，学生每多获得一单位国家级学业奖学金，工作稳定性上升 1.057。贫困生的计算机水平对能力匹配度没有调节效应，即无论是否是贫困生，学生计算机水平每多上升一单位，能力匹配度下降 0.497。贫困生的国家级学业奖学金获得情况对能力匹配度没有调节效应，即无论是否是贫困生，学生每多获得一单位国家级学业奖学金，能力匹配度上升 0.9720。贫困生国家级学业奖学金获得情况对期望匹配度没有调节效应，即无论是否是贫困生，学生每多获得一单位国家级学业奖学金，期望匹配度上升 0.921。贫困生的国家级学业奖学金获得情况对工作满意度没有调节效应，即无论是否是贫困生，学生每多获得一单位国家级学业奖学金，工作满意度上升 0.695。贫困生的省级专业技能奖学金获得情况对工作满意度有调节效应，即贫困生获得的省级专业技能奖学金越多，其工作满意度越高。贫困生的国家级学业奖学金获得情况对单位认可度没有调节效应，即无论是否是贫困生，学生每多获得一单位国家级学业奖学金，单位认可度上升 0.828。贫困生的计算机水平对岗位认可度没有调节效应，即无论是否是贫困生，学生计算机水平每上升一单位，岗位认可度下降 0.539。贫困生的国家级学业奖学金获得情况对岗位认可度没有调节效应，即无论是否是贫困生，学生每多获得一单位国家级学业奖学金，岗位认可度上升 0.938。贫困生的省级专业技能奖学金获得情况对岗位认可度有调节效应,即贫困生获得的省级专业技能奖学金越多,其对岗位认可度越高。贫困生的省级专业技能奖学金获得情况对工作满意度有调节效应,即贫困生获得的省级专业技能奖学金越多,其工作满意度越高。这说明贫困生获得的省级专业技能奖学金越多,越容易找到心仪的工作。

3. 以性别为调节变量

首先,性别是否会影响教育性人力资本对工作城市条件和工作薪资水平的影响程度,在这里引入了性别与教育性人力资本各指标的交乘项进行OLS回归,以此来判断是否存在性别导致教育性人力资本对工作城市条件及工作薪资水平的差异化影响。

表4-7 性别在教育性人力资本对工作城市条件和工作薪资水平影响中的调节效应

教育性人力资本	工作城市条件	工作薪资水平
学习成绩	−0.582	3.725
	(−0.55)	(1.34)
计算机水平	0.414	2.757*
	(0.78)	(1.96)
国家级学业奖学金获得情况	0.443	0.551
	(1.12)	(0.52)
国家级专业技能奖学金获得情况	0.315	−0.0358
	(1.29)	(−0.06)
省级专业技能奖学金获得情况	0.470	8.785***
	(1.18)	(8.30)
学习成绩*性别	−1.536	−5.620
	(−0.91)	(−1.26)
计算机水平*性别	−0.548	0.869
	(−0.52)	(0.31)
国家级学业奖学金获得情况*性别	−0.0142	3.766
	(−0.02)	(1.65)
国家级专业技能奖学金获得情况*性别	0.153	0.787
	(0.22)	(0.42)

续 表

教育性人力资本	工作城市条件	工作薪资水平
省级专业技能奖学金获得情况*性别	−0.169	−8.279***
	(−0.19)	(−3.49)
性别	1.534	4.816*
	(1.51)	(1.79)
截距	7.277***	4.961***
	(13.17)	(3.38)

注：OLS 回归的回归系数估计，"（）"内为回归系数估计的标准误。标 * 为 10% 显著性水平下显著，** 为 5% 显著性水平下显著，*** 为 1% 显著性水平下显著，工作城市条件根据所在工作城市 GDP 进行衡量。

由表 4-7 可知，不同性别学生的计算机水平对工作薪资水平没有调节效应，无论是男生还是女生，学生计算机水平每多上升一单位，工作薪资水平上升 2.757。不同性别学生省级专业技能奖学金获得情况对工作薪资水平有调节效应，男生每多获得一单位省级专业技能奖学金对工作薪资水平的影响为 8.785−8.279=0.506，即提高了工作薪资水平；女生每多获得一单位省级专业技能奖学金对工作薪资水平的影响为 8.785，说明女生获得专业技能奖学金对其工作薪资水平影响更大。这表明，就业市场中女性处于弱势地位，需要更加注重自致性资本的提升。

其次，性别是否会影响教育性人力资本对工作单位类型的影响程度，这里引入了性别与教育性人力资本各指标的交乘项进行无序 Logit 回归，以此来判断是否存在性别导致教育性人力资本对工作单位类型的差异化影响。被解释变量工作单位类型取"国有企业、事业单位、中初教育单位"作为参照值。

表 4-8 性别在教育性人力资本对工作单位类型影响中的调节效应

教育性人力资本	工作单位类型				
	政府机关、城镇社区、农村建制村委会、部队	国有企业、事业单位、中初教育单位	高等教育单位、科研设计单位、医疗卫生单位	三资企业及其他企业	其他
学习成绩	-0.210	0	0.141	0.139	-2.750**
	(-0.25)	(.)	(0.14)	(0.20)	(-2.47)
计算机水平	0.00138	0	0.467	0.0178	-1.108**
	(0.00)	(.)	(0.85)	(0.05)	(-2.48)
国家级学业奖学金获得情况	0.304	0	0.372	-0.267	0.139
	(0.96)	(.)	(1.05)	(-0.78)	(0.38)
国家级专业技能奖学金获得情况	-0.0516	0	0.313	0.237	-0.0276
	(-0.21)	(.)	(1.51)	(1.33)	(-0.11)
省级专业技能奖学金获得情况	0.0607	0	-0.541	0.0696	-0.0803
	(0.19)	(.)	(-1.22)	(0.23)	(-0.21)
学习成绩*性别	0.206	0	-9.906**	-0.492	0.803
	(0.16)	(.)	(-2.24)	(-0.44)	(0.43)
计算机水平*性别	1.233	0	0.493	0.0501	1.385
	(1.50)	(.)	(0.45)	(0.07)	(1.39)
国家级学业奖学金获得情况*性别	-0.204	0	-0.181	-0.388	0.200
	(-0.26)	(.)	(-0.25)	(-0.39)	(0.26)
国家级专业技能奖学金获得情况*性别	-0.105	0	-0.0236	-0.295	-14.23
	(-0.19)	(.)	(-0.03)	(-0.60)	(-0.02)
省级专业技能奖学金获得情况*性别	-1.228	0	-0.334	-1.066	-0.00442
	(-1.05)	(.)	(-0.27)	(-1.02)	(-0.01)
性别	-0.346	0	2.161**	0.336	-0.840
	(-0.41)	(.)	(1.97)	(0.48)	(-0.93)
截距	-0.642	0	-1.701***	-0.275	0.559
	(-1.40)	(.)	(-2.85)	(-0.70)	(1.24)

注：无序 Logit 回归的回归系数估计，括号"()"内为回归系数估计的标准误。标 * 为 10% 显著性水平下显著，** 为 5% 显著性水平下显著，*** 为 1% 显著性水平下显著。参照值的回归系数设置为 0，无须计算标准误，因此标记为"(.)"。

由表4-8可知，相对于国有企业、事业单位、中初教育单位，男生学习成绩越好越倾向于选择高等教育单位、科研设计单位、医疗卫生单位的工作。相对于国有企业、事业单位、中初教育单位，女生学习成绩越差越倾向于选择其他单位类型的工作。相对于国有企业、事业单位、中初教育单位，女生计算机水平越低越倾向于选择其他单位类型的工作。

最后，性别是否会影响教育性人力资本对其他就业质量指标的影响程度，这里引入了性别与教育性人力资本各指标的交乘项，将除工作城市条件、工作薪资水平、工作单位类型之外的其他各就业质量指标分别作为被解释变量，进行有序Logit回归，以此来判断是否存在性别导致教育性人力资本对其他各就业质量指标的差异化影响。

表4-9 性别在教育性人力资本对其他就业质量指标影响中的调节效应

教育性人力资本	工作稳定性	工作环境	专业匹配度	能力匹配度	期望匹配度	工作满意度	单位认可度	岗位认可度
学习成绩	1.401**	0.524	-0.232	0.207	-0.502	0.0208	-0.149	-0.0403
	(2.55)	(1.05)	(-0.48)	(0.42)	(-0.96)	(0.04)	(-0.28)	(-0.08)
计算机水平	0.246	-0.205	-0.0837	-0.324	-0.131	-0.0963	-0.368	-0.495*
	(0.95)	(-0.82)	(-0.34)	(-1.27)	(-0.52)	(-0.38)	(-1.45)	(-1.95)
国家级学业奖学金获得情况	0.477**	0.337	0.335*	0.514**	0.522**	0.353	0.168	0.360*
	(2.23)	(1.57)	(1.69)	(2.37)	(2.41)	(1.63)	(0.80)	(1.67)
国家级专业技能奖学金获得情况	-0.0616	-0.0172	0.0718	0.0247	0.104	0.176	0.0597	0.0750
	(-0.56)	(-0.16)	(0.65)	(0.22)	(0.93)	(1.52)	(0.54)	(0.68)
省级专业技能奖学金获得情况	-0.0806	0.163	-0.0969	-0.0542	-0.0317	0.165	0.230	0.0802
	(-0.38)	(0.76)	(-0.49)	(-0.25)	(-0.16)	(0.74)	(1.07)	(0.35)
学习成绩*性别	-0.157	-0.138	0.413	0.155	0.594	0.326	0.391	0.201
	(-0.18)	(-0.16)	(0.53)	(0.18)	(0.71)	(0.40)	(0.47)	(0.24)
计算机水平*性别	-0.116	-0.129	0.137	0.0762	0.113	0.227	0.0702	0.285
	(-0.23)	(-0.25)	(0.27)	(0.15)	(0.23)	(0.45)	(0.14)	(0.55)
国家级学业奖学金获得情况*性别	-0.206	-0.102	-0.194	-0.497	-0.488	-0.239	-0.0768	-0.420
	(-0.48)	(-0.23)	(-0.47)	(-1.13)	(-1.14)	(-0.55)	(-0.18)	(-0.94)
国家级专业技能奖学金获得情况*性别	-0.0234	0.00502	-0.193	-0.0148	-0.198	-0.150	0.130	-0.103
	(-0.07)	(0.02)	(-0.57)	(-0.05)	(-0.59)	(-0.47)	(0.43)	(-0.33)

续表

教育性人力资本	工作稳定性	工作环境	专业匹配度	能力匹配度	期望匹配度	工作满意度	单位认可度	岗位认可度
省级专业技能奖学金获得情况*性别	0.726 (1.30)	−0.0179 (−0.04)	−0.0434 (−0.10)	−0.0891 (−0.22)	0.166 (0.43)	−0.447 (−1.06)	−0.125 (−0.31)	0.585 (1.14)
性别	0.0197 (0.04)	0.0491 (0.10)	−0.147 (−0.30)	0.171 (0.33)	−0.128 (−0.26)	−0.263 (−0.53)	−0.194 (−0.39)	−0.178 (−0.35)

注：有序Logit回归的回归系数估计，"()"内为回归系数估计的标准误。工作稳定性分为非常稳定、很稳定、一般、很不稳定、非常不稳定。工作环境分为非常好、很好、一般、很不好、非常不好。专业匹配度分为非常匹配、很匹配、一般、很不匹配、非常不匹配。能力匹配度分为非常匹配、很匹配、一般、很不匹配、非常不匹配。期望匹配度分为非常匹配、很匹配、一般、很不匹配、非常不匹配。工作满意度分为非常满意、很满意、一般、很不满意、非常不满意。单位认可度分为非常认可、很认可、一般、很不认可、非常不认可。岗位认可度分为非常认可、很认可、一般、很不认可、非常不认可。标*为10%显著性水平下显著，**为5%显著性水平下显著，***为1%显著性水平下显著。

由表4-9可知，不同性别学生的学习成绩对工作稳定性没有调节效应，即无论是男生还是女生，学生学习成绩每多上升一单位，工作稳定性上升1.401。不同性别学生国家级学业奖学金获得情况对工作稳定性没有调节效应，即无论是男生还是女生，学生每多获得一单位国家级学业奖学金，工作稳定性上升0.477。不同性别学生国家级学业奖学金获得情况对专业匹配度没有调节效应，即无论是男生还是女生，学生每多获得一单位国家级学业奖学金，专业匹配度上升0.335。不同性别学生国家级学业奖学金获得情况对能力匹配度没有调节效应，即无论是男生还是女生，学生每多获得一单位国家级学业奖学金，能力匹配度上升0.514。不同性别学生国家级学业奖学金获得情况对期望匹配度没有调节效应，即无论是男生还是女生，学生每多获得一单位国家级学业奖学金，期望匹配度上升0.522。不同性别学生的计算机水平对岗位认可度没有调节效应，即无论是男生还是女生，学生计算机水平每多上升一单位，岗位认可度下降0.495。不同性别学生国家级学业奖学金获得情况对岗位认可度没有调节效应，即无论是男生还是女生，学生每多获得一单位国家级学业奖学金，岗位认可度上升0.360。

4. 以学校水平为调节变量

首先，学校水平是否会影响教育性人力资本对工作城市条件和工作薪资水平的影响程度，这里引入了学校与教育性人力资本各指标的交乘项进行

OLS 回归，以此来判断是否存在学校水平导致教育性人力资本对工作城市条件及工作薪资水平的差异化影响。

表 4-10 学校水平在教育性人力资本对工作城市条件和工作薪资水平影响中的调节效应

教育性人力资本	工作城市条件	工作薪资水平
学习成绩	0.767	−4.113
	(0.42)	(−0.81)
计算机水平	0.175	4.186**
	(0.23)	(2.00)
国家级学业奖学金获得情况	0.301	3.152*
	(0.52)	(1.94)
国家级专业技能奖学金获得情况	0.456	0.365
	(1.44)	(0.41)
省级专业技能奖学金获得情况	0.0606	5.504***
	(0.11)	(3.48)
学习成绩*学校水平	−1.027	1.938
	(−1.36)	(0.92)
计算机水平*学校水平	−0.302	−1.641
	(−0.79)	(−1.54)
国家级学业奖学金获得情况*学校水平	0.340	−0.633
	(1.22)	(−0.81)
国家级专业技能奖学金获得情况*学校水平	−0.122	−0.291
	(−0.72)	(−0.62)
省级专业技能奖学金获得情况*学校水平	0.712**	0.862
	(2.28)	(0.99)
学校水平	0.892**	1.518
	(2.46)	(1.50)
截距	6.501***	5.557***
	(9.44)	(2.89)

注：OLS 回归的回归系数估计，"（ ）"内为回归系数估计的标准误。标*为10%显著性水平下显著，**为5%显著性水平下显著，***为1%显著性水平下显著，工作城市条件根据所在工作城市 GDP 进行衡量。

由表 4-10 可知，不同学校学生国家级专业技能奖学金获得情况对工作城市条件有调节效应，即学校层次越高，学生每多获得一单位国家级专业技能奖学金对工作城市条件的影响越大。不同学校学生的计算机水平对工作薪资水平没有调节效应，即无论学校水平高低，学生的计算机水平每增加一单位，工作薪资水平上升 4.186。不同学校学生国家级学业奖学金获得情况对工作薪资水平没有调节效应，即无论学校水平高低，学生每多获得一单位国家级学业奖学金，工作薪资水平上升 3.152。不同学校学生省级专业技能奖学金获得情况对工作薪资水平没有调节效应，即无论学校水平高低，学生每多获得一单位省级专业技能奖学金，工作薪资水平上升 5.504。

其次，学校水平是否会影响教育性人力资本对工作单位类型的影响程度，这里引入了学校与教育性人力资本各指标的交乘项进行无序 Logit 回归，以此来判断是否存在学校水平导致教育性人力资本对工作单位类型的差异化影响。被解释变量工作单位类型取"国有企业、事业单位、中初教育单位"作为参照值。

表 4-11 学校水平在教育性人力资本对工作单位类型影响中的调节效应

教育性人力资本	工作单位类型				
	政府机关、城镇社区、农村建制村委会、部队	国有企业、事业单位、中初教育单位	高等教育单位、科研设计单位、医疗卫生单位	三资企业及其他企业	其他
学习成绩	2.937*	0	−3.689	0.150	0.605
	(1.90)	(.)	(−1.18)	(0.11)	(0.38)
计算机水平	−0.276	0	−0.368	−0.127	−0.794
	(−0.44)	(.)	(−0.36)	(−0.23)	(−1.33)
国家级学业奖学金获得情况	1.375**	0	0.769	0.382	0.741
	(2.05)	(.)	(0.88)	(0.53)	(1.12)
国家级专业技能奖学金获得情况	−0.118	0	−0.0470	−0.332	−0.571
	(−0.46)	(.)	(−0.12)	(−1.19)	(−1.47)
省级专业技能奖学金获得情况	−0.218	0	−0.448	−0.451	0.0405
	(−0.42)	(.)	(−0.50)	(−0.83)	(0.08)

续　表

教育性人力资本	工作单位类型				
	政府机关、城镇社区、农村建制村委会、部队	国有企业、事业单位、中初教育单位	高等教育单位、科研设计单位、医疗卫生单位	三资企业及其他企业	其他
学习成绩*学校水平	−1.217*	0	0.658	0.00103	−1.546
	(−1.83)	(.)	(0.56)	(0.00)	(−1.58)
计算机水平*学校水平	0.584*	0	0.296	0.0922	0.190
	(1.72)	(.)	(0.68)	(0.33)	(0.50)
国家级学业奖学金获得情况*学校水平	−0.717**	0	−0.261	−0.340	−0.276
	(−2.14)	(.)	(−0.76)	(−1.08)	(−0.88)
国家级专业技能奖学金获得情况*学校水平	0.0882	0	0.229	0.395***	0.446**
	(0.47)	(.)	(1.26)	(2.58)	(2.04)
省级专业技能奖学金获得情况*学校水平	−0.508	0	0.0437	0.127	−0.497
	(−0.88)	(.)	(0.11)	(0.46)	(−0.92)
学校水平	−0.153	0	0.248	−0.269	−0.394
	(−0.43)	(.)	(0.60)	(−1.00)	(−1.02)
截距	−1.078	0	−1.307	0.151	0.333
	(−1.63)	(.)	(−1.33)	(0.28)	(0.59)

注：无序 Logit 回归的回归系数估计，"（　）"内为回归系数估计的标准误。标 * 为 10% 显著性水平下显著，* * 为 5% 显著性水平下显著，* * * 为 1% 显著性水平下显著。参照值的回归系数设置为 0，无须计算标准误，因此标记为"（.）"。

由表 4-11 可知，相对于国有企业、事业单位、中初教育单位，学校水平低的学生学习成绩越好越倾向于选择政府机关、城镇社区、农村建制村委会、部队的工作。相对于国有企业、事业单位、中初教育单位，学校水平低的学生获得国家级学业奖学金越多越倾向于选择政府机关、城镇社区、农村建制村委会、部队的工作。相对于国有企业、事业单位、中初教育单位，学校水平高的学生学习成绩越差越倾向于选择政府机关、城镇社区、农村建制村委会、部队的工作。相对于国有企业、事业单位、中初教育单位，学校水平高的学生计算机水平越高越倾向于选择政府机关、城镇社区、农村建制村委会、部队的工作。相对于国有企业、事业单位、中初教育单位，学校水平高的学生获得国家级学业奖学金越少越倾向于选择政府机关、城镇社区、农村建制村委会、部队的工作。相对于国有企业、事业单位、中初教育单位，学校水平高的学生获得国家级专业技能奖学金越多越倾向于选择三资企业及其他企业。相对于国有企业、事业单位、中初教育单位，学校层次高的学生获得国家级专业技能奖学金越多越倾向于选择其他单位类型的工作。

最后，学校水平是否会影响教育性人力资本对其他就业质量指标的影响程度，这里引入了学校与教育性人力资本各指标的交乘项，将除工作城市条件、工作薪资水平、工作单位类型之外的其他各就业质量指标分别作为被解释变量，进行有序 Logit 回归，以此来判断是否存在学校水平导致教育性人力资本对其他各就业质量指标的差异化影响。

表 4-12 学校水平在教育性人力资本对其他就业质量指标影响中的调节效应

教育性人力资本	工作稳定性	工作环境	专业匹配度	能力匹配度	期望匹配度	工作满意度	单位认可度	岗位认可度
学习成绩	1.124	0.190	−1.166	−0.250	−1.259	−1.190	−1.612*	−1.087
	(1.15)	(0.20)	(−1.31)	(−0.27)	(−1.34)	(−1.28)	(−1.72)	(−1.15)
计算机水平	−0.443	−0.714*	−0.322	−1.076***	−0.515	−0.698*	−1.015***	−1.059***
	(−1.17)	(−1.88)	(−0.89)	(−2.82)	(−1.40)	(−1.83)	(−2.64)	(−2.75)
国家级学业奖学金获得情况	0.194	0.0884	−0.147	−0.265	−0.174	−0.202	−0.434	−0.464
	(0.54)	(0.26)	(−0.52)	(−0.91)	(−0.62)	(−0.65)	(−1.40)	(−1.48)
国家级专业技能奖学金获得情况	0.165	0.0995	0.146	0.153	0.197	0.244	0.188	0.210
	(1.09)	(0.69)	(1.03)	(1.05)	(1.33)	(1.58)	(1.26)	(1.39)
省级专业技能奖学金获得情况	0.339	0.284	0.201	0.423	0.264	0.432	0.656**	0.717**
	(1.07)	(0.92)	(0.71)	(1.53)	(0.98)	(1.46)	(2.18)	(2.33)
学习成绩*学校水平	−0.0251	0.0725	0.435	0.247	0.432	0.578	0.654*	0.488
	(−0.06)	(0.18)	(1.20)	(0.64)	(1.12)	(1.53)	(1.69)	(1.25)
计算机水平*学校水平	0.357*	0.262	0.0835	0.397**	0.195	0.370*	0.325*	0.342*
	(1.87)	(1.38)	(0.45)	(2.08)	(1.04)	(1.94)	(1.71)	(1.80)
国家级学业奖学金获得情况*学校水平	0.0732	0.102	0.244*	0.345**	0.323**	0.241	0.268	0.353**
	(0.45)	(0.65)	(1.74)	(2.41)	(2.29)	(1.61)	(1.84)	(2.37)
国家级专业技能奖学金获得情况*学校水平	−0.173**	−0.0914	−0.0728	−0.0923	−0.0945	−0.0527	−0.0839	−0.112
	(−2.21)	(−1.14)	(−0.93)	(−1.17)	(−1.19)	(−0.65)	(−1.07)	(−1.41)

续表

教育性人力资本	工作稳定性	工作环境	专业匹配度	能力匹配度	期望匹配度	工作满意度	单位认可度	岗位认可度
省级专业技能奖学金获得情况 * 学校水平	−0.107	−0.0332	−0.0920	−0.209	−0.0544	−0.184	−0.206	−0.235
	(−0.64)	(−0.21)	(−0.63)	(−1.36)	(−0.38)	(−1.19)	(−1.33)	(−1.42)
学校水平	0.144	−0.0157	−0.00355	−0.153	−0.115	−0.264	−0.161	−0.201
	(0.75)	(−0.08)	(−0.02)	(−0.84)	(−0.64)	(−1.45)	(−0.88)	(−1.10)

注：有序 Logit 回归的回归系数估计，"（）"内为回归系数估计的标准误。工作稳定性分为非常稳定、很稳定、一般、很不稳定、非常不稳定。工作环境分为非常好、很好、一般、很不好、非常不好。专业匹配度分为非常匹配、很匹配、一般、很不匹配、非常不匹配。能力匹配度分为非常匹配、很匹配、一般、很不匹配、非常不匹配。期望匹配度分为非常匹配、很匹配、一般、很不匹配、非常不匹配。工作满意度分为非常满意、很满意、一般、很不满意、非常不满意。单位认可度分为非常认可、很认可、一般、很不认可、非常不认可。岗位认可度分为非常认可、很认可、一般、很不认可、非常不认可。标 * 为 10% 显著性水平下显著，** 为 5% 显著性水平下显著，*** 为 1% 显著性水平下显著。

由表 4-12 可知，不同学校学生计算机水平对工作稳定性有调节效应，学校水平越高，计算机水平每多增加一单位对学生工作稳定性的影响越大。不同学校学生国家级专业技能奖学金获得情况对工作稳定性有调节效应，学校水平越高，每多获得一单位国家级专业技能奖学金对学生工作稳定性的影响越小。不同学校学生计算机水平对工作环境没有调节效应，即无论学校水平高低，学生计算机水平每多增加一单位，对工作环境的影响下降 0.714。不同学校国家级学业奖学金获得情况对专业匹配度有调节效应，学校水平越高，学生每多获得一单位国家级学业奖学金对专业匹配度的影响越大。不同学校学生计算机水平对能力匹配度有调节效应，如果学校水平高，学生计算机水平每多增加一单位，对能力匹配度的影响为 −1.076+0.397=−0.679，即降低了能力匹配度；如果学校水平低，学生计算机水平每多增加一单位，对能力匹配度的影响为 −1.076。不同学校国家级学业奖学金获得情况对能力匹配度有调节效应，学校水平越高，学生每多获得一单位国家级学业奖学金对能力匹配度的影响越大。不同学校学生国家级学业奖学金获得情况对期望匹配度有调节效应，学校水平越高，学生每多获得一单位国家级学业奖学金对期望匹配度的影响越大。不同学校学生计算机水平对工作满意度有调节效应，如果学校水平高，学生计算机水平每多增加一单位对工作满意度的影响为 $-0.698+0.370=-0.328$，即降低了工作满意度；如果学校水平低，学生计算机水平每多增加一单位对工作满意度的影响为 -0.698。不同学校学生学习成绩对单位认可度有调节效应，如果学校水平高，学生学习成绩每多增加一单位对单位认可度的影响为 $-1.612+0.654=-0.958$，即降低了单位认可度；如果学校水平低，学生学习成绩每多增加一单位对单位认可度的影响为 -1.612。不同学校学生计算机水平对单位认可度有调节效应，如果学校水平高，学生计算机水平每多增加一单位对单位认可度的影响为 $-1.015+0.325=-0.690$，即降低了单位认可度；如果学校水平低，学生计算机水平每多增加一单位对单位认可度的影响为 -1.015，说明随着计算机水平的提高，虽然单位认可度在下降，但是好学校的学生对单位认可度仍然会比不好的学校高。不同学校学生省级专业技能奖学金获得情况对单位认可度没有调节效应，即无论学校水平高低，学生每多获得一单位省级专业技能奖学金，单位认可度上升 0.656。不同学校学生国家级学业奖学金获得情况对单位认可度有调节效应，学校水平越高，学生每多获得一单位国家级学业奖学金对单位认可度的影响越大。不同学校学生计算机水平对岗位认可度有调节效应，如果学校水平高，学生计算机水平每多增加一单位对岗位认可度的影响为 $-1.059+0.342=-0.717$，即降低了岗位认可度；如果学校水平低，学生计算机水平每多增加一单位对岗位认可度的影响为 -1.059，说明随着学生计算机水平的提高，虽然岗位认可度在下降，但是好学校的学生对岗位的认可度仍然比不好的学校高。不同学校学生省级专业技能奖学金获得情况对岗位认可度没有调节效应，即无论学校水平高低，学生每多获得一单位省级专业技能奖学金，岗位认可度上升 0.717。不同学校国家级学业奖学金获得情况对岗位认可度有调节效应，学校水平越高，学生每多获得一单位国家级学业奖学金对岗位认可度的影响越大。

（二）实践性人力资本对就业质量影响中的调节机制分析

1. 以独生子女为调节变量

首先，独生子女是否会影响实践性人力资本对工作城市条件和工作薪资水平的影响程度，这里引入了独生子女与实践性人力资本各指标的交乘项进行 OLS 回归，以此来判断是否存在独生子女导致实践性人力资本对工作城市条件及工作薪资水平的差异化影响。

表 4-13 独生子女在实践性人力资本对工作城市条件和工作薪资水平影响中的调节效应

实践性人力资本	工作城市条件	工作薪资水平
学生干部	0.714	−1.199
	(0.99)	(−0.59)
大学期间参加学生社团个数	0.0680*	−0.109
	(1.79)	(−1.02)
大学期间参加院级学生社团活动次数	−0.0664	0.532***
	(−1.47)	(4.23)
独立组织学生院级活动的次数	−0.0679	0.585
	(−0.47)	(1.46)
平均每月从事校内兼职的次数	−0.0115	0.439**
	(−0.16)	(2.16)
平均每月从事校外兼职的次数	0.150**	0.586***
	(1.99)	(2.78)
学生干部 * 独生子女	−1.180	−2.005
	(−1.20)	(−0.73)
大学期间参加学生社团个数 * 独生子女	−0.174	−0.226
	(−0.70)	(−0.33)
大学期间参加院级学生社团活动次数 * 独生子女	0.110*	−0.160
	(1.89)	(−0.99)
独立组织学生院级活动的次数 * 独生子女	−0.0166	0.0465
	(−0.10)	(0.10)
平均每月从事校内兼职的次数 * 独生子女	−0.0155	−0.439
	(−0.15)	(−1.51)
平均每月从事校外兼职的次数 * 独生子女	−0.0515	−0.615**
	(−0.49)	(−2.09)

续　表

实践性人力资本	工作城市条件	工作薪资水平
独生子女	−0.0873	4.037*
	(−0.11)	(1.79)
截距	7.742***	5.473***
	(13.82)	(3.50)

注：OLS 回归的回归系数估计，"（）"内为回归系数估计的标准误。标 * 为 10% 显著性水平下显著，** 为 5% 显著性水平下显著，*** 为 1% 显著性水平下显著，工作城市条件根据所在工作城市 GDP 进行衡量。

由表 4-13 可知，独生子女大学期间参加学生社团个数对工作城市条件没有调节效应，即无论是否是独生子女，学生每多参加一单位学生社团，对工作城市条件的影响上升 0.0680。独生子女平均每月从事校外兼职次数对工作城市条件没有调节效应，即无论是否是独生子女，学生平均每月每多从事一单位校外兼职，对工作城市条件的影响上升 0.150。独生子女大学期间参加院级学生社团活动次数对工作城市条件有调节效应，独生子女大学期间参加院级学生社团活动对其工作城市条件的影响会上升。独生子女大学期间参加院级学生社团活动次数对工作薪资水平没有调节效应，即无论是否是独生子女，学生每多参加一单位院级学生社团活动，工作薪资水平上升 0.532。独生子女平均每月从事校内兼职次数对工作薪资水平没有调节效应，即无论是否是独生子女，学生平均每月每多从事一单位校内兼职，工作薪资水平上升 0.439。独生子女平均每月从事校外兼职的次数对工作薪资水平有调节效应，独生子女每多从事一单位校外兼职，对工作薪资水平的影响为 0.586−0.615=−0.029，即降低了工作薪资水平，非独生子女每多从事一单位校外兼职对工作薪资水平的影响为 0.586，说明非独生子女从事校外兼职会获得比独生子女更高的工作薪资水平。

其次，独生子女是否会影响实践性人力资本对工作单位类型的影响程度，这里引入了独生子女与实践性人力资本各指标的交乘项进行无序 Logit 回归，以此来判断是否存在独生子女导致实践性人力资本对工作单位类型的差异化影响。被解释变量工作单位类型取"国有企业、事业单位、中初教育单位"作为参照值。

表 4-14 独生子女在实践性人力资本对工作单位类型影响中的调节效应

实践性人力资本	工作单位类型				
	政府机关、城镇社区、农村建制村委会、部队	国有企业、事业单位、中初教育单位	高等教育单位、科研设计单位、医疗卫生单位	三资企业及其他企业	其他
学生干部	0.142	0	1.702*	0.0967	0.138
	(0.24)	(.)	(1.96)	(0.20)	(0.21)
大学期间参加学生社团个数	0.162	0	−0.0972	0.110	0.113
	(1.04)	(.)	(−0.33)	(0.71)	(0.63)
大学期间参加院级学生社团活动次数	0.0366	0	−0.0553	−0.0432	0.0737**
	(0.97)	(.)	(−0.82)	(−1.01)	(2.01)
独立组织学生院级活动的次数	−0.0164	0	−0.0421	−0.127	−0.248
	(−0.17)	(.)	(−0.33)	(−1.07)	(−1.34)
平均每月从事校内兼职的次数	0.00248	0	0.104	0.0698	−0.0168
	(0.03)	(.)	(1.53)	(1.19)	(−0.15)
平均每月从事校外兼职的次数	−0.166	0	−0.190	−0.0322	−0.188
	(−1.44)	(.)	(−1.18)	(−0.73)	(−1.45)
学生干部 * 独生子女	−1.163	0	−3.184***	−1.543**	0.179
	(−1.44)	(.)	(−2.90)	(−2.27)	(0.20)
大学期间参加学生社团个数 * 独生子女	−0.220	0	0.391	−0.289	−0.243
	(−0.89)	(.)	(1.05)	(−1.21)	(−0.87)
大学期间参加院级学生社团活动次数 * 独生子女	−0.0110	0	0.158**	0.0754	−0.185**
	(−0.21)	(.)	(2.08)	(1.47)	(−2.32)
独立组织学生院级活动的次数 * 独生子女	0.0793	0	−0.0533	0.160	0.355*
	(0.61)	(.)	(−0.32)	(1.10)	(1.70)
平均每月从事校内兼职的次数 * 独生子女	0.140	0	0.103	0.0289	0.117
	(1.11)	(.)	(0.92)	(0.28)	(0.85)
平均每月从事校外兼职的次数 * 独生子女	−0.0532	0	−0.334	−0.0920	0.159
	(−0.33)	(.)	(−1.27)	(−1.07)	(1.12)

续 表

实践性人力资本	工作单位类型				
	政府机关、城镇社区、农村建制村委会、部队	国有企业、事业单位、中初教育单位	高等教育单位、科研设计单位、医疗卫生单位	三资企业及其他企业	其他
独生子女	0.882	0	0.883	0.650	0.127
	(1.32)	(.)	(0.89)	(1.15)	(0.16)
截距	−0.848*	0	−1.846**	0.0417	−0.923*
	(−1.76)	(.)	(−2.29)	(0.11)	(−1.81)

注：无序 Logit 回归的回归系数估计，括号"（）"内为回归系数估计的标准误。标*为10%显著性水平下显著，**为5%显著性水平下显著，***为1%显著性水平下显著。参照值的回归系数设置为0，无须计算标准误，因此标记为"（.）"。

由表 4-14 可知，相对于国有企业、事业单位、中初教育单位，独生子女选择高等教育单位、科研设计单位、医疗卫生单位的工作的回归系数为 1.702—3.184，说明独生子女有学生干部经历倾向于选择国有企业、事业单位、中初教育单位的工作，非独生子女选择高等教育单位、科研设计单位、医疗卫生单位的工作的回归系数为 1.702，说明非独生子女有学生干部经历倾向于选择高等教育单位、科研设计单位、医疗卫生单位的工作。相对于国有企业、事业单位、中初教育单位，独生子女大学期间参加院级学生社团活动次数越多越倾向于选择高等教育单位、科研设计单位、医疗卫生单位的工作。相对于国有企业、事业单位、中初教育单位，独生子女有学生干部经历不倾向于选择三资企业及其他企业的工作。相对于国有企业、事业单位、中初教育单位，非独生子女大学期间参加院级学生社团活动次数越多越倾向于选择其他单位类型的工作。相对于国有企业、事业单位、中初教育单位，独生子女选择其他单位类型的工作的回归系数为 0.0737—0.185，说明独生子女大学期间参加院级学生社团活动次数越多越倾向于选择其他单位类型的工作，非独生子女选择其他单位类型的工作的回归系数为 0.0737，说明非独生子女大学期间参加院级学生社团活动次数越多越倾向于选择其他单位类型的工作。相对于国有企业、事业单位、中初教育单位，独生子女独立组织学生院级活动的次数越多越倾向于选择其他单位类型的工作。

最后，独生子女是否会影响实践性人力资本对其他就业质量指标的影响程度，这里引入了独生子女与实践性人力资本各指标的交乘项，将除工作城市条件、工作薪资水平、工作单位类型之外的其他各就业质量指标分别作为被解释变量，进行有序 Logit 回归，以此来判断是否存在独生子女导致实践性人力资本对其他各就业质量指标的差异化影响。

表 4 - 15　独生子女在实践性人力资本对其他就业质量指标影响中的调节效应

实践性人力资本	工作稳定性	工作环境	专业匹配度	能力匹配度	期望匹配度	工作满意度	单位认可度	岗位认可度
学生干部	−0.0493	0.222	−0.0723	0.317	0.401	0.855**	0.741**	0.448
	(−0.15)	(0.65)	(−0.21)	(0.91)	(1.18)	(2.42)	(2.10)	(1.30)
大学期间参加学生社团个数	0.0323	0.0316	0.0196	0.0317	0.0363	0.0312	0.0212	0.0267
	(0.86)	(1.01)	(0.79)	(1.06)	(0.95)	(1.00)	(0.78)	(0.83)
大学期间参加院级学生社团活动次数	−0.000103	−0.0234	0.0168	0.0130	0.00706	−0.00467	−0.00551	0.00395
	(−0.01)	(−0.92)	(0.79)	(0.60)	(0.33)	(−0.20)	(−0.25)	(0.18)
独立组织学生院级活动的次数	0.0274	0.0517	−0.0732	−0.105	−0.119*	−0.122*	−0.117*	−0.105
	(0.43)	(0.75)	(−1.13)	(−1.40)	(−1.78)	(−1.74)	(−1.69)	(−1.54)
平均每月从事校内兼职的次数	−0.0137	−0.0213	−0.00643	−0.0471	−0.0417	−0.0298	0.00465	−0.00114
	(−0.45)	(−0.67)	(−0.17)	(−1.29)	(−1.24)	(−0.82)	(0.14)	(−0.03)
平均每月从事校外兼职的次数	0.00418	0.00861	0.0656*	0.0747	0.0677*	0.0738*	0.0355	0.0510
	(0.13)	(0.23)	(1.68)	(1.63)	(1.74)	(1.65)	(0.88)	(1.40)
学生干部*独生子女	0.506	0.189	−0.377	0.0760	0.249	−0.344	0.00458	0.306
	(1.10)	(0.41)	(−0.82)	(0.16)	(0.53)	(−0.73)	(0.01)	(0.65)
大学期间参加学生社团个数*独生子女	0.134	−0.0777	−0.0570	−0.0398	−0.252**	−0.210	−0.222*	−0.262**
	(1.05)	(−0.63)	(−0.52)	(−0.34)	(−2.09)	(−1.78)	(−1.87)	(−2.16)
大学期间参加院级学生社团活动次数*独生子女	0.00493	0.00437	−0.0133	−0.0341	−0.00779	0.00394	0.00442	−0.00790
	(0.18)	(0.14)	(−0.49)	(−1.24)	(−0.28)	(0.14)	(0.16)	(−0.28)
独立组织学生院级活动的次数*独生子女	−0.0201	0.0180	0.165**	0.188**	0.185**	0.188**	0.150*	0.165**
	(−0.26)	(0.22)	(1.99)	(2.16)	(2.25)	(2.23)	(1.84)	(2.01)
平均每月从事校内兼职的次数*独生子女	0.0429	0.117**	0.119*	0.155**	0.170**	0.139**	0.137**	0.130**
	(0.94)	(2.08)	(1.94)	(2.44)	(2.70)	(2.40)	(2.02)	(1.98)
平均每月从事校外兼职的次数*独生子女	−0.0523	−0.0482	−0.114*	−0.00780	−0.104*	−0.119**	−0.0479	−0.0649
	(−1.13)	(−0.91)	(−1.96)	(−0.13)	(−1.80)	(−2.01)	(−0.87)	(−1.26)

续　表

实践性人力资本	工作稳定性	工作环境	专业匹配度	能力匹配度	期望匹配度	工作满意度	单位认可度	岗位认可度
独生子女	−0.245	−0.0244	−0.0748	−0.333	−0.301	0.246	0.243	−0.190
	(−0.64)	(−0.06)	(−0.20)	(−0.86)	(−0.79)	(0.64)	(0.62)	(−0.49)

注：有序 Logit 回归的回归系数估计，"（）"内为回归系数估计的标准误。工作稳定性分为非常稳定、很稳定、一般、很不稳定、非常不稳定。工作环境分为非常好、很好、一般、很不好、非常不好。专业匹配度分为非常匹配、很匹配、一般、很不匹配、非常不匹配。能力匹配度分为非常匹配、很匹配、一般、很不匹配、非常不匹配。期望匹配度分为非常匹配、很匹配、一般、很不匹配、非常不匹配。工作满意度分为非常满意、很满意、一般、很不满意、非常不满意。单位认可度分为非常认可、很认可、一般、很不认可、非常不认可。岗位认可度分为非常认可、很认可、一般、很不认可、非常不认可。标 * 为 10% 显著性水平下显著，** 为 5% 显著性水平下显著，*** 为 1% 显著性水平下显著。

由表 4-15 可知，独生子女平均每月从事校内兼职的次数对工作环境有调节效应，独生子女平均每月每多从事一单位校内兼职对工作环境水平的影响会上升 0.117。独生子女平均每月从事校外兼职的次数对专业匹配度有调节效应，独生子女平均每月每多从事一单位校外兼职对专业匹配度的影响为 0.0656−0.114=−0.0484，即降低了专业匹配度，非独生子女平均每月每多从事一单位校外兼职对专业匹配度的影响为 0.0656，说明非独生子女参加校外兼职会获得比独生子女更高的专业匹配度。独生子女独立组织学生院级活动次数对专业匹配度有调节效应，相对于非独生子女，独生子女独立组织学生院级活动对其专业匹配度的影响会上升。独生子女平均每月从事校内兼职次数对专业匹配度有调节效应，相对于非独生子女，独生子女平均每月从事校内兼职对其专业匹配度的影响会上升。独生子女独立组织学生院级活动次数对能力匹配度有调节效应，相对于非独生子女，独生子女独立组织学生院级活动对其能力匹配度的影响会上升。独生子女平均每月从事校内兼职次数对能力匹配度有调节效应，相对于非独生子女，独生子女平均每月从事校内兼职对其能力匹配度的影响会上升。独生子女独立组织学生院级活动的次数对期望匹配度有调节效应，独生子女每多独立组织一单位学生院级活动对期望匹配度的影响为 −0.119+0.185=0.066，即提高了期望匹配度，非独生子女每多独立组织一单位学生院级活动对期望匹配度的影响为 −0.119，说明非独生子女独立组织学生院级活动次数越多，相较于独生子女，其期望匹配度越低。独生子女平均每月从事校外兼职的次数对期望匹配度有调节效应，独生子女平均每月每多从事一单位校外兼职对学生期望匹配度的影响为 $0.0677-0.104=-0.0363$，即降低了期望匹配度，非独生子女平均每月每多从事一单位校外兼职对期望匹配度的影响为 0.0677，说明非独生子女每月多从事一单位校外兼职，其期望匹配度比独生子女高。独生子女大学期间参加学生社团个数对期望匹配度有调节效应，独生子女大学期间参加学生社团对其期望匹配度的影响会下降。独生子女平均每月从事校内兼职次数对期望匹配度有调节效应，独生子女平均每月从事校内兼职对其期望匹配度的影响会上升。独生子女担任学生干部对工作满意度没有调节效应，即无论是否是独生子女，学生每多担任一单位学生干部，工作满意度上升 0.855。独生子女独立组织学生院级活动的次数对工作满意度有调节效应，独生子女每多独立组织一单位学生院级活动对工作满意度的影响为 $-0.122+0.188=0.066$，即提高了工作满意度，非独生子女每多独立组织一单位学生院级活动对工作满意度的影响为 -0.122，说明非独生子女每多独立组织一单位学生院级活动对工作满意度的影响相较于独生子女小。独生子女平均每月从事校外兼职的次数对工作满意度有调节效应，独生子女平均每月每多从事一单位校外兼职对工作满意度的影响为 $0.0738-0.119=-0.0152$，即降低了工作满意度。非独生子女平均每月每多从事一单位校外兼职对工作满意度的影响为 0.0738，说明非独生子女平均每月每多从事一单位校外兼职对工作满意度的影响相较于独生子女要大。独生子女大学期间参加学生社团个数对工作满意度有调节效应，独生子女大学期间参加学生社团对其工作满意度的影响会下降。独生子女平均每月从事校内兼职的次数对工作满意度有调节效应，独生子女平均每月从事校内兼职对其工作满意度的影响会上升。独生子女担任学生干部对单位认可度没有调节效应，即无论是否是独生子女，学生每多担任一单位学生干部，单位认可度上升 0.741。独生子女独立组织学生院级活动的次数对单位认可度有调节效应，独生子女每多独立组织一单位学生院级活动对单位认可度的影响为 $-0.117+0.150=0.043$，即提高了单位认可度，非独生子女每多独立组织一单位学生院级活动对单位认可度的影响为 -0.117，说明非独生子女每多独立组织一单位学生院级活动对单位认可度的影响相较于独生子女要小。独生子女大学期间参加学生社团个数对单位认可度有调节效应,独生子女大学期间参加学生社团对其单位认可度的影响会下降。独生子女平均每月从事校内兼职的次数对单位认可度有调节效应,独生子女平均每月从事校内兼职对其单位认可度的影响会上升。独生子女大学期间参加学生社团个数对岗位认可度有调节效应,独生子女大学期间参加学生社团对其岗位认可度的影响会下降。独生子女独立组织学生院级活动的次数对岗位认可度有调节效应,独生子女独立组织学生院级活动对其岗位认可度的影响会上升。独生子女平均每月从事校内兼职的次数对岗位认可度有调节效应,独生子女平均每月从事校内兼职对其岗位认可度的影响会上升。

2. 以贫困生为调节变量

首先,贫困生是否会影响实践性人力资本对工作城市条件和工作薪资水平的影响程度,这里引入了贫困生与实践性人力资本各指标的交乘项进行OLS回归,以此来判断是否存在贫困生导致实践性人力资本对工作城市条件及工作薪资水平的差异化影响。

表 4-16 贫困生在实践性人力资本对工作城市条件和工作薪资水平影响中的调节效应

实践性人力资本	工作城市条件	工作薪资水平
学生干部	-0.300	-0.902
	(-0.51)	(-0.55)
大学期间参加学生社团个数	0.0825**	-0.0799
	(2.22)	(-0.77)
大学期间参加院级学生社团活动次数	0.000209	0.540***
	(0.01)	(5.79)
独立组织学生院级活动的次数	0.0296	-0.0964
	(0.25)	(-0.30)
平均每月从事校内兼职的次数	-0.128*	0.109
	(-1.77)	(0.54)
平均每月从事校外兼职的次数	0.263***	0.439**
	(3.64)	(2.17)
学生干部 * 贫困生	-0.217	-3.925
	(-0.20)	(-1.31)

续　表

实践性人力资本	工作城市条件	工作薪资水平
大学期间参加学生社团个数*贫困生	0.244	1.300
	(0.72)	(1.36)
大学期间参加院级学生社团活动次数*贫困生	0.0379	-0.313*
	(0.64)	(-1.89)
独立组织学生院级活动的次数*贫困生	-0.172	1.221***
	(-1.08)	(2.74)
平均每月从事校内兼职的次数*贫困生	0.184*	0.183
	(1.76)	(0.62)
平均每月从事校外兼职的次数*贫困生	-0.314***	-0.365
	(-2.90)	(-1.20)
贫困生	-0.475	-2.041
	(-0.50)	(-0.76)
截距	7.679***	7.662***
	(17.18)	(6.12)

注：OLS 回归的回归系数估计，"()" 内为回归系数估计的标准误。标 * 为 10% 显著性水平下显著，** 为 5% 显著性水平下显著，*** 为 1% 显著性水平下显著，工作城市条件根据所在工作城市 GDP 进行衡量。

由表 4-16 可知，贫困生大学期间参加学生社团个数对工作城市条件没有调节效应，即无论是否是贫困生，学生每多参加一单位学生社团对工作城市条件的影响提高 0.0825。贫困生平均每月从事校内兼职的次数对工作城市条件有调节效应，贫困生每多从事一单位校内兼职对工作城市条件的影响为 -0.128+0.184=-0.056，即提高了工作城市条件，非贫困生每多从事一单位校内兼职对工作城市条件的影响为 -0.128，说明非贫困生每多从事一单位校内兼职对工作城市条件的影响相较于贫困生要小。贫困生平均每月从事校外兼职的次数对工作城市条件有调节效应，贫困生每多从事一单位校外兼职对工作城市条件的影响为 0.263-0.314=-0.051，即降低了工作城市条件，非贫困生每多从事一单位校外兼职对工作城市条件的影响为 0.263，比贫困生要大。贫困生大学期间参加院级学生社团活动次数对工作薪资水平有调节效应，贫困生每多参加一单位院级学生社团活动对工作薪资水平的影响为

0.540－0.313＝－0.22，即降低了工作薪资水平，非贫困生每多参加一单位院级学生社团活动对工作薪资水平的影响为0.540。贫困生平均每月从事校外兼职次数对工作薪资水平没有调节效应，即无论是否是贫困生，学生平均每月每多从事一单位校外兼职对工作薪资水平的影响为0.439。贫困生独立组织学生院级活动的次数对工作薪资水平有调节效应，贫困生独立组织学生院级活动的次数对其工作薪资水平的影响会上升。

其次，贫困生是否会影响实践性人力资本对工作单位类型的影响程度，这里引入了贫困生与实践性人力资本各指标的交乘项进行无序Logit回归，以此来判断是否存在贫困生导致实践性人力资本对工作单位类型的差异化影响。被解释变量工作单位类型取"国有企业、事业单位、中初教育单位"作为参照值。

表4-17 贫困生在实践性人力资本对工作单位类型影响中的调节效应

实践性人力资本	工作单位类型				
	政府机关、城镇社区、农村建制村委会、部队	国有企业、事业单位、中初教育单位	高等教育单位、科研设计单位、医疗卫生单位	三资企业及其他企业	其他
学生干部	－0.204	0	－0.563	－0.750*	0.632
	(－0.43)	(.)	(－0.96)	(－1.89)	(1.21)
大学期间参加学生社团个数	0.102	0	0.0723	－0.0983	－0.109
	(0.75)	(.)	(0.51)	(－0.67)	(－0.65)
大学期间参加院级学生社团活动次数	0.0280	0	0.0664**	－0.0158	0.00460
	(0.92)	(.)	(2.24)	(－0.51)	(0.17)
独立组织学生院级活动的次数	－0.117	0	0.0953	0.00748	－0.0179
	(－0.93)	(.)	(0.95)	(0.09)	(－0.21)
平均每月从事校内兼职的次数	0.104	0	0.134*	0.0165	0.0664
	(1.43)	(.)	(1.82)	(0.23)	(1.02)
平均每月从事校外兼职的次数	－0.291**	0	－0.412**	－0.0142	0.00680
	(－2.29)	(.)	(－2.45)	(－0.27)	(0.13)
学生干部*贫困生	－0.390	0	0.991	－0.222	－1.504
	(－0.45)	(.)	(0.84)	(－0.29)	(－1.52)

续 表

实践性人力资本	工作单位类型				
	政府机关、城镇社区、农村建制村委会、部队	国有企业、事业单位、中初教育单位	高等教育单位、科研设计单位、医疗卫生单位	三资企业及其他企业	其他
大学期间参加学生社团个数*贫困生	−0.155	0	−0.0961	0.414	0.208
	(−0.51)	(.)	(−0.23)	(1.49)	(0.55)
大学期间参加院级学生社团活动次数*贫困生	−0.0157	0	−0.0621	0.0611	0.0548
	(−0.31)	(.)	(−0.78)	(1.30)	(0.87)
独立组织学生院级活动的次数*贫困生	0.156	0	−0.396	−0.0885	−0.117
	(1.03)	(.)	(−1.24)	(−0.71)	(−0.68)
平均每月从事校内兼职的次数*贫困生	−0.0840	0	0.0111	0.0725	−0.0493
	(−0.75)	(.)	(0.10)	(0.73)	(−0.33)
平均每月从事校外兼职的次数*贫困生	0.196	0	0.205	−0.123	−0.450*
	(1.32)	(.)	(0.84)	(−1.22)	(−1.66)
贫困生	0.810	0	0.146	−0.150	1.259
	(1.05)	(.)	(0.14)	(−0.22)	(1.40)
截距	−0.591	0	−1.208***	0.328	−1.256***
	(−1.52)	(.)	(−2.61)	(1.04)	(−2.69)

注：无序 Logit 回归的回归系数估计，"（）"内为回归系数估计的标准误。标 * 为 10% 显著性水平下显著，* * 为 5% 显著性水平下显著，* * * 为 1% 显著性水平下显著。参照值的回归系数设置为 0，无须计算标准误，因此标记为"（.）"。

由表 4-17 可知，相对于国有企业、事业单位、中初教育单位，非贫困生平均每月从事校外兼职次数越多越倾向于选择政府机关、城镇社区、农村建制村委会、部队的工作。相对于国有企业、事业单位、中初教育单位，非贫困生大学期间参加院级学生社团活动次数越多越倾向于选择高等教育单位、科研设计单位、医疗卫生单位的工作。相对于国有企业、事业单位、中初教育单位，非贫困生平均每月从事校内兼职的次数越多越倾向于选择高等教育单位、科研设计单位、医疗卫生单位的工作。相对于国有企业、事业单位、中初教育单位，非贫困生平均每月从事校外兼职的次数越少越倾向于选择高等教育单位、科研设计单位、医疗卫生单位的工作。相对于国有企业、事业单位、中初教育单位，非贫困生有学生干部经历不倾向于选择三资企业及其他企业的工作。相对于国有企业、事业单位、中初教育单位，贫困生平均每月从事校外兼职的次数越少越倾向于选择其他单位类型的工作。

最后，贫困生是否会影响实践性人力资本对其他就业质量指标的影响程度，这里引入了贫困生与实践性人力资本各指标的交乘项，将除工作城市条件、工作薪资水平、工作单位类型之外的其他各就业质量指标分别作为被解释变量，进行有序 Logit 回归，以此来判断是否存在贫困生导致实践性人力资本对其他各就业质量指标的差异化影响。

表 4-18　贫困生在实践性人力资本对其他就业质量指标影响中的调节效应

实践性人力资本	工作稳定性	工作环境	专业匹配度	能力匹配度	期望匹配度	工作满意度	单位认可度	岗位认可度
学生干部	0.289	0.208	−0.194	0.660**	0.545*	0.425	0.805***	0.649**
	(1.04)	(0.74)	(−0.71)	(2.29)	(1.93)	(1.51)	(2.82)	(2.29)
大学期间参加学生社团个数	0.0449	0.0148	0.00711	0.00161	0.00423	0.00289	−0.00288	0.00150
	(0.59)	(0.46)	(0.28)	(0.05)	(0.17)	(0.11)	(−0.11)	(0.06)
大学期间参加院级学生社团活动次数	0.00875	−0.0240	0.00119	−0.0221	−0.00858	−0.0109	−0.0152	−0.0111
	(0.56)	(−1.45)	(0.08)	(−1.37)	(−0.52)	(−0.68)	(−0.91)	(−0.66)
独立组织学生院级活动的次数	0.0108	0.0539	0.0480	0.0116	0.0156	0.0295	−0.0340	−0.00981
	(0.20)	(0.95)	(0.88)	(0.20)	(0.29)	(0.52)	(−0.60)	(−0.17)
平均每月从事校内兼职的次数	0.0230	0.0758*	0.101**	0.155**	0.0997**	0.136***	0.138**	0.120**
	(0.70)	(1.78)	(2.25)	(2.57)	(2.09)	(2.63)	(2.48)	(2.34)
平均每月从事校外兼职的次数	−0.0529*	−0.0147	−0.00971	0.0156	0.0286	−0.0197	−0.0262	−0.00558
	(−1.66)	(−0.40)	(−0.28)	(0.38)	(0.82)	(−0.52)	(−0.68)	(−0.16)
学生干部*贫困生	−0.0705	0.415	−0.158	−0.809	−0.366	0.585	−0.110	−0.101
	(−0.14)	(0.82)	(−0.32)	(−1.59)	(−0.73)	(1.15)	(−0.22)	(−0.20)
大学期间参加学生社团个数*贫困生	0.0489	−0.0323	−0.0427	0.0284	−0.0184	−0.0550	−0.181	−0.130
	(0.28)	(−0.20)	(−0.28)	(0.19)	(−0.11)	(−0.32)	(−1.10)	(−0.77)
大学期间参加院级学生社团活动次数*贫困生	−0.0267	−0.00241	0.0167	0.0262	0.0181	0.0119	0.0197	0.0105
	(−0.96)	(−0.08)	(0.64)	(0.95)	(0.67)	(0.44)	(0.72)	(0.38)
独立组织学生院级活动的次数*贫困生	0.0524	0.0309	−0.0336	0.0238	−0.00771	−0.00930	0.0576	0.0480
	(0.69)	(0.40)	(−0.46)	(0.31)	(−0.11)	(−0.12)	(0.76)	(0.63)

续表

实践性人力资本	工作稳定性	工作环境	专业匹配度	能力匹配度	期望匹配度	工作满意度	单位认可度	岗位认可度
平均每月从事校内兼职的次数 * 贫困生	−0.0340	−0.0860	−0.107*	−0.218***	−0.128**	−0.186***	−0.128**	−0.112*
	(−0.74)	(−1.59)	(−1.81)	(−3.08)	(−2.14)	(−2.89)	(−1.97)	(−1.74)
平均每月从事校外兼职的次数 * 贫困生	0.0740	0.00481	0.0598	0.0785	−0.0170	0.0637	0.0675	0.0557
	(1.46)	(0.09)	(1.06)	(1.23)	(−0.29)	(1.06)	(1.21)	(1.02)
贫困生	−0.342	−0.561	0.0865	0.334	0.149	−0.459	−0.196	−0.0980
	(−0.75)	(−1.26)	(0.19)	(0.74)	(0.33)	(−1.00)	(−0.42)	(−0.21)

注：有序Logit回归的回归系数估计，括号"（）"内为回归系数估计的标准误。工作稳定性分为非常稳定、很稳定、一般、很不稳定、非常不稳定。工作环境分为非常好、很好、一般、很不好、非常不好。专业匹配度分为非常匹配、很匹配、一般、很不匹配、非常不匹配。能力匹配度分为非常匹配、很匹配、一般、很不匹配、非常不匹配。期望匹配度分为非常匹配、很匹配、一般、很不匹配、非常不匹配。工作满意度分为非常满意、很满意、一般、很不满意、非常不满意。单位认可度分为非常认可、很认可、一般、很不认可、非常不认可。岗位认可度分为非常认可、很认可、一般、很不认可、非常不认可。标 * 为10%显著性水平下显著，** 为5%显著性水平下显著，*** 为1%显著性水平下显著。

由表4-18可知，贫困生平均每月从事校外兼职的次数对工作稳定性没有调节效应，即无论是否是贫困生，学生平均每月每多从事一单位校外兼职，工作稳定性下降0.0529。贫困生平均每月从事校内兼职的次数对工作环境没有调节效应，即无论是否是贫困生，学生平均每月每多从事一单位校内兼职对工作环境的影响上升0.0758。贫困生平均每月从事校内兼职的次数对专业匹配度没有调节效应，即无论是否是贫困生，学生平均每月每多从事一单位校内兼职对专业匹配度的影响上升0.101。贫困生担任学生干部对能力匹配度没有调节效应，即无论是否是贫困生，学生每多担任一单位学生干部对能力匹配度的影响上升0.660。贫困生平均每月从事校内兼职的次数对能力匹配度有调节效应，贫困生平均每月每多从事一单位校内兼职对能力匹配度的影响为0.155−0.218＝−0.063，即降低了能力匹配度，非贫困生平均每月每多从事一单位校内兼职对能力匹配度的影响为0.155。贫困生担任学生干部对期望匹配度没有调节效应，即无论是否是贫困生，学生每多担任一单位学生干部对期望匹配度的影响上升0.545。贫困生平均每月从事校内兼职的次数对期望匹配度有调节效应，贫困生平均每月每多从事一单位校内兼职对期望匹配度的影响为 0.0997－0.128＝－0.0283，即降低了期望匹配度，非贫困生平均每月每多从事一单位校内兼职对期望匹配度的影响为 0.0997，非贫困生平均每月每多从事一单位校内兼职对期望匹配度的影响相较于贫困生要大。贫困生平均每月从事校内兼职的次数对工作满意度有调节效应，贫困生平均每月每多从事一单位校内兼职对工作满意度的影响为 0.136－0.186＝－0.05，即降低了工作满意度，非贫困生平均每月每多从事一单位校内兼职对工作满意度的影响为 0.136，非贫困生平均每月每多从事一单位校内兼职对工作满意度的影响相较于贫困生要大。贫困生平均每月从事校内兼职的次数对单位认可度有调节效应，贫困生平均每月每多从事一单位校内兼职对单位认可度的影响为 0.138－0.128＝－0.01，即提高了单位认可度，非贫困生平均每月每多从事一单位校内兼职对单位认可度的影响为 0.138，非贫困生平均每月每多从事一单位校内兼职对单位认可度的影响相较于贫困生要大。贫困生平均每月从事校内兼职的次数对岗位认可度有调节效应，贫困生平均每月每多从事一单位校内兼职对岗位认可度的影响为 0.120－0.112＝－0.008，即提高了岗位认可度，非贫困生平均每月每多从事一单位校内兼职对岗位认可度的影响为 0.120，非贫困生平均每月每多从事一单位校内兼职对岗位认可度的影响相较于贫困生要大。

3. 以性别为调节变量

首先，性别是否会影响实践性人力资本对工作城市条件和工作薪资水平的影响程度，这里引入了性别与实践性人力资本各指标的交乘项进行 OLS 回归，以此来判断是否存在性别导致实践性人力资本对工作城市条件及工作薪资水平的差异化影响。

表 4－19　性别在实践性人力资本对工作城市条件和工作薪资水平影响中的调节效应

实践性人力资本	工作城市条件	工作薪资水平
学生干部	－0.0175	－1.793
	（－0.03）	（－1.20）
大学期间参加学生社团个数	0.0931**	－0.0938
	（2.41）	（－0.90）

续 表

实践性人力资本	工作城市条件	工作薪资水平
大学期间参加院级学生社团活动次数	−0.0268	0.705***
	(−0.73)	(7.15)
独立组织学生院级活动的次数	0.0126	0.326
	(0.15)	(1.41)
平均每月从事校内兼职的次数	−0.102	0.353
	(−1.14)	(1.48)
平均每月从事校外兼职的次数	0.141**	0.331*
	(2.20)	(1.92)
学生干部*性别	0.0623	−0.471
	(0.06)	(−0.16)
大学期间参加学生社团个数*性别	−0.495	−0.0509
	(−1.46)	(−0.06)
大学期间参加院级学生社团活动次数*性别	0.0894	−0.667***
	(1.58)	(−4.37)
独立组织学生院级活动的次数*性别	−0.230	−0.621
	(−1.16)	(−1.17)
平均每月从事校内兼职的次数*性别	0.136	−0.284
	(1.22)	(−0.94)
平均每月从事校外兼职的次数*性别	−0.0797	−0.317
	(−0.72)	(−1.06)
性别	0.826	7.431***
	(0.88)	(2.94)
截距	7.547***	5.619***
	(16.90)	(4.68)

注：OLS回归的回归系数估计，"（）"内为回归系数估计的标准误。标*为10%显著性水平下显著，**为5%显著性水平下显著，***为1%显著性水平下显著，工作城市条件根据工作城市GDP进行衡量。

由表 4-19 可知，不同性别学生大学期间参加学生社团个数对工作城市条件没有调节效应，即无论是男生还是女生，学生每多参加一单位学生社团对工作城市条件的影响提高 0.0931。不同性别学生平均每月从事校外兼职次数对工作城市条件没有调节效应，即无论是男生还是女生，学生平均每月每多从事一单位校外兼职对工作城市条件的影响提高 0.141。不同性别学生大学期间参加院级学生社团活动次数对工作薪资水平有调节效应，男生每多参加一单位院级学生社团活动对工作薪资水平的影响为 $0.705-0.667=0.038$，即提高了工作薪资水平，女生每多参加一单位院级学生社团活动对工作薪资水平影响为 0.705，女生每多参加一单位院级学生社团活动对工作薪资水平的影响相较于男生大。这说明在求职过程中，女生参加的学生社团更加重要，这也反映了女生在就业过程中需要有比男生更多的能力体现。不同性别学生平均每月从事校外兼职次数对工作薪资水平没有调节效应，即无论是男生还是女生，学生平均每月每多从事一单位校外兼职对工作薪资水平的影响提高 0.331。

其次，性别是否会影响实践性人力资本对工作单位类型的影响程度，这里引入了性别与实践性人力资本各指标的交乘项进行无序 Logit 回归，以此来判断是否存在性别导致实践性人力资本对工作单位类型的差异化影响。被解释变量工作单位类型取"国有企业、事业单位、中初教育单位"作为参照值。

表 4-20 性别在实践性人力资本对工作单位类型影响中的调节效应

实践性人力资本	工作单位类型				
	政府机关、城镇社区、农村建制村委会、部队	国有企业、事业单位、中初教育单位	高等教育单位、科研设计单位、医疗卫生单位	三资企业及其他企业	其他
学生干部	−0.786*	0	−0.471	−0.925**	−0.317
	(−1.69)	(.)	(−0.86)	(−2.33)	(−0.66)
大学期间参加学生社团个数	0.0456	0	0.0103	0.00549	0.00229
	(0.85)	(.)	(0.11)	(0.08)	(0.02)
大学期间参加院级学生社团活动次数	0.0285	0	0.0457	−0.00691	0.0275
	(0.94)	(.)	(1.37)	(−0.23)	(0.91)

续 表

实践性人力资本	工作单位类型				
	政府机关、城镇社区、农村建制村委会、部队	国有企业、事业单位、中初教育单位	高等教育单位、科研设计单位、医疗卫生单位	三资企业及其他企业	其他
独立组织学生院级活动的次数	0.0796	0	0.0231	0.0647	−0.0170
	(1.02)	(.)	(0.26)	(0.87)	(−0.18)
平均每月从事校内兼职的次数	−0.000213	0	−0.0127	0.00671	−0.0214
	(−0.00)	(.)	(−0.13)	(0.12)	(−0.26)
平均每月从事校外兼职的次数	−0.141*	0	−0.187	−0.0691	−0.0953
	(−1.73)	(.)	(−1.55)	(−1.54)	(−1.35)
学生干部*性别	1.044	0	0.517	0.578	16.27
	(1.16)	(.)	(0.41)	(0.74)	(0.04)
大学期间参加学生社团个数*性别	0.284	0	0.457	0.122	−0.708
	(1.07)	(.)	(1.22)	(0.47)	(−1.31)
大学期间参加院级学生社团活动次数*性别	−0.00600	0	0.0426	0.0371	−0.0385
	(−0.11)	(.)	(0.79)	(0.84)	(−0.73)
独立组织学生院级活动的次数*性别	−0.398	0	−0.276	−0.377*	0.00135
	(−1.62)	(.)	(−1.11)	(−1.69)	(0.01)
平均每月从事校内兼职的次数*性别	0.329*	0	0.439**	0.324*	0.268
	(1.74)	(.)	(2.19)	(1.82)	(1.31)
平均每月从事校外兼职的次数*性别	−0.154	0	−0.529	0.0225	0.304*
	(−0.76)	(.)	(−1.18)	(0.26)	(1.82)
性别	−0.744	0	−1.474	−0.865	−16.36
	(−1.02)	(.)	(−1.40)	(−1.42)	(−0.04)
截距	−0.235	0	−0.790*	0.506	−0.421
	(−0.64)	(.)	(−1.76)	(1.60)	(−1.06)

注：无序 Logit 回归的回归系数估计，"( )"内为回归系数估计的标准误。标*为10%显著性水平下显著，**为5%显著性水平下显著，***为1%显著性水平下显著。参照值的回归系数设置为0，无须计算标准误，因此标记为"(.)"。

由表 4-20 可知，相对于国有企业、事业单位、中初教育单位，女生有学生干部经历不倾向于选择政府机关、城镇社区、农村建制村委会、部队的工作。相对于国有企业、事业单位、中初教育单位,女生平均每月从事校外兼职次数越少越倾向于选择政府机关、城镇社区、农村建制村委会、部队的工作。相对于国有企业、事业单位、中初教育单位,男生平均每月从事校内兼职次数越多越倾向于选择高等教育单位、科研设计单位、医疗卫生单位的工作。相对于国有企业、事业单位、中初教育单位,女生有学生干部经历不倾向于选择三资企业及其他企业的工作。相对于国有企业、事业单位、中初教育单位,男生独立组织学生院级活动的次数越少越倾向于选择三资企业及其他企业的工作。相对于国有企业、事业单位、中初教育单位,男生平均每月从事校外兼职的次数越多越倾向于选择其他单位类型的工作。

最后,性别是否会影响实践性人力资本对其他就业质量指标的影响程度,这里引入了性别与实践性人力资本各指标的交乘项,将除工作城市条件、工作薪资水平、工作单位类型之外的其他各就业质量指标分别作为被解释变量,进行有序 Logit 回归,以此来判断是否存在性别导致实践性人力资本对其他各就业质量指标的差异化影响。

表 4 - 21 性别在实践性人力资本对其他就业质量指标影响中的调节效应

实践性人力资本	工作稳定性	工作环境	专业匹配度	能力匹配度	期望匹配度	工作满意度	单位认可度	岗位认可度
学生干部	0.404	0.164	-0.0301	0.320	0.565**	0.710***	0.739***	0.724***
	(1.51)	(0.63)	(-0.11)	(1.19)	(2.15)	(2.65)	(2.76)	(2.71)
大学期间参加学生社团个数	0.0579	0.0214	0.0166	0.0213	0.0202	0.0194	0.00836	0.0153
	(0.65)	(0.78)	(0.46)	(0.53)	(0.61)	(0.62)	(0.32)	(0.53)
大学期间参加院级学生社团活动次数	0.00712	-0.0192	0.00824	-0.00354	0.0101	-0.000460	0.000623	-0.00113
	(0.42)	(-1.03)	(0.47)	(-0.20)	(0.58)	(-0.03)	(0.04)	(-0.06)
独立组织学生院级活动的次数	0.0274	0.0806*	0.0569	0.0626	0.0194	0.0395	0.0242	0.0306
	(0.62)	(1.83)	(1.29)	(1.42)	(0.48)	(0.94)	(0.59)	(0.74)
平均每月从事校内兼职的次数	0.00331	0.0217	0.0992**	0.0841*	0.0468	0.0568	0.0758*	0.0609
	(0.09)	(0.57)	(2.10)	(1.80)	(1.10)	(1.32)	(1.72)	(1.41)
平均每月从事校外兼职的次数	-0.00154	-0.00199	0.00908	0.0570*	0.0447	0.0414	0.0314	0.0443
	(-0.05)	(-0.06)	(0.30)	(1.70)	(1.52)	(1.25)	(0.98)	(1.49)
学生干部*性别	-0.647	0.651	-0.651	0.373	-0.205	-0.182	0.0739	-0.421
	(-1.24)	(1.21)	(-1.24)	(0.69)	(-0.38)	(-0.35)	(0.14)	(-0.78)

续 表

实践性人力资本	工作稳定性	工作环境	专业匹配度	能力匹配度	期望匹配度	工作满意度	单位认可度	岗位认可度
大学期间参加学生社团个数*性别	−0.0144	−0.0261	−0.363**	−0.239	−0.369**	−0.347**	−0.353**	−0.406**
	(−0.08)	(−0.15)	(−2.34)	(−1.45)	(−2.25)	(−2.14)	(−2.14)	(−2.43)
大学期间参加院级学生社团活动次数*性别	−0.0134	−0.00453	0.0000732	−0.0190	−0.0185	0.000799	−0.00605	0.00174
	(−0.51)	(−0.16)	(0.00)	(−0.71)	(−0.68)	(0.03)	(−0.23)	(0.07)
独立组织学生院级活动的次数*性别	−0.0666	−0.0985	−0.0771	−0.171*	−0.0648	−0.119	−0.150	−0.0831
	(−0.77)	(−1.07)	(−0.89)	(−1.82)	(−0.71)	(−1.29)	(−1.57)	(−0.89)
平均每月从事校内兼职的次数*性别	0.0106	0.00740	−0.0870	−0.114	−0.0262	−0.0179	−0.0368	−0.00296
	(0.22)	(0.14)	(−1.47)	(−1.88)	(−0.46)	(−0.31)	(−0.67)	(−0.05)
平均每月从事校外兼职的次数*性别	−0.0720	−0.0240	0.0430	0.0549	−0.0461	−0.0817	−0.0548	−0.0673
	(−1.49)	(−0.44)	(0.75)	(0.79)	(−0.69)	(−1.40)	(−0.99)	(−1.26)
性别	0.807*	−0.178	0.995**	0.741	0.914**	0.691	0.890*	1.099**
	(1.79)	(−0.39)	(2.31)	(1.64)	(2.07)	(1.56)	(1.96)	(2.42)

注：有序 Logit 回归的回归系数估计，"（）"内为回归系数估计的标准误。工作稳定性分为非常稳定、很稳定、一般、很不稳定、非常不稳定。工作环境分为非常好、很好、一般、很不好、非常不好。专业匹配度分为非常匹配、很匹配、一般、很不匹配、非常不匹配。能力匹配度分为非常匹配、很匹配、一般、很不匹配、非常不匹配。期望匹配度分为非常匹配、很匹配、一般、很不匹配、非常不匹配。工作满意度分为非常满意、很满意、一般、很不满意、非常不满意。单位认可度分为非常认可、很认可、一般、很不认可、非常不认可。岗位认可度分为非常认可、很认可、一般、很不认可、非常不认可。标*为10%显著性水平下显著，**为5%显著性水平下显著，***为1%显著性水平下显著。

由表 4-21 可知，不同性别学生独立组织学生院级活动的次数对工作环境没有调节效应，即无论是男生还是女生，学生每多独立组织一单位学生院级活动对工作环境的影响提高 0.0806。不同性别学生平均每月从事校内兼职次数对专业匹配度没有调节效应，即无论是男生还是女生，学生平均每月每多从事一单位校内兼职对专业匹配度的影响提高 0.0992。不同性别学生大学期间参加学生社团个数对专业匹配度有调节效应，相较于女生，男生大学期间参加学生社团对其专业匹配度的影响会下降。不同性别学生平均每月从事校内兼职的次数对能力匹配度有调节效应，男生平均每月每多从事一单位校内兼职对能力匹配度的影响为 0.0841−0.114=−0.0229，即降低了能力匹配度，女生平均每月每多从事一单位校内兼职对能力匹配度的影响为 0.0841，女生平均每月每多从事一单位校内兼职对能力匹配度的影响相较于男生要大。不同性别学生平均每月从事校外兼职次数对能力匹配度没有调节效应，即无论是男生还是女生，学生平均每月每多从事一单位校外兼职对能力匹配度的影响提高 0.0570。不同性别学生独立组织学生院级活动的次数对能力匹配度有调节效应，相较于女生，男生独立组织学生院级活动的次数对其能力匹配度的影响会下降。不同性别学生担任学生干部对期望匹配度没有调节效应，即无论是男生还是女生，学生每多担任一单位学生干部对期望匹配度性的影响提高 0.565。不同性别学生大学期间参加学生社团个数对期望匹配度有调节效应，相较于女生，男生大学期间参加学生社团对其期望匹配度的影响会下降。不同性别学生担任学生干部对工作满意度没有调节效应，即无论是男生还是女生，学生每多担任一单位学生干部对工作满意度的影响提高 0.710。不同性别学生大学期间参加学生社团个数对工作满意度有调节效应，相较于女生，男生大学期间参加学生社团对其工作满意度的影响会下降。不同性别学生担任学生干部对单位认可度没有调节效应，即无论是男生还是女生，学生每多担任一单位学生干部对单位认可度的影响提高 0.739。不同性别学生平均每月从事校内兼职的次数对单位认可度没有调节效应，即无论是男生还是女生，学生平均每月每多从事一单位校内兼职对单位认可度的影响提高 0.758。不同性别学生大学期间参加学生社团个数对单位认可度有调节效应，相较于女生，男生大学期间参加学生社团对单位认可度的影响会下降。不同性别学生担任学生干部对岗位认可度没有调节效应，即无论是男生还是女生，学生每多担任一单位学生干部对岗位认可度性的影响提高 0.724。不同性别学生大学期间参加学生社团个数对岗位认可度有调节效应，相较于女生，男生大学期间参加学生社团对其岗位认可度的影响会下降。

4. 以学校水平为调节变量

首先，学校水平是否会影响实践性人力资本对工作城市条件和工作薪资水平的影响程度，这里引入了学校与实践性人力资本各指标的交乘项进行 OLS 回归，以此来判断是否存在学校水平导致实践性人力资本对工作城市条件及工作薪资水平的差异化影响。

表4-22 学校水平在实践性人力资本对工作城市条件和工作薪资水平影响中的调节效应

实践性人力资本	工作城市条件	工作薪资水平
学生干部	0.570	2.883
	(0.66)	(1.23)
大学期间参加学生社团个数	0.0546	-0.100
	(1.45)	(-0.98)
大学期间参加院级学生社团活动次数	-0.0405	0.541***
	(-0.91)	(4.46)
独立组织学生院级活动的次数	0.0386	0.786***
	(0.36)	(2.72)
平均每月从事校内兼职的次数	0.111	0.435**
	(1.38)	(1.98)
平均每月从事校外兼职的次数	0.0725	0.297
	(0.84)	(1.26)
学生干部*学校水平	-0.305	-1.922*
	(-0.72)	(-1.66)
大学期间参加学生社团个数*学校水平	0.0968	0.305
	(1.11)	(1.29)
大学期间参加院级学生社团活动次数*学校水平	0.0260	-0.119*
	(1.06)	(-1.77)
独立组织学生院级活动的次数*学校水平	-0.0466	-0.451***
	(-0.75)	(-2.66)
平均每月从事校内兼职的次数*学校水平	-0.120**	-0.220
	(-2.01)	(-1.35)
平均每月从事校外兼职的次数*学校水平	0.0425	0.00377
	(0.84)	(0.03)
学校水平	0.634*	3.440***
	(1.88)	(3.74)
截距	6.229***	0.934
	(8.36)	(0.46)

注：OLS回归的回归系数估计，"（）"内为回归系数估计的标准误。标 * 为10%显

著性水平下显著，** 为5%显著性水平下显著，*** 为1%显著性水平下显著，工作城市条件根据工作城市GDP进行衡量。

由表4-22可知，不同学校学生平均每月从事校内兼职的次数对工作城市条件有调节效应，学校层次高，学生平均每月每多从事一单位校内兼职对工作城市条件的影响越小。不同学校学生大学期间参加院级学生社团活动次数对工作薪资水平有调节效应，学校层次高，学生大学期间每多参加一单位院级学生社团活动对工作薪资水平的影响为 0.541－0.119＝0.422，即提升了工作薪资水平，学校层次低，学生大学期间每多参加一单位院级学生社团活动对工作薪资水平的影响为 0.541。不同学校学生独立组织学生院级活动的次数对工作薪资水平有调节效应，学校层次高，学生每多独立组织一单位学生院级活动对工作薪资水平的影响为 0.786－0.451＝0.335，即提升了工作薪资水平，学校层次低，学生每多独立组织一单位学生院级活动对工作薪资水平的影响为 0.786，学校层次越低，学生每多独立组织一单位学生院级活动对工作薪资水平的影响越大。不同学校学生平均每月从事校内兼职次数对工作薪资水平没有调节效应，即无论学校水平高低，学生平均每月每多从事一单位校内兼职对工作薪资水平的影响提高 0.435。不同学校学生担任学生干部对工作薪资水平有调节效应，学校层次越高，学生干部经历对学生工作薪资水平的影响越小。

其次，学校水平是否会影响实践性人力资本对工作单位类型的影响程度，这里引入了学校与实践性人力资本各指标的交乘项进行无序Logit回归，以此来判断是否存在学校水平导致实践性人力资本对工作单位类型的差异化影响。被解释变量工作单位类型取"国有企业、事业单位、中初教育单位"作为参照值。

表 4 - 23　学校水平在实践性人力资本对工作单位类型影响中的调节效应

实践性人力资本	工作单位类型				
	政府机关、城镇社区、农村建制村委会、部队	国有企业、事业单位、中初教育单位	高等教育单位、科研设计单位、医疗卫生单位	三资企业及其他企业	其他
学生干部	-1.403*	0	-1.472	-1.731**	-0.744
	(-1.84)	(.)	(-1.13)	(-2.57)	(-1.02)
大学期间参加学生社团个数	0.404	0	-0.0502	0.178	0.0528
	(1.63)	(.)	(-0.10)	(0.78)	(0.22)
大学期间参加院级学生社团活动次数	0.0456	0	-0.107	0.0550	0.0951*
	(0.89)	(.)	(-0.98)	(1.19)	(1.86)
独立组织学生院级活动的次数	0.0137	0	0.143	-0.0584	-0.192
	(0.13)	(.)	(0.75)	(-0.56)	(-1.50)
平均每月从事校内兼职的次数	0.0386	0	0.146	0.0897	0.0653
	(0.39)	(.)	(1.46)	(1.19)	(0.86)
平均每月从事校外兼职的次数	-0.200	0	-0.194	-0.0623	-0.0395
	(-1.48)	(.)	(-0.74)	(-0.99)	(-0.65)
学生干部*学校水平	0.591	0	0.614	0.548*	0.409
	(1.60)	(.)	(1.15)	(1.73)	(0.95)
大学期间参加学生社团个数*学校水平	-0.283*	0	0.0549	-0.0939	-0.0393
	(-1.92)	(.)	(0.30)	(-0.85)	(-0.25)
大学期间参加院级学生社团活动次数*学校水平	-0.0148	0	0.0610	-0.0322	-0.0862**
	(-0.51)	(.)	(1.42)	(-1.23)	(-2.10)
独立组织学生院级活动的次数*学校水平	-0.0419	0	-0.0387	0.0238	0.130*
	(-0.61)	(.)	(-0.47)	(0.43)	(1.95)
平均每月从事校内兼职的次数*学校水平	0.0333	0	0.0124	-0.0117	-0.0161
	(0.52)	(.)	(0.18)	(-0.25)	(-0.26)
平均每月从事校外兼职的次数*学校水平	0.0142	0	-0.0642	-0.00490	-0.0250
	(0.18)	(.)	(-0.52)	(-0.13)	(-0.57)
学校水平	-0.258	0	-0.0397	-0.240	-0.776**
	(-0.84)	(.)	(-0.09)	(-0.92)	(-2.16)

续　表

实践性人力资本	工作单位类型				
	政府机关、城镇社区、农村建制村委会、部队	国有企业、事业单位、中初教育单位	高等教育单位、科研设计单位、医疗卫生单位	三资企业及其他企业	其他
截距	0.265	0	−1.134	0.821	0.496
	(0.38)	(.)	(−0.97)	(1.32)	(0.72)

注：无序 Logit 回归的回归系数估计，"（　）"内为回归系数估计的标准误。标 * 为 10％显著性水平下显著，** 为 5％显著性水平下显著，*** 为 1％显著性水平下显著。参照值的回归系数设置为 0，无须计算标准误，因此标记为"（.）"。

由表 4-23 可知，相对于国有企业、事业单位、中初教育单位，学校层次低的学生没有学生干部的经历倾向于选择政府机关、城镇社区、农村建制村委会、部队的工作。相对于国有企业、事业单位、中初教育单位，学校层次高的学生大学期间参加学生社团个数越少越倾向于选择政府机关、城镇社区、农村建制村委会、部队的工作。相对于国有企业、事业单位、中初教育单位，学校层次低的学生没有学生干部的经历倾向于选择三资企业及其他企业的工作。相对于国有企业、事业单位、中初教育单位，学校层次高的学生有学生干部的经历倾向于选择三资企业及其他企业的工作。相对于国有企业、事业单位、中初教育单位，学校层次低的学生大学期间参加院级学生社团活动次数越多越倾向于选择其他单位类型的工作。相对于国有企业、事业单位、中初教育单位，学校层次高的学生大学期间参加院级学生社团活动次数越少越倾向于选择其他单位类型的工作。相对于国有企业、事业单位、中初教育单位，学校层次高的学生独立组织学生院级活动的次数越多越倾向于选择其他单位类型的工作。

最后，学校水平是否会影响实践性人力资本对其他就业质量指标的影响程度，这里引入了学校与实践性人力资本各指标的交乘项，将除工作城市条件、工作薪资水平、工作单位类型之外的其他各就业质量指标分别作为被解释变量，进行有序 Logit 回归，以此来判断是否存在学校水平导致实践性人力资本对其他各就业质量指标的差异化影响。

表 4-24 学校水平在实践性人力资本对其他就业质量指标影响中的调节效应

实践性人力资本	工作稳定性	工作环境	专业匹配度	能力匹配度	期望匹配度	工作满意度	单位认可度	岗位认可度
学生干部	0.709*	0.743*	0.431	0.919**	0.667	0.668	0.997**	0.831**
	(1.69)	(1.78)	(1.05)	(2.17)	(1.63)	(1.60)	(2.35)	(1.97)
大学期间参加学生社团个数	0.0458	0.0201	0.0189	0.0216	0.0175	0.0168	0.0125	0.0138
	(0.75)	(0.78)	(0.78)	(0.87)	(0.66)	(0.72)	(0.54)	(0.59)
大学期间参加院级学生社团活动次数	-0.00799	-0.0246	0.0118	-0.00889	-0.0240	-0.00501	-0.0151	-0.0122
	(-0.40)	(-1.05)	(0.57)	(-0.41)	(-1.10)	(-0.23)	(-0.69)	(-0.55)
独立组织学生院级活动的次数	0.0515	0.0882	0.0235	0.0528	0.0866*	0.0624	0.0604	0.0636
	(0.99)	(1.60)	(0.47)	(1.01)	(1.67)	(1.17)	(1.16)	(1.20)
平均每月从事校内兼职的次数	-0.0178	0.0129	0.0166	-0.00832	0.0437	0.0406	0.0432	0.0408
	(-0.47)	(0.35)	(0.38)	(-0.16)	(0.96)	(0.92)	(1.01)	(0.93)
平均每月从事校外兼职的次数	0.0172	0.0544	0.0557	0.129**	0.115**	0.0594	0.0615	0.0731
	(0.40)	(1.22)	(1.24)	(2.42)	(2.19)	(1.33)	(1.34)	(1.58)
学生干部*学校水平	-0.159	-0.189	-0.343*	-0.259	-0.0429	0.0295	-0.0769	-0.0894
	(-0.78)	(-0.92)	(-1.69)	(-1.25)	(-0.21)	(0.14)	(-0.38)	(-0.44)
大学期间参加学生社团个数*学校水平	0.0130	0.0157	-0.00189	0.0305	-0.0195	0.00217	-0.0255	-0.0159
	(0.26)	(0.37)	(-0.05)	(0.71)	(-0.44)	(0.05)	(-0.59)	(-0.36)
大学期间参加院级学生社团活动次数*学校水平	0.00545	-0.00163	-0.00288	-0.00347	0.0125	-0.00197	0.00484	0.00326
	(0.47)	(-0.13)	(-0.25)	(-0.30)	(1.05)	(-0.17)	(0.41)	(0.27)
独立组织学生院级活动的次数*学校水平	-0.0200	-0.0125	0.00749	-0.0168	-0.0467	-0.0352	-0.0460	-0.0363
	(-0.67)	(-0.40)	(0.26)	(-0.56)	(-1.54)	(-1.14)	(-1.53)	(-1.19)
平均每月从事校内兼职的次数*学校水平	0.0252	0.0120	0.0291	0.0267	-0.0122	-0.00396	0.00524	0.0121
	(0.92)	(0.44)	(0.97)	(0.82)	(-0.41)	(-0.13)	(0.18)	(0.40)
平均每月从事校外兼职的次数*学校水平	-0.0206	-0.0421	-0.0197	-0.0344	-0.0495*	-0.0277	-0.0252	-0.0283
	(-0.86)	(-1.64)	(-0.77)	(-1.18)	(-1.68)	(-1.02)	(-0.94)	(-1.08)
学校水平	0.435***	0.352**	0.388**	0.374**	0.343**	0.268	0.367**	0.278*
	(2.63)	(2.13)	(2.40)	(2.27)	(2.11)	(1.65)	(2.20)	(1.69)

注：有序 Logit 回归的回归系数估计，"( )"内为回归系数估计的标准误。工作稳定性分为非常稳定、很稳定、一般、很不稳定、非常不稳定。工作环境分为非常好、很好、一般、很不好、非常不好。专业匹配度分为非常匹配、很匹配、一般、很不匹配、非常不匹

配。能力匹配度分为非常匹配、很匹配、一般、很不匹配、非常不匹配。期望匹配度分为非常匹配、很匹配、一般、很不匹配、非常不匹配。工作满意度分为非常满意、很满意、一般、很不满意、非常不满意。单位认可度分为非常认可、很认可、一般、很不认可、非常不认可。岗位认可度分为非常认可、很认可、一般、很不认可、非常不认可。标*为10%显著性水平下显著，**为5%显著性水平下显著，***为1%显著性水平下显著。

由表4-24可知，不同学校学生的学生干部经历对工作稳定性没有调节效应，即无论学校水平高低，学生每多担任一单位学生干部对工作稳定性的影响提高0.709。不同学校学生的学生干部经历对工作环境没有调节效应，即无论学校水平高低，学生每多担任一单位学生干部对工作环境的影响提高0.743。不同学校学生的学生干部经历对专业匹配度有调节效应，学校层次越高，学生每多担任一单位学生干部对专业匹配度的影响越小。不同学校学生的学生干部经历对能力匹配度没有调节效应，即学生每多担任一单位学生干部对能力匹配度的影响提高0.919。不同学校学生平均每月从事校外兼职次数对能力匹配度没有调节效应，即无论学校水平高低，学生平均每月每多从事一单位校外兼职对能力匹配度的影响提高0.129。不同学校学生独立组织学生院级活动的次数对期望匹配度没有调节效应，即无论学校水平高低，学生每多独立组织一单位学生院级活动对期望匹配度的影响提高0.0866。不同学校学生平均每月从事校外兼职的次数对期望匹配度有调节效应，学校层次高，学生平均每月每多从事一单位校外兼职对期望匹配度的影响为0.115-0.0495=0.0655，即提高了期望匹配度，学校层次低，学生平均每月每多从事一单位校外兼职的次数对期望匹配度的影响为0.115，学校层次越低，学生平均每月每多从事一单位校外兼职对期望匹配度的影响越小。不同学校学生的学生干部经历对单位认可度没有调节效应，即无论学校水平高低，学生每多担任一单位学生干部对单位认可度的影响提高0.997。不同学校学生的学生干部经历对岗位认可度没有调节效应，即无论学校水平高低，学生每多担任一单位学生干部对岗位认可度的影响提高0.831。

（三）后致性社会资本对就业质量影响中的调节机制分析

1. 以贫困生为调节变量

首先，贫困生是否会影响后致性社会资本对工作城市条件和工作薪资水平的影响程度，这里引入了贫困生与后致性社会资本各指标的交乘项进行 OLS 回归，以此来判断是否存在贫困生导致后致性社会资本对工作城市条件及工作薪资水平的差异化影响。

表 4 - 25　贫困生在后致性社会资本对工作城市条件和工作薪资水平影响中的调节效应

后致性社会资本	工作城市条件	工作薪资水平
参加党团活动获得的社会关系人数	-0.00113	0.0648***
	(-0.15)	(2.87)
参加社团活动获得的社会关系人数	0.00445	-0.00336
	(0.69)	(-0.17)
兼职获得的社会关系对求职是否有帮助	0.285	-1.209
	(0.45)	(-0.64)
求职过程中是否通过社会关系帮忙	0.504	0.156
	(0.87)	(0.09)
就业过程中对你提供帮助的社会关系人数	-0.00147	-0.00624
	(-0.53)	(-0.75)
参加党团活动获得的社会关系人数 * 贫困生	-0.0102	-0.0973*
	(-0.55)	(-1.76)
参加社团活动获得的社会关系人数 * 贫困生	0.00359	0.0937
	(0.19)	(1.61)
兼职获得的社会关系对求职是否有帮助 * 贫困生	0.479	2.389
	(0.36)	(0.60)
求职过程中是否通过社会关系帮忙 * 贫困生	-1.059	-3.881
	(-1.03)	(-1.26)
就业过程中对你提供帮助的社会关系人数 * 贫困生	0.128*	0.262
	(1.76)	(1.20)
贫困生	-1.008	-3.180
	(-0.80)	(-0.84)
截距	7.549***	10.61***
	(14.05)	(6.58)

注：OLS 回归的回归系数估计，"（）"内为回归系数估计的标准误。标 * 为 10% 显著性水平下显著，** 为 5% 显著性水平下显著，*** 为 1% 显著性水平下显著，工作城市条

件根据工作城市 GDP 进行衡量。

由表 4-25 可知,贫困生就业过程中对自己提供帮助的社会关系人数对工作城市条件有调节效应,贫困生相较于非贫困生,就业过程中对自己提供帮助的社会关系人数对其工作城市条件的影响会增加。贫困生参加党团活动获得的社会关系人数对工作薪资水平有调节效应,贫困生通过参加党团活动每多获得一单位社会关系对工作薪资水平的影响为 $0.0648-0.0973=-0.0325$,即降低了工作薪资水平,非贫困生通过参加党团活动每多获得一单位社会关系对工作薪资水平的影响为 0.0648。

其次,贫困生是否会影响后致性社会资本对工作单位类型的影响程度,这里列入了贫困生与后致性社会资本各指标的交乘项进行无序 Logit 回归,以此来判断是否存在贫困生导致后致性社会资本对工作单位类型的差异化影响。被解释变量工作单位类型取"国有企业、事业单位、中初教育单位"作为参照值。

表 4-26 贫困生在后致性社会资本对工作单位类型影响中的调节效应

后致性社会资本	工作单位类型				
	政府机关、城镇社区、农村建制村委会、部队	国有企业、事业单位、中初教育单位	高等教育单位、科研设计单位、医疗卫生单位	三资企业及其他企业	其他
参加党团活动获得的社会关系人数	0.00609	0	-0.00802	-0.00421	-0.0292
	(0.82)	(.)	(-1.35)	(-0.31)	(-1.55)
参加社团活动获得的社会关系人数	-0.00471	0	0.00698*	-0.0124	-0.00225
	(-0.67)	(.)	(1.68)	(-1.37)	(-0.30)
兼职获得的社会关系对求职是否有帮助	0.0823	0	-0.681	-0.371	0.404
	(0.16)	(.)	(-1.20)	(-0.90)	(0.74)
求职过程中是否通过社会关系帮忙	-1.117**	0	0.186	0.749*	0.0624
	(-2.01)	(.)	(0.34)	(1.85)	(0.13)
就业过程中对你提供帮助的社会关系人数	0.0264	0	0.0295	-0.0733	0.0274
	(1.40)	(.)	(1.57)	(-1.22)	(1.44)

续 表

后致性社会资本	工作单位类型				
	政府机关、城镇社区、农村建制村委会、部队	国有企业、事业单位、中初教育单位	高等教育单位、科研设计单位、医疗卫生单位	三资企业及其他企业	其他
参加党团活动获得的社会关系人数*贫困生	-0.00248	0	0.0173	0.00348	-0.0311
	(-0.16)	(.)	(1.29)	(0.18)	(-0.37)
参加社团活动获得的社会关系人数*贫困生	-0.00521	0	-0.0373	0.0141	-0.0388
	(-0.32)	(.)	(-1.40)	(0.97)	(-0.82)
兼职获得的社会关系对求职是否有帮助*贫困生	-1.000	0	-0.284	0.140	12.69
	(-1.04)	(.)	(-0.24)	(0.15)	(0.02)
求职过程中是否通过社会关系帮忙*贫困生	1.556*	0	-0.259	-0.549	-0.101
	(1.78)	(.)	(-0.25)	(-0.74)	(-0.11)
就业过程中对你提供帮助的社会关系人数*贫困生	-0.140	0	0.0494	-0.0503	0.0131
	(-1.19)	(.)	(0.62)	(-0.42)	(0.16)
贫困生	1.426	0	0.787	0.365	-12.26
	(1.56)	(.)	(0.71)	(0.41)	(-0.02)
截距	-0.705	0	-1.077**	0.121	-0.955**
	(-1.63)	(.)	(-2.34)	(0.34)	(-1.96)

注：无序 Logit 回归的回归系数估计，"（）"内为回归系数估计的标准误。标 * 为 10% 显著性水平下显著，** 为 5% 显著性水平下显著，*** 为 1% 显著性水平下显著。参照值的回归系数设置为 0，无须计算标准误，因此标记为"（.）"。

由表 4-26 可知，相对于国有企业、事业单位、中初教育单位，贫困生选择政府机关、城镇社区、农村建制村委会、部队的工作的回归系数为 -1.117+1.556，说明贫困生在求职过程中通过社会关系帮忙的倾向于选择政府机关、城镇社区、农村建制村委会、部队的工作。相对于国有企业、事业单位、中初教育单位，非贫困生参加社团活动获得的社会关系人数越多越倾向于选择高等教育单位、科研设计单位、医疗卫生单位的工作。相对于国有企业、事业单位、中初教育单位，非贫困生在求职过程中通过社会关系帮忙会倾向于选择三资企业及其他企业的工作。

最后，贫困生是否会影响后致性社会资本对其他就业质量指标的影响程度，这里引入了贫困生与后致性社会资本各指标的交乘项，将除工作城市条件、工作薪资水平、工作单位类型之外的其他各就业质量指标分别作为被解释变量，进行有序 Logit 回归，以此来判断是否存在贫困生导致后致性社会资本对其他各就业质量指标的差异化影响。

表 4-27 贫困生在后致性社会资本对其他就业质量指标影响中的调节效应

后致性社会资本	工作稳定性	工作环境	专业匹配度	能力匹配度	期望匹配度	工作满意度	单位认可度	岗位认可度
参加党团活动获得的社会关系人数	0.00488 (0.94)	0.00287 (0.60)	0.0103* (1.73)	0.00845 (1.31)	0.0222*** (2.69)	0.00836 (1.15)	0.00672 (1.08)	0.00881 (1.41)
参加社团活动获得的社会关系人数	-0.000441 (-0.14)	0.000680 (0.24)	-0.00310 (-1.10)	0.000481 (0.16)	-0.00276 (-0.92)	-0.000323 (-0.11)	0.00103 (0.35)	-0.000747 (-0.26)
兼职获得的社会关系对求职是否有帮助	-0.137 (-0.46)	0.438 (1.49)	0.209 (0.73)	0.210 (0.72)	0.198 (0.66)	0.435 (1.46)	0.288 (0.98)	0.337 (1.14)
求职过程中是否通过社会关系帮忙	-0.380 (-1.39)	-0.227 (-0.81)	0.0495 (0.19)	-0.205 (-0.73)	-0.254 (-0.92)	-0.171 (-0.62)	-0.207 (-0.75)	-0.131 (-0.48)
就业过程中对你提供帮助的社会关系人数	-0.00216** (-2.09)	-0.00277*** (-2.65)	-0.00163 (-1.56)	-0.00283*** (-2.59)	-0.00248** (-2.32)	-0.00267** (-2.46)	-0.00317*** (-2.85)	-0.00257** (-2.45)
参加党团活动获得的社会关系人数*贫困生	-0.00156 (-0.17)	-0.00148 (-0.17)	-0.0108 (-1.21)	-0.00975 (-1.02)	-0.0131 (-1.08)	0.00550 (0.43)	-0.0124 (-1.24)	-0.00740 (-0.78)
参加社团活动获得的社会关系人数*贫困生	-0.00626 (-0.73)	-0.00132 (-0.15)	0.00356 (0.43)	-0.00384 (-0.45)	-0.00773 (-0.87)	-0.00443 (-0.46)	0.00277 (0.32)	0.000714 (0.08)
兼职获得的社会关系对求职是否有帮助*贫困生	-0.884 (-1.34)	-0.948 (-1.59)	-0.892 (-1.42)	-0.357 (-0.60)	-0.0917 (-0.15)	-0.00545 (-0.01)	-0.552 (-0.92)	-0.343 (-0.58)
求职过程中是否通过社会关系帮忙*贫困生	-0.772 (-1.57)	-0.550 (-1.13)	-0.802* (-1.71)	-0.718 (-1.48)	-0.737 (-1.50)	-1.021** (-2.00)	-0.478 (-0.98)	-0.560 (-1.15)
就业过程中对你提供帮助的社会关系人数*贫困生	0.0265 (0.66)	0.0646 (1.29)	0.0490 (1.14)	0.0591 (1.24)	0.0757 (1.40)	0.115* (1.71)	0.0659 (1.35)	0.0636 (1.35)
贫困生	0.871 (1.39)	0.417 (0.73)	0.899 (1.51)	0.507 (0.89)	0.149 (0.25)	-0.250 (-0.41)	0.219 (0.38)	0.132 (0.23)

注：有序 Logit 回归的回归系数估计，"（）"内为回归系数估计的标准误。工作稳定性分为非常稳定、很稳定、一般、很不稳定、非常不稳定。工作环境分为非常好、很好、一般、很不好、非常不好。专业匹配度分为非常匹配、很匹配、一般、很不匹配、非常不匹

配。能力匹配度分为非常匹配、很匹配、一般、很不匹配、非常不匹配。期望匹配度分为非常匹配、很匹配、一般、很不匹配、非常不匹配。工作满意度分为非常满意、很满意、一般、很不满意、非常不满意。单位认可度分为非常认可、很认可、一般、很不认可、非常不认可。岗位认可度分为非常认可、很认可、一般、很不认可、非常不认可。标*为10%显著性水平下显著，**为5%显著性水平下显著，***为1%显著性水平下显著。

由表4-27可知，贫困生在就业过程中对自己提供帮助的社会关系人数对工作稳定性没有调节效应，即无论是否是贫困生，学生在就业过程中每多一单位对自己提供帮助的社会关系对工作稳定性的影响下降0.00216。贫困生在就业过程中对自己提供帮助的社会关系人数对工作环境没有调节效应，即无论是否是贫困生，学生在就业过程中每多一单位对自己提供帮助的社会关系对工作环境的影响下降0.00277。贫困生通过参加党团活动获得的社会关系人数对专业匹配度没有调节效应，即无论是否是贫困生，学生通过参加党团活动每多获得一单位的社会关系对专业匹配度的影响上升0.0103。贫困生在求职过程中是否通过社会关系帮忙对专业匹配度有调节效应，贫困生相较于非贫困生，在求职过程中通过社会关系帮忙对其专业匹配度的影响会下降。贫困生就业过程中对自己提供帮助的社会关系人数对能力匹配度没有调节效应，即无论是否是贫困生，学生在就业过程中每多获得一单位对自己提供帮助的社会关系对能力匹配度的影响下降0.00283。贫困生参加党团活动获得的社会关系人数对期望匹配度没有调节效应，即无论是否是贫困生，学生通过参加党团活动每多获得一单位的社会关系对期望匹配度的影响上升0.0222。贫困生在就业过程中对自己提供帮助的社会关系人数对期望匹配度没有调节效应，即无论是否是贫困生，学生在就业过程中每多获得一单位对自己提供帮助的社会关系对期望匹配度的影响下降0.00248。贫困生在就业过程中对自己提供帮助的社会关系人数对工作满意度有调节效应，贫困生在就业过程中每多获得一单位对自己提供帮助的社会关系对工作满意度的影响为－0.00267+0.155=0.15233，即提高了工作满意度，非贫困生在就业过程中每多获得一单位对自己提供帮助的社会关系对工作满意度的影响为－0.00267，非贫困生在就业过程中每多获得一单位对自己提供帮助的社会关系对工作满意度的影响相较于贫困生要小。贫困生在求职过程中是否通过社会关系帮忙对工作满意度有调节效应，贫困生相较于非贫困生，在求职过程中通过社会关系帮忙对其工作满意度的影响会下降。贫困生在就业过程中对自己提供帮助的社会关系人数对单位认可度没有调节效应，即无论是否是贫困生，学生在就业过程中每多获得一单位对自己提供帮助的社会关系对单位认可度的影响下降 0.00317。贫困生在就业过程中对自己提供帮助的社会关系人数对岗位认可度没有调节效应，即学生在就业过程中每多获得一单位对自己提供帮助的社会关系对岗位认可度的影响下降 0.00257。

2. 以性别为调节变量

首先，性别是否会影响后致性社会资本对工作城市条件和工作薪资水平的影响程度，这里引入了性别与后致性社会资本各指标的交乘项进行 OLS 回归，以此来判断是否存在性别导致后致性社会资本对工作城市条件及工作薪资水平的差异化影响。

表 4-28 性别在后致性社会资本对工作城市条件和工作薪资水平影响中的调节效应

后致性社会资本	工作城市条件	工作薪资水平
参加党团活动获得的社会关系人数	0.00556	0.0243
	(0.45)	(0.66)
参加社团活动获得的社会关系人数	0.00112	0.0496
	(0.11)	(1.57)
兼职获得的社会关系对求职是否有帮助	0.346	0.400
	(0.55)	(0.21)
求职过程中是否通过社会关系帮忙	0.315	0.548
	(0.54)	(0.32)
就业过程中对你提供帮助的社会关系人数	0.0337	0.0455
	(1.19)	(0.54)
参加党团活动获得的社会关系人数 * 性别	−0.0122	0.0399
	(−0.82)	(0.90)
参加社团活动获得的社会关系人数 * 性别	0.00714	−0.0538
	(0.55)	(−1.39)
兼职获得的社会关系对求职是否有帮助 * 性别	−0.300	−5.010
	(−0.23)	(−1.30)

续 表

后致性社会资本	工作城市条件	工作薪资水平
求职过程中是否通过社会关系帮忙 * 性别	−0.518	−5.752*
	(−0.48)	(−1.81)
就业过程中对你提供帮助的社会关系人数 * 性别	−0.0349	−0.0498
	(−1.22)	(−0.59)
性别	0.826	8.266**
	(0.70)	(2.37)
截距	7.143***	7.922***
	(12.83)	(4.78)

注：OLS回归的回归系数估计，"（ ）"内为回归系数估计的标准误。标 * 为10%显著性水平下显著，** 为5%显著性水平下显著，*** 为1%显著性水平下显著，工作城市条件根据工作城市GDP进行衡量。

由表4-28可知，不同性别学生在求职过程中是否通过社会关系帮忙对工作薪资水平有调节效应，男生相较于女生，在求职过程中通过社会关系帮忙对其工作薪资水平的影响会下降。

其次，性别是否会影响后致性社会资本对工作单位类型的影响程度，这里引入了性别与后致性社会资本各指标的交乘项进行无序Logit回归，以此来判断是否存在性别导致后致性社会资本对工作单位类型的差异化影响。被解释变量工作单位类型取"国有企业、事业单位、中初教育单位"作为参照值。

表4-29 性别在后致性社会资本对工作单位类型影响中的调节效应

后致性社会资本	工作单位类型				
	政府机关、城镇社区、农村建制村委会、部队	国有企业、事业单位、中初教育单位	高等教育单位、科研设计单位、医疗卫生单位	三资企业及其他企业	其他
参加党团活动获得的社会关系人数	−0.0123	0	0.00884	0.00294	−0.0295
	(−0.93)	(.)	(0.88)	(0.34)	(−1.21)
参加社团活动获得的社会关系人数	−0.00186	0	0.0105	−0.0116	−0.0229
	(−0.19)	(.)	(1.50)	(−1.19)	(−1.22)

续 表

后致性社会资本	工作单位类型				
	政府机关、城镇社区、农村建制村委会、部队	国有企业、事业单位、中初教育单位	高等教育单位、科研设计单位、医疗卫生单位	三资企业及其他企业	其他
兼职获得的社会关系对求职是否有帮助	−0.367	0	−0.551	−0.561	0.353
	(−0.75)	(.)	(−0.98)	(−1.34)	(0.60)
求职过程中是否通过社会关系帮忙	−0.394	0	0.384	0.348	−0.253
	(−0.84)	(.)	(0.69)	(0.88)	(−0.53)
就业过程中对你提供帮助的社会关系人数	0.0447	0	−0.189*	−0.0571	0.0722**
	(1.53)	(.)	(−1.87)	(−1.00)	(2.12)
参加党团活动获得的社会关系人数*性别	0.0760*	0	−0.0199	−0.0235	−0.0658
	(1.91)	(.)	(−1.07)	(−0.96)	(−1.04)
参加社团活动获得的社会关系人数*性别	−0.0555	0	−0.00397	0.00871	0.0246
	(−1.47)	(.)	(−0.45)	(0.72)	(1.18)
兼职获得的社会关系对求职是否有帮助*性别	1.003	0	−0.453	1.627*	0.807
	(1.04)	(.)	(−0.37)	(1.80)	(0.61)
求职过程中是否通过社会关系帮忙*性别	−0.349	0	0.0929	0.893	0.988
	(−0.37)	(.)	(0.08)	(1.13)	(1.04)
就业过程中对你提供帮助的社会关系人数*性别	−0.108	0	0.261**	−0.195	−0.0418
	(−1.14)	(.)	(2.43)	(−1.24)	(−0.71)
性别	−0.354	0	−0.743	−1.365	−1.255
	(−0.42)	(.)	(−0.73)	(−1.62)	(−1.00)
截距	−0.230	0	−0.777	0.463	−0.689
	(−0.53)	(.)	(−1.58)	(1.22)	(−1.27)

注：无序 Logit 回归的回归系数估计，"（）"内为回归系数估计的标准误。标 * 为 10% 显著性水平下显著，** 为 5% 显著性水平下显著，*** 为 1% 显著性水平下显著。参照值的回归系数设置为 0，无须计算标准误，因此标记为"（.）"。

由表 4-29 可知，相对于国有企业、事业单位、中初教育单位，男生参加党团活动获得的社会关系人数越多越倾向于选择政府机关、城镇社区、农村建制村委会、部队的工作。相对于国有企业、事业单位、中初教育单位，男生选择高等教育单位、科研设计单位、医疗卫生单位的工作的回归系数为－0.189＋0.261，说明男生在就业过程中对自己提供帮助的社会关系人数越多越倾向于选择高等教育单位、科研设计单位、医疗卫生单位的工作，女生选择高等教育单位、科研设计单位、医疗卫生单位的工作的回归系数为－0.189，说明女生在就业过程中对自己提供帮助的社会关系人数越多越倾向于选择高等教育单位、科研设计单位、医疗卫生单位的工作。相对于国有企业、事业单位、中初教育单位，男生兼职获得的社会关系对求职有帮助的倾向于选择三资企业及其他企业的工作。相对于国有企业、事业单位、中初教育单位，女生兼职获得的社会关系对求职有帮助的倾向于选择其他单位类型的工作。

最后，性别是否会影响后致性社会资本对其他就业质量指标的影响程度，这里引入了性别与后致性社会资本各指标的交乘项，将除工作城市条件、工作薪资水平、工作单位类型之外的其他各就业质量指标分别作为被解释变量，进行有序Logit回归，以此来判断是否存在性别导致后致性社会资本对其他各就业质量指标的差异化影响。

表4-30 性别在后致性社会资本对其他就业质量指标影响中的调节效应

后致性社会资本	工作稳定性	工作环境	专业匹配度	能力匹配度	期望匹配度	工作满意度	单位认可度	岗位认可度
参加党团活动获得的社会关系人数	－0.00116 (－0.22)	－0.000790 (－0.14)	0.00299 (0.59)	0.00325 (0.60)	－0.0171** (2.25)	0.00970 (1.42)	－0.00112 (－0.20)	0.00302 (0.57)
参加社团活动获得的社会关系人数	0.00281 (0.60)	－0.00135 (－0.30)	－0.000453 (－0.10)	－0.000407 (－0.09)	－0.00250 (－0.52)	－0.00265 (－0.57)	0.00229 (0.50)	－0.00117 (－0.27)
兼职获得的社会关系对求职是否有帮助	－0.244 (－0.82)	－0.0511 (－0.18)	0.000658 (0.00)	0.140 (0.48)	0.179 (0.61)	0.318 (1.07)	0.0578 (0.20)	0.198 (0.69)
求职过程中是否通过社会关系帮忙	－0.596** (－2.16)	－0.409 (－1.53)	－0.386 (－1.50)	－0.679** (－2.49)	－0.568** (－2.15)	－0.674** (－2.47)	－0.461* (－1.70)	－0.370 (－1.37)
就业过程中对你提供帮助的社会关系人数	0.0195 (1.17)	0.0250 (1.50)	0.0270 (1.57)	0.0297* (1.67)	0.0227 (1.30)	0.0316* (1.71)	0.0326* (1.65)	0.0332* (1.73)
参加党团活动获得的社会关系人数*性别	0.0129 (0.98)	0.0115 (0.85)	0.00468 (0.59)	－0.000167 (－0.02)	－0.0126 (－1.35)	－0.00513 (－0.53)	0.00558 (0.54)	0.00700 (0.53)

续 表

后致性社会资本	工作稳定性	工作环境	专业匹配度	能力匹配度	期望匹配度	工作满意度	单位认可度	岗位认可度
参加社团活动获得的社会关系人数*性别	−0.00673 (−1.12)	0.00113 (0.20)	−0.00316 (−0.58)	0.000995 (0.18)	0.00184 (0.32)	0.00313 (0.54)	−0.00110 (−0.19)	0.000488 (0.09)
兼职获得的社会关系对求职是否有帮助*性别	−0.414 (−0.67)	0.906 (1.51)	0.125 (0.21)	−0.0357 (−0.06)	−0.126 (−0.21)	0.296 (0.48)	0.325 (0.54)	0.135 (0.23)
求职过程中是否通过社会关系帮忙*性别	−0.168 (−0.33)	−0.120 (−0.23)	0.634 (1.29)	0.760 (1.49)	0.465 (0.92)	0.729 (1.45)	0.219 (0.44)	0.0351 (0.07)
就业过程中对你提供帮助的社会关系人数*性别	−0.0216 (−1.30)	−0.0278* (−1.66)	−0.0287* (−1.67)	−0.0327* (−1.83)	−0.0249 (−1.43)	−0.0342* (−1.85)	−0.0358* (−1.81)	−0.0358* (−1.87)
性别	0.664 (1.17)	−0.694 (−1.29)	−0.216 (−0.41)	0.0850 (0.16)	0.132 (0.24)	−0.636 (−1.13)	−0.204 (−0.37)	0.00394 (0.01)

注：有序 Logit 回归的回归系数估计，"（ ）"内为回归系数估计的标准误。工作稳定性分为非常稳定、很稳定、一般、很不稳定、非常不稳定。工作环境分为非常好、很好、一般、很不好、非常不好。专业匹配度分为非常匹配、很匹配、一般、很不匹配、非常不匹配。能力匹配度分为非常匹配、很匹配、一般、很不匹配、非常不匹配。期望匹配度分为非常匹配、很匹配、一般、很不匹配、非常不匹配。工作满意度分为非常满意、很满意、一般、很不满意、非常不满意。单位认可度分为非常认可、很认可、一般、很不认可、非常不认可。岗位认可度分为非常认可、很认可、一般、很不认可、非常不认可。标*为10%显著性水平下显著，**为5%显著性水平下显著，***为1%显著性水平下显著。

由表 4-30 可知，不同性别学生在求职过程中是否通过社会关系帮忙对工作稳定性没有调节效应，即无论是男生还是女生，学生在求职过程中通过社会关系帮忙对工作稳定性的影响下降 0.596。不同性别学生在就业过程中对自己提供帮助的社会关系人数对工作环境有调节效应，男生相较于女生，在就业过程中对自己提供帮助的社会关系人数对其工作环境的影响会下降。不同性别学生在就业过程中对自己提供帮助的社会关系人数对专业匹配度有调节效应，男生相较于女生，在就业过程中对自己提供帮助的社会关系人数对其专业匹配度的影响会下降。不同性别学生在求职过程中是否通过社会关系帮忙对能力匹配度没有调节效应，即无论是男生还是女生，学生求职过程中通过社会关系帮忙对能力匹配度的影响下降 0.679。不同性别学生在就业过程中对自己提供帮助的社会关系人数对能力匹配度有调节效应，在就业过程中男生每多获得一单位对自己提供帮助的社会关系对能力匹配度的影响为 $0.0297-0.0327=-0.0030$，即降低了能力匹配度，女生每多获得一单位对自己提供帮助的社会关系对能力匹配度的影响为 0.0297，在就业过程中女生每多获得一单位对自己提供帮助的社会关系对能力匹配度的影响相较于男生要大。不同性别学生通过参加党团活动获得的社会关系人数对期望匹配度没有调节效应，即无论是男生还是女生，学生通过参加党团活动获得的社会关系人数对期望匹配度的影响下降 0.0171。不同性别学生在求职过程中是否通过社会关系帮忙对期望匹配度没有调节效应，即无论是男生还是女生，学生求职过程中通过社会关系帮忙对期望匹配度的影响下降 0.568。不同性别学生在求职过程中是否通过社会关系帮忙对工作满意度没有调节效应，即无论是男生还是女生，学生求职过程中通过社会关系帮忙对工作满意度的影响下降 0.674。不同性别学生在就业过程中对自己提供帮助的社会关系人数对工作满意度有调节效应，在就业过程中男生每多获得一单位对自己提供帮助的社会关系对工作满意度的影响为 $0.0316-0.0342=-0.0026$，即降低了工作满意度，女生每多获得一单位对自己提供帮助的社会关系对工作满意度的影响为 0.0342，女生在就业过程中每多获得一单位对自己提供帮助的社会关系对工作满意度的影响相较于男生要大。不同性别学生在求职过程中是否通过社会关系帮忙对单位认可度没有调节效应，即学生在求职过程中通过社会关系帮忙对单位认可度的影响下降 0.461。不同性别学生在就业过程中对自己提供帮助的社会关系人数对单位认可度有调节效应，在就业过程中，男生每多获得一单位对自己提供帮助的社会关系对单位认可度的影响为 $0.0326-0.0358=-0.0032$，即降低了单位认可度，女生每多获得一单位对自己提供帮助的社会关系对单位认可度的影响为 0.0326，女生在就业过程中每多获得一单位对自己提供帮助的社会关系对单位认可度的影响相较于男生要大。不同性别学生在就业过程中对自己提供帮助的社会关系人数对岗位认可度有调节效应，在就业过程中，男生每多获得一单位对自己提供帮助的社会关系对岗位认可度的影响为 $0.0332-0.0358=-0.0026$，即降低了岗位认可度，女生每多获得一单位对自己提供帮助的社会关系对岗位认可度的影响为 0.0332，女生在就业过程中每多获得一单位对自己提供帮助的社会关系对岗位认可度的影响相较于男生要大。

3. 以学校水平为调节变量

首先，学校水平是否会影响后致性社会资本对工作城市条件和工作薪资水平的影响程度，这里引入了学校与后致性社会资本各指标的交乘项进行OLS回归，以此来判断是否存在学校水平导致后致性社会资本对工作城市条件及工作薪资水平的差异化影响。

表4-31 学校水平在后致性社会资本对工作城市条件和工作薪资水平影响中的调节效应

后致性社会资本	工作城市条件	工作薪资水平
参加党团活动获得的社会关系人数	−0.0279**	0.0483
	(−2.02)	(1.15)
参加社团活动获得的社会关系人数	0.0308**	0.0165
	(2.27)	(0.40)
兼职获得的社会关系对求职是否有帮助	1.290	2.823
	(1.12)	(0.80)
求职过程中是否通过社会关系帮忙	0.474	0.470
	(0.61)	(0.20)
就业过程中对你提供帮助的社会关系人数	−0.000594	−0.00541
	(−0.22)	(−0.65)
参加党团活动获得的社会关系人数*学校水平	0.0141*	−0.0206
	(1.94)	(−0.93)
参加社团活动获得的社会关系人数*学校水平	−0.0129**	−0.00216
	(−2.14)	(−0.12)
兼职获得的社会关系对求职是否有帮助*学校水平	−0.415	−1.763
	(−0.77)	(−1.07)
求职过程中是否通过社会关系帮忙*学校水平	−0.0694	−1.079
	(−0.17)	(−0.84)
就业过程中对你提供帮助的社会关系人数*学校水平	0.0299	0.107
	(1.33)	(1.56)
学校水平	0.913*	2.699*
	(1.84)	(1.79)
截距	5.456***	4.950
	(5.11)	(1.52)

注：OLS 回归的回归系数估计，"（）"内为回归系数估计的标准误。标 * 为 10% 显著性水平下显著，** 为 5% 显著性水平下显著，*** 为 1% 显著性水平下显著，工作城市条件根据工作城市 GDP 进行衡量。

由表 4-31 可知，不同学校学生通过参加党团活动获得的社会关系人数对工作城市条件有调节效应，学校层次越高，学生通过参加党团活动每多获得一单位社会关系对工作城市条件的影响越大。不同学校学生通过参加社团活动获得的社会关系人数对工作城市条件有调节效应，学校层次越高，学生通过参加社团活动每多获得一单位社会关系对工作城市条件的影响越大。

其次，学校水平是否会影响后致性社会资本对工作单位类型的影响程度，这里引入了学校与后致性社会资本各指标的交乘项进行无序 Logit 回归，以此来判断是否存在学校水平导致后致性社会资本对工作单位类型的差异化影响。被解释变量工作单位类型取"国有企业、事业单位、中初教育单位"作为参照值。

表 4-32 学校水平在后致性社会资本对工作单位类型影响中的调节效应

后致性社会资本	工作单位类型				
	政府机关、城镇社区、农村建制村委会、部队	国有企业、事业单位、中初教育单位	高等教育单位、科研设计单位、医疗卫生单位	三资企业及其他企业	其他
参加党团活动获得的社会关系人数	0.000801	0	-0.00268	-0.00968	0.00614
	(0.07)	(.)	(-0.19)	(-0.87)	(0.51)
兼职获得的社会关系对求职是否有帮助	-1.081	0	0.0484	0.465	-0.278
	(-1.25)	(.)	(0.03)	(0.53)	(-0.29)
求职过程中是否通过社会关系帮忙	-0.701	0	0.656	0.925	-0.213
	(-1.09)	(.)	(0.53)	(1.57)	(-0.36)
就业过程中对你提供帮助的社会关系人数	0.0132	0	0.0251	-0.102	0.0215
	(0.68)	(.)	(1.17)	(-1.46)	(1.01)
参加党团活动获得的社会关系人数*学校水平	-0.00515	0	-0.00532	-0.00435	-0.0140
	(-0.60)	(.)	(-0.81)	(-0.60)	(-0.46)

续 表

后致性社会资本	工作单位类型				
	政府机关、城镇社区、农村建制村委会、部队	国有企业、事业单位、中初教育单位	高等教育单位、科研设计单位、医疗卫生单位	三资企业及其他企业	其他
参加社团活动获得的社会关系人数*学校水平	−0.00571	0	0.00271	0.00200	−0.0128
	(−0.80)	(.)	(0.47)	(0.41)	(−1.02)
兼职获得的社会关系对求职是否有帮助*学校水平	0.525	0	−0.298	−0.375	0.503
	(1.17)	(.)	(−0.45)	(−0.95)	(0.81)
求职过程中是否通过社会关系帮忙*学校水平	0.0713	0	−0.114	−0.350	−0.0750
	(0.19)	(.)	(−0.22)	(−1.12)	(−0.18)
就业过程中对你提供帮助的社会关系人数*学校水平	−0.00140	0	0.0262	0.0223	0.0114
	(−0.04)	(.)	(1.00)	(0.48)	(0.35)
学校水平	−0.561	0	0.973	0.307	−1.026*
	(−1.35)	(.)	(1.64)	(0.84)	(−1.73)
截距	0.770	0	−3.292**	−0.404	0.754
	(0.98)	(.)	(−2.17)	(−0.49)	(0.84)

注：无序 Logit 回归的回归系数估计，"（）"内为回归系数估计的标准误。标 * 为 10% 显著性水平下显著，** 为 5% 显著性水平下显著，*** 为 1% 显著性水平下显著。参照值的回归系数设置为 0，无须计算标准误，因此标记为"（.）"。

由表 4-32 可知，相对于国有企业、事业单位、中初教育单位，学校层次低会抑制学生通过参加党团活动获得的社会关系选择其他单位类型的工作的意愿。

最后，学校水平是否会影响后致性社会资本对其他就业质量指标的影响程度，这里引入了学校与后致性社会资本各指标的交乘项，将除工作城市条件、工作薪资水平、工作单位类型之外的其他各就业质量指标分别作为被解释变量，进行有序 Logit 回归，以此来判断是否存在学校水平导致后致性社会资本对其他各就业质量指标的差异化影响。

表 4-33 学校水平在后致性社会资本对其他就业质量指标影响中的调节效应

后致性社会资本	工作稳定性	工作环境	专业匹配度	能力匹配度	期望匹配度	工作满意度	单位认可度	岗位认可度
参加党团活动获得的社会关系人数	0.0320***	0.0193**	0.00145	0.0155*	0.0285**	0.0377***	0.00994	0.0211**
	(2.72)	(1.98)	(0.18)	(1.68)	(2.51)	(3.08)	(0.98)	(2.09)
参加社团活动获得的社会关系人数	-0.00250	0.00184	0.0104	0.00318	-0.00815	-0.00902	0.00843	-0.000737
	(-0.36)	(0.29)	(1.58)	(0.50)	(-1.18)	(-1.26)	(1.19)	(-0.10)
兼职获得的社会关系对求职是否有帮助	-1.704***	0.541	-0.122	-0.169	0.150	0.00761	-0.272	-0.359
	(-2.95)	(0.96)	(-0.23)	(-0.31)	(0.26)	(0.01)	(-0.49)	(-0.65)
求职过程中是否通过社会关系帮忙	-0.739*	-0.740*	-0.0967	-0.240	-0.196	-0.241	-0.566	-0.408
	(-1.93)	(-1.93)	(-0.27)	(-0.64)	(-0.53)	(-0.63)	(-1.49)	(-1.07)
就业过程中对你提供帮助的社会关系人数	-0.00205*	-0.00266**	-0.00134	-0.00282**	-0.00232**	-0.00284***	-0.00295***	-0.00252**
	(-1.96)	(-2.52)	(-1.28)	(-2.57)	(-2.15)	(-2.59)	(-2.62)	(-2.39)
参加党团活动获得的社会关系人数*学校水平	-0.0139***	-0.010**	0.00218	-0.00647	-0.00769	-0.0150***	-0.00440	-0.00853*
	(-2.88)	(-2.35)	(0.58)	(-1.59)	(-1.58)	(-2.98)	(-1.03)	(-1.96)
参加社团活动获得的社会关系人数*学校水平	0.000721	-0.00007	-0.00587**	-0.000892	0.00300	0.00404	-0.00295	0.000479
	(0.25)	(-0.03)	(-2.06)	(-0.32)	(0.99)	(1.31)	(-0.97)	(0.15)
兼职获得的社会关系对求职是否有帮助*学校水平	0.729***	-0.182	0.112	0.158	0.00299	0.192	0.227	0.305
	(2.76)	(-0.70)	(0.45)	(0.61)	(0.01)	(0.73)	(0.89)	(1.19)
求职过程中是否通过社会关系帮忙*学校水平	0.147	0.208	-0.0622	-0.138	-0.156	-0.140	0.129	0.0399
	(0.71)	(1.03)	(-0.33)	(-0.69)	(-0.79)	(-0.70)	(0.64)	(0.20)
就业过程中对你提供帮助的社会关系人数*学校水平	0.0181	0.0147	0.00967	0.0159	0.0128	0.0154	0.0195	0.0198
	(1.04)	(1.07)	(0.83)	(1.18)	(1.05)	(1.22)	(1.35)	(1.41)
学校水平	-0.297	0.264	0.133	0.0437	0.124	0.0221	-0.0894	-0.195
	(-1.23)	(1.10)	(0.58)	(0.19)	(0.52)	(0.09)	(-0.38)	(-0.84)

注：有序 Logit 回归的回归系数估计，"()"内为回归系数估计的标准误。工作稳定性分为非常稳定、很稳定、一般、很不稳定、非常不稳定。工作环境分为非常好、很好、一般、很不好、非常不好。专业匹配度分为非常匹配、很匹配、一般、很不匹配、非常不匹配。能力匹配度分为非常匹配、很匹配、一般、很不匹配、非常不匹配。期望匹配度分为非常匹配、很匹配、一般、很不匹配、非常不匹配。工作满意度分为非常满意、很满意、一般、很不满意、非常不满意。单位认可度分为非常认可、很认可、一般、很不认可、非常不认可。岗位认可度分为非常认可、很认可、一般、很不认可、非常不认可。标 * 为 10% 显著性水平下显著，** 为 5% 显著性水平下显著，*** 为 1% 显著性水平下显著。

由表 4 - 33 可知，不同学校学生通过参加党团活动获得的社会关系人数对工作稳定性有调节效应，学校层次越高，学生通过参加党团活动每多获得一单位社会关系对工作稳定性的影响越小。不同学校学生通过兼职获得的社会关系对求职是否有帮助对工作稳定性有调节效应，学校层次越高，兼职获得的社会关系对求职有帮助对学生工作稳定性的影响越大。不同学校学生在求职过程中是否通过社会关系帮忙对工作稳定性没有调节效应，即无论学校水平高低，学生在求职过程中通过社会关系帮忙对工作稳定性的影响下降0.739。不同学校学生在就业过程中对自己提供帮助的社会关系人数对工作稳定性没有调节效应，即无论学校水平高低，学生在就业过程中每多获得一单位对自己提供帮助的社会关系对工作稳定性的影响下降0.00205。不同学校学生通过参加党团活动获得的社会关系人数对工作环境有调节效应，学校层次越高，学生通过参加党团活动每多获得一单位社会关系对工作环境的影响越小。不同学校学生在求职过程中是否通过社会关系帮忙对工作环境没有调节效应，即无论学校水平高低，学生在求职过程中通过社会关系帮忙对工作环境的影响下降0.740。不同学校学生在就业过程中对自己提供帮助的社会关系人数对工作环境没有调节效应，即无论学校水平高低，学生在就业过程中每多获得一单位对自己提供帮助的社会关系对工作环境的影响下降0.00266。不同学校学生通过参加社团活动获得的社会关系人数对专业匹配度有调节效应，学校层次越高，学生通过参加社团活动每多获得一单位社会关系对专业匹配度的影响越小。不同学校学生通过参加党团活动获得的社会关系人数对能力匹配度没有调节效应，即无论学校水平高低，学生通过参加党团活动每多获得一单位社会关系对能力匹配度的影响提高0.0155。不同学校学生在就业过程中对自己提供帮助的社会关系人数对能力匹配度没有调节效应，即无论学校水平高低，学生在就业过程中每多获得一单位对自己提供帮助的社会关系对能力匹配度的影响下降0.00282。不同学校学生通过参加党团活动获得的社会关系人数对期望匹配度没有调节效应，即无论学校水平高低，学生通过参加党团活动每多获得一单位社会关系对期望匹配度的影响提高0.0285。不同学校学生在就业过程中对自己提供帮助的社会关系人数对期望匹配度没有调节效应，即无论学校水平高低，学生在就业过程中每多获得一单位对自己提供帮助的社会关系对期望匹配度的影响下降0.00232。不同学校学生通过参加党团活动获得的社会关系人数对工作满意度有调节效应，学校层次越高，学生通过参加党团活动每多获得一单位社会关系对工作满意度的影响越小。不同学校学生在就业过程中对自己提供帮助的社会关系人数对工作满意度没有调节效应,即无论学校水平高低,学生在就业过程中每多获得一单位对自己提供帮助的社会关系对工作满意度的影响下降 0.00284。不同学校学生在就业过程中对自己提供帮助的社会关系人数对单位认可度没有调节效应,即无论学校水平高低,学生在就业过程中每多获得一单位对自己提供帮助的社会关系对单位认可度的影响下降 0.00295。不同学校学生通过参加党团活动获得的社会关系人数对岗位认可度有调节效应,学校层次越高,学生通过参加党团活动每多获得一单位社会关系对岗位认可度的影响越小。不同学校学生在就业过程中对自己提供帮助的社会关系人数对岗位认可度没有调节效应,即无论学校水平高低,学生在就业过程中每多获得一单位对自己提供帮助的社会关系对岗位认可度的影响下降 0.00252。

二、先赋性社会资本通过自致性资本影响就业质量的中介机制分析

上文对先赋性社会资本和自致性资本对就业质量影响中的调节机制进行了分析,接下来,笔者将从中介变量的角度分析两种资本对就业质量的影响机制。

表 4-34 父亲学历通过奖学金获得情况对工作环境的影响

先赋性社会资本	工作环境	国家级学业奖学金获得情况	工作环境
父亲学历为小学及以下	0	0	0
	(.)	(.)	(.)
父亲学历为初中	0.845**	−0.153	0.895**
	(2.37)	(−0.99)	(2.48)
父亲学历为高中及大专	0.772**	0.341**	0.882**
	(2.21)	(2.24)	(2.47)
父亲学历为本科	1.124***	−0.107	1.185***
	(2.80)	(−0.61)	(2.90)

续 表

先赋性社会资本	工作环境	国家级学业奖学金获得情况	工作环境
父亲学历为研究生及以上	0.816	−0.225	0.900
	(1.11)	(−0.75)	(1.22)
国家级学业奖学金获得情况			0.319*
			(1.89)

假设父亲学历会影响学生国家级学业奖学金获得情况，进而导致学生的工作环境水平的提高。从回归的结果来看，父亲学历对学生工作环境的影响显著，即父亲学历为本科，相较于父亲学历为小学及以下，会促进学生工作环境水平的提高。父亲学历对学生获得国家级学业奖学金的影响显著，即父亲学历为本科，相较于父亲学历为小学及以下，会显著促进学生获得国家级学业奖学金。两者都对工作环境产生正向影响，即父亲学历越高，越会促进大学生获得国家级学业奖学金，也会提高大学生的工作环境水平。

表 4-35 父亲学历通过奖学金获得情况对工作稳定性的影响

先赋性社会资本	工作稳定性	国家级学业奖学金获得情况	工作稳定性
父亲学历为小学及以下	0	0	0
	(.)	(.)	(.)
父亲学历为初中	0.745**	−0.154	0.795**
	(2.13)	(−1.00)	(2.24)
父亲学历为高中及大专	0.654*	0.341**	0.759**
	(1.90)	(2.24)	(2.16)
父亲学历为本科	1.320***	−0.104	1.375***
	(3.19)	(−0.59)	(3.28)
父亲学历为研究生及以上	0.688	−0.229	0.758
	(1.05)	(−0.76)	(1.15)
国家级学业奖学金获得情况			0.289*
			(1.71)

假设父亲学历会影响学生国家级学业奖学金获得情况，进而导致学生的工作稳定性提高。从回归的结果来看，父亲学历对学生工作稳定性的影响显著，即父亲学历为本科，相较于父亲学历为小学及以下，会促进学生工作稳

定性的提高。父亲学历对大学生获得国家级学业奖学金的影响显著，即父亲学历为本科，相较于父亲学历为小学及以下，会显著促进大学生获得国家级学业奖学金。两者都对工作稳定性产生正向影响，即父亲学历越高，会促进大学生的工作稳定性的提高，也会通过增加大学生获得国家级学业奖学金的次数促进其工作稳定性的提高。

表 4-36 父亲学历通过学校水平对工作稳定性的影响

先赋性社会资本	工作稳定性	学校水平	工作稳定性
父亲学历为小学及以下	0	0	0
	(.)	(.)	(.)
父亲学历为初中	0.744**	−0.111	0.795**
	(2.11)	(−0.50)	(2.24)
父亲学历为高中及大专	0.735**	0.0353	0.759**
	(2.09)	(0.16)	(2.16)
父亲学历为本科	1.464***	0.459*	1.375***
	(3.51)	(1.82)	(3.28)
父亲学历为研究生及以上	0.559	−0.582	0.758
	(0.85)	(−1.34)	(1.15)
学校水平			0.256***
			(2.78)

假设父亲学历会影响学生选择的学校，进而导致学生的工作稳定性的提高。从回归的结果来看，父亲学历对学生工作稳定性的影响显著，即父亲学历为本科，相较于父亲学历为小学及以下，会促进学生工作稳定性的提高。父亲学历对学生选择的学校的影响显著，即父亲学历为本科，相较于父亲学历为小学及以下，会显著增加学生选择高水平的学校的概率。两者都对工作稳定性产生正向影响，即父亲学历越高，会促进学生工作稳定性的提高，也会通过选择高水平的学校促进学生工作稳定性的提高。

表 4-37　父亲学历通过学生干部经历对专业匹配度的影响

先赋性社会资本	专业匹配度	学生干部	专业匹配度
父亲学历为小学及以下	0	0	0
	(.)	(.)	(.)
父亲学历为初中	0.153	0.164*	0.183
	(0.45)	(1.78)	(0.53)
父亲学历为高中及大专	0.205	0.155*	0.237
	(0.60)	(1.70)	(0.70)
父亲学历为本科	0.704*	0.166	0.731*
	(1.82)	(1.60)	(1.89)
父亲学历为研究生及以上	1.139*	0.415**	1.217*
	(1.72)	(2.32)	(1.82)
学生干部			−0.176
			(−0.82)

假设父亲学历会影响学生大学期间担任学生干部，进而促进学生专业匹配度的提高。从回归的结果来看，父亲学历对学生专业匹配度的影响显著，即父亲学历为初中、高中以及研究生及以上，相较于父亲学历为小学及以下，会提高学生的专业匹配度。父亲学历对学生竞选学生干部的影响显著，即父亲学历为初中、高中以及研究生及以上，相较于父亲学历为小学及以下，会有助于学生竞选学生干部。两者都对工作稳定性产生正向影响，即父亲学历越高，越会促进大学生专业匹配度的提高，也会通过促进大学生竞选学生干部，促进其专业匹配度的提高。

表 4-38　父亲学历通过是否使用社会关系对工作稳定性的影响

先赋性社会资本	工作稳定性	是否使用社会关系	工作稳定性
父亲学历为小学及以下	0	0	0
	(.)	(.)	(.)
父亲学历为初中	0.744**	−0.0291	0.770**
	(2.11)	(−0.32)	(2.17)

续 表

先赋性社会资本	工作稳定性	是否使用社会关系	工作稳定性
父亲学历为高中及大专	0.735**	−0.0671	0.732**
	(2.09)	(−0.74)	(2.08)
父亲学历为本科	1.464***	0.0489	1.523***
	(3.51)	(0.48)	(3.62)
父亲学历为研究生及以上	0.559	0.404**	0.858
	(0.85)	(2.28)	(1.27)
是否使用社会关系			−0.671***
			(−2.95)

假设父亲学历会影响学生使用社会关系，进而促进学生的工作稳定性的提高。从回归的结果来看，父亲学历为研究生及以上，相较于其学历为小学及以下，对学生工作稳定性的影响显著，说明父亲学历会促进学生工作稳定性的提高。父亲学历对大学生是否使用社会关系的影响显著，即父亲学历为本科，相较于父亲学历为小学及以下，会显著促进学生使用社会关系。两者都对工作稳定性产生正向影响，即父亲学历越高，越会促进大学生工作稳定性的提高，也会通过促进大学生使用社会关系，进而促进其就业稳定性的提高。

三、自致性资本内部影响就业质量的中介机制分析

大学生人力资本对就业质量的影响，比较重要的因素有学习成绩、国家级学业奖学金获得情况、参加院级学生社团活动次数、独立组织学生院级活动的次数。它们之间的相互影响在前文的分析中并没有详细阐述，本节首先探讨学习成绩对学生获得国家级学业奖学金的影响，以及对就业质量的影响。

表 4-39　学习成绩通过国家级学业奖学金获得情况对工作稳定性的影响

自致性资本	工作稳定性	国家级学业奖学金获得情况	工作稳定性
学习成绩	1.139***	0.397***	1.035***
	(2.86)	(3.01)	(3.22)
R	0.262	0.0458	0.252
	(1.21)	(0.61)	(1.16)
X	−0.0276	0.158***	−0.0691
	(−0.28)	(4.31)	(−0.67)
Y	0.187	0.452***	0.0663
	(1.14)	(8.70)	(0.34)
国家级学业奖学金获得情况			0.403**
			(2.15)

假设学习成绩会影响学生获得国家级学业奖学金,进而促进学生的工作稳定性的提高。从回归的结果来看,学习成绩对学生工作稳定性的影响显著,即学习成绩会促进学生工作稳定性的提高。学习成绩对学生获得国家级学业奖学金的影响显著,即学习成绩上升会显著促进大学生获得国家级学业奖学金。两者都对工作稳定性产生正向影响,即学习成绩会促进学生的工作稳定性的提高,也会通过增加学生获得的国家级学业奖学金,进而促进其工作稳定性的提高。

表 4-40　大学期间参加院级学生社团活动次数通过独立组织学生
院级活动的次数对工作薪资水平的影响

自致性资本	工作薪资水平	独立组织学生院级活动的次数	工作薪资水平
大学期间参加院级学生社团活动次数	0.542***	0.200***	0.446***
	(8.31)	(11.16)	(5.81)
独立组织学生院级活动的次数	−0.0738	0.225***	−0.181
	(−0.33)	(3.63)	(−0.79)
独立组织学生校级活动的次数	0.169	−0.0145	0.176
	(1.19)	(−0.37)	(1.24)

续　表

自致性资本	工作薪资水平	独立组织学生院级活动的次数	工作薪资水平
平均每月从事校外兼职的次数	0.244	−0.0299	0.258*
	(1.64)	(−0.73)	(1.75)
独立组织学生院级活动的次数			0.478**
			(2.32)

假设大学期间参加院级学生社团活动次数会影响大学生独立组织学生院级活动的次数，进而促进学生工作薪资水平的提高。从回归的结果来看，大学期间参加院级学生社团活动次数对学生工作薪资水平的影响显著，说明大学期间参加院级学生社团活动会促进学生工作薪资水平的提高。大学期间参加院级学生社团活动次数对大学生独立组织学生院级活动的次数的影响显著，即大学期间参加院级学生社团活动次数的增加会显著促进大学生独立组织学生院级活动的次数。两者都对工作薪资水平产生正向影响，即大学期间参加院级学生社团活动会促进大学生工作薪资水平的提高，也会通过增加大学生独立组织学生院级活动的次数，进而促进其工作薪资水平的提高。

第五章

研究结论与对策建议

一、研究结论

二、基于自致性资本的大学生就业指导工作改进对策

三、本研究可能的创新点和不足

一、研究结论

第一，大学生自致性资本对就业质量有显著影响且作用大于先赋性社会资本。在自致性资本和先赋性社会资本对大学生就业质量的综合影响分析中，自致性资本影响就业质量的回归系数为 0.26，非自致性资本影响就业质量的回归系数为 0.15，由此我们可以得出自致性资本的影响显著大于非自致性资本。从工作薪资来看，学校层次、专业类型、政治面貌等自致性资本对大学生就业质量影响显著。学校层次越高，大学生工作薪资相对越高；大学生党员身份对去党政机关或国企就业的概率要大于非党员身份；而父母职业、父母学历等非自致性资本虽然对大学生初职起薪有一定的影响，但影响甚微，尤其是对大学生后续的职业发展几乎没有影响。相较于非自致性资本，大学生自致性资本具有更好的可调控性，这给就业指导工作留下了更大的活动空间；同时，当我们关注大学生就业质量、就业后的发展问题时，大学生的自致性资本具有更好的可持续性影响。这说明中国社会越来越开放、文明和现代化，越来越认可通过个人努力来实现阶层跃升。

第二，大学生自致性资本对就业质量的影响是综合性的，虽然单独的人力资本和后致性社会资本均对大学生高质量就业有贡献，但自致性资本强的大学生在高质量就业过程中更占优势。大学生的人力资本水平越高，其就业竞争力越强，在寻求就业岗位和职业发展中，动用社会资本的动机就越小。经管类专业大学生主要就业去向为企业，相比政府、事业单位和教师岗位，许多企业尤其是外企和民企的招聘信息都是通过网络发布的，提高了招聘的透明度，压缩了社会资本的使用空间。此外，研究表明，高人力资本大学生比低人力资本大学生得到就业管理部门、实习单位、相关老师等推荐的机会更多，意向达成度更高，在未来的工作中能够很快脱颖而出；而低人力资本大学生更有可能利用家人、亲属等先赋性社会资本或同学、朋友等后致性社会资本寻求就业机会。通过分析人力资本和后致性社会资本对大学生就业质量的影响发现，兼职时间更长的大学生，兼职培育的社会资源越丰富，越可能通过社会实践活动求职，从而提高就业意愿达成度和就业质量。大学生兼职尤其是校外兼职时间越长，就业目标就越明确，就业准备就越充分，他们通常会选择合意的实习单位，也越容易被用人单位录用。从事兼职或者组织学生社团也对工作薪资水平和工作城市条件等就业质量指标有正向影响。竞选成为学生干部对工作专业匹配度、能力匹配度、工作满意度、岗位认可度等就业质量指标的影响较为显著。通过参加政治活动或者兼职获得的社会关系对期望匹配度、工作满意度等就业质量指标有正向影响。综上可知，虽然单独的人力资本和后致性社会资本均对大学生高质量就业有贡献，但自致性资本强的大学生在高质量就业过程中更占优势。

第三，在影响机制方面，性别、贫困生、独生子女三个先赋性特征对大学生自致性资本影响就业质量的调节机制以及中介机制具有复杂影响。父母职业、父母学历等先赋性因素对大学生在校学习成绩、各类奖学金获得的影响微乎其微，但对竞选学生干部、改变政治面貌产生一定影响。在调节机制方面，相较于独生子女，非独生子女从事校外兼职对工作满意度的评价更高；相较于非贫困生，贫困生获得专业技能奖学金对工作满意度的评价更高；相较于男生，女生从事校内兼职对能力匹配度的评价更高。在工作薪资水平、满意度方面，男生高于女生。在中介机制方面，大学生学习成绩的上升会显著增加大学生获得国家级奖学金的次数，并且两者都对工作稳定性产生正向影响，即学习成绩会促进大学生工作稳定性的提高，也会通过增加大学生获得国家级奖学金的次数促进其工作稳定性的提高。大学期间参加院级学生社团活动次数对大学生独立组织学生院级活动的次数产生正向影响，即大学生大学期间参加院级学生社团活动次数的增加会显著促进大学生独立组织学生院级活动的次数的增加，并且两者都对工作薪资水平产生正向影响，即大学生大学期间参加院级学生社团活动会促进大学生工作薪资水平的提高，也会通过增加大学生独立组织学生院级活动的次数促进其工作薪资水平的提高。

二、基于自致性资本的大学生就业指导工作改进对策

大学生的就业质量受人力资本、社会资本等因素的影响。因此，要根据社会环境的发展变化，动态分析人力资本和社会资本中影响大学生高质量就业的各种因素，从不同维度分析提高大学生就业质量的策略。本研究发现：第一，相较于先赋性社会资本，大学生自致性资本具有更好的可调控性，这给就业指导工作留下了更大的活动空间；第二，当我们关注大学生的就业质量和就业后的发展问题时，大学生的自致性资本具有更大的可持续性影响。因此，要通过合理开发教育性人力资本、实践性人力资本、后致性社会资本等自致性资本来实现大学生的高质量就业。

（一）加强学业指导，夯实教育性人力资本

研究发现，学习成绩、学业奖学金获得情况、专业技能奖学金获得情况、英语水平和计算机水平等教育性人力资本对大学生就业质量影响显著。根据人力资本理论，个体通过学校的正规或非正规教育，对教育性人力资本进行投资，从而实现学业能力的不断提高。因此，高校要加强学业指导，做好学业规划；大学生要学好专业知识，提升专业技能，不断夯实教育性人力资本。

1. 高校：加强学业指导，做好学业规划

首先，高校要通过就业指导课程增强大学生学业规划意识，让大学生充分认识到大学学业的重要性。目前，高校普遍开设了"大学生职业生涯规划"等就业指导类课程，这类课程最重要的功能是让新入学的大学生树立规划意识。大学生做好职业规划最重要的是先做好大学期间的学业规划。当前，受到"上了大学就轻松了""大学想挂科都难"等思想的影响，很多大学生存在着学习懒散、轻松度日的现象。因此，高校要在学生大学第一学期开设"大学生职业生涯规划"课程，通过理论知识讲解、典型案例分析、优秀学长分享等方式，让大学生正确认识大学生活，帮助大学生树立规划意识，并指导

大学生做好学业规划。与此同时，高校还要加强就业指导课程的师资队伍建设，提高指导教师的业务水平和专业素质，以便于其更全面有效地对大学生进行指导。目前，高校就业指导教师多为学校的政工干部，这类人员虽然就业实践经验丰富，但缺乏相应理论素养，因此高校需要遴选一批有实践就业经历、教学背景契合的"双师型"专业就业指导教师，实现理论与实践的统一。同时，高校要对就业指导教师进行系统且充分的培训，定期开展就业业务理论知识学习活动，选派相关教师到同领域有突出成效与特色做法的高校进行学习探讨与交流，使教师开阔就业工作视野，从而提高就业指导队伍的水平。在遴选标准上，学校要提高就业指导教师的准入门槛，制订涵盖人员遴选、绩效考核、学业评价等的严格准入标准，保证高校就业指导教师的专业水准与业务能力。在日常综合评测上，学校要对教师的就业指导效果制订科学的考核指标，包括大学生对就业指导课程的满意度、大学生就业后职业发展速度和质量的跟踪等，通过上述指标促使就业指导教师切实落实好就业指导工作。

其次，高校要坚持大学生学业规划的长期指导，做好学业规划落实的过程性监督。高校辅导员和本科生导师应做好日常学业辅导和学业规划的过程性监督工作。教育部原党组书记、部长陈宝生在2019年全国高校辅导员优秀骨干培训班开班仪式上的讲话中指出，要从工作作用的角度全面认识辅导员的"辅"，要从辅导员岗位的特殊性出发，做好党委工作的助手、教师教学的助手、学生学习的助手，要从辅导员工作主辅二重性出发，做思想政治工作的主攻手、学生管理的主导者、学生成长的主心骨；要从工作方法的角度深刻认识辅导员的"导"，要加强政治领导、思想引导、情感疏导、学习辅导、行为教导、就业指导，守护学生的人生航向，坚守阵地，引导学生正确处理各种关系，解决学习中遇到的难题，旗帜鲜明，体察入微，引导学生科学做好人生规划，顺利走向社会。辅导员是教师教学和学生学习的助手，理应做好学生的学习辅导工作，而辅导员作为最贴近学生、最了解学生的一线工作人员，作为学生管理的主导者，是对落实大学生学业规划进行过程性监督的最佳人选。此外，部分高校普遍设置了本科生导师制，本科生导师是大学生学业指导的不二人选。本科生导师的指导和辅导员过程性的监督可以有效保障大学生学业规划工作的落实。

2. 大学生：学好专业知识，提升专业技能

首先，大学生要学好专业知识，充分认识到学业成绩的重要性。大学生应全面掌握所学专业知识，结合自身特点制订合理的学习目标计划和学业规划，有计划地、有针对性地学习，广泛阅读专业书籍，不断更新知识体系，切忌"蜻蜓点水""浅尝辄止"式学习，要做到学一行专一行精一行，深入透彻地理解所学内容，以取得优异的学习成绩。大学生要充分认识到学业奖学金的重要作用，这是大学生学习成绩最有力的证明，也是用人单位比较看重的。因此，大学生要制订并落实好个人的学业规划，尽可能多地获得更高级别的奖学金。除了学校的奖学金外，还有一些社会机构或其他单位资助的社会类奖学金，大学生也可以积极争取。大学生还要利用课外时间阅读其他专业书籍，不断学习新知识，在保持自身学习力的同时，拓宽知识面，培养多角度、多思维、宽视野地分析问题、解决问题的能力。

其次，大学生要提升专业技能，充分认识到专业技能的重要作用。一是要提升通用技能。当前就业市场对大学生专业能力水平的甄别手段多种多样，资格证书是反映大学生学习能力与专业知识水平的重要指标，能够有效解决就业市场中信息不对等、不对称的问题，发挥着人力资源配置的信息传导作用，使大学生能够在就业市场中人尽其才、人职匹配。大学生在专业知识学习过程中也要制订中长期学习规划，结合个人的知识能力与兴趣爱好，以发展的眼光考取各类资格证书。大学英语四六级、计算机二级等技能已经成为大学生的必备技能，尤其是大学英语四级，已经成为部分高校大学生毕业的必要条件。与高中时期相比，大学期间的英语课时锐减，大学生进入大学后要注意加强大学英语的学习，除了上课时间以外，还要制订自己的学习计划，注重日常积累，不要等到考试前进行突击学习，这样即便可以通过大学英语等级考试，分数也不会很高。对于英语基础相对薄弱的大学生，除自学外，还可以通过参加专门的培训等方式提升自己的英语水平。有条件的同学还可以报考雅思、托福等，这样英语水平会上升到新的高度，不仅有利于找到更高质量的工作，而且在工作中还会发挥语言优势，提升工作满意度。除提升英语水平外，计算机二级证书也成为很多用人单位招聘的门槛，因此，大学生在加强专业学习的同时，要积极考取计算机二级证书。很多大学生在面试过程中或初入职场时就表现出办公软件使用方面的短板，而现在计算机等级

证书已经有了二级 Office 考试,参加这样的考试既能获得必备的计算机二级证书,而且能有效提升办公能力。有能力的大学生还可以根据自身的职业发展需要,有规划地考取计算机三级或四级等更高级别的资格证书。大学生还可以根据自身发展需要,考取其他通用型技能证书,比如普通话等级证书等。二是要提升专业技能。本研究发现,除了学习成绩、学业奖学金、大学英语水平和计算机水平外,专业技能奖学金也是教育性人力资本中影响大学生高质量就业的重要因素,因此大学生在学习生活中要着力加强专业技能的训练。大学生在学习之余要抓住参加"挑战杯""创青春""互联网+"等学科竞赛的机会,参加学科竞赛是大学生在校期间提升个人能力的非常有效的途径,不仅能深化课程所学,而且能拓宽知识面。因此,大学生在入学时就要主动了解自己所学学科可以参加的学科竞赛有哪些,找到自己感兴趣的项目之后尽早加入学长学姐的团队,在不断学习知识、积累经验的过程中实现从"成员"到"负责人"的蜕变。大学生通过"挑战杯""创青春""互联网+"等学科竞赛的训练,能够提升自己的教育性人力资本,对于实践性人力资本和后致性社会资本的积累也有很大的促进作用。

(二)突出实践导向,开发实践性人力资本

研究发现,学生社团、学生干部、校内外兼职等实践性人力资本对大学生就业质量影响显著。根据人力资本理论,个体通过积累的工作经验和劳动力市场迁移,对实践性人力资本进行投资,从而实现实践能力的不断提高。因此,高校要转变教育观念,搭建实践平台;大学生要积极参加实践,提升实践能力,不断开发实践性人力资本。

1. 高校:转变教育观念,搭建实践平台

首先,高校要转变传统的教育观念,树立以实践应用为导向的综合素质教育观。传统的高校本科生教育专注于培养具体领域的人才,方向明确但口径狭窄。随着社会经济体制的改革、产业结构的转型、新兴技术的不断发展、工作岗位与职业领域的深刻变革,就业单位对大学生的专业知识、技术和职业素养不断提出更全面、更综合的新要求,高校本科教育的理念已经不能适应当下的社会需要。同时,当前双向选择的就业岗位竞争方式导致部分大学生的专业方向与其选择的岗位不匹配,部分大学生也会选择自主创业、考取

国家公务员等，这就要求本科生教育必须由单向度的专业教育转变为以实践为导向的综合教育。大学生的综合素质包括多重维度，涉及理想信念、文化知识、业务能力、身心健康等，高校应当将这几类素质作为除专业知识以外的基础性能力加大培养力度，凸显专业教育的新时代特色。

其次，要将实践教学贯穿高校大学生教学的全过程。一是实践意识与能力的养成区别于理论知识的教育灌输，需要受教育者接受知识后逐渐内化，再外化为具体的专业性能力，这要求受教育者的经验与知识体系有一段稳定且长期的教育与构建过程。二是要积极引导大学生亲身参与实践教学。实践教学要保证大学生能够在班级或年级营造的实践共同体的情境中实际承担应尽的任务与责任，从而提升大学生在实践教学中的参与感。三是要将理论教学与实践教学充分结合。提倡实践教学并不意味着放弃或减少理论学习，而是让大学生在理论学习的过程中，不仅要理解专业课知识，还要提升与专业相关的创新能力与实践转化能力。教师在课堂教学中可以预先创设实践情境，为大学生设计面向未来就业所需的各项能力指标，再依据现实的需要设计配套课程，由于实践教学体系是以创设实践情境为中心、以实践项目为基本构建的，因此能够在理论讲授的同时满足实践教学的目标要求。四是要注重课程结构的设计。课程结构的设计要有中心意识，即始终围绕着实践项目的具体任务，但这并不意味着课程结构的构建仅是从实践到理论的单向度的线性模式，而是以实践为起点，在实践的基础上促进理论知识和实践经验的充分结合，最终回归实践能力的成长。在这种机制的作用下大学生能够更有效地理解、掌握实践要素和理论知识。五是要搭建实践平台，为大学生提供更多的实践机会。学校不仅可以组织丰富的校园文化活动，还可以搭建校企合作平台、构建校企合作机制，与社会上的优质企业开展交流合作，为大学生提供更多的实践机会。

2. 大学生：积极参加实践，提升实践能力

首先，大学生要积极参加校内实践。一是大学生要积极加入校内社团、学生会等大学生组织。学生干部身份本质上影响着大学生实践性人力资本的积累水平。因此，大学生要积极参加学校社团、学生会等大学生组织，以及年级、班级学生干部的竞选。高校的各类大学生组织大都是由志趣相投的大学生自发组成的，大学生利用课余时间活跃于各类社团实践活动中，活动组

织协调等过程为他们加强人与人之间的交流与互动提供了锻炼机会，他们的语言表达能力和互助协作能力经过训练也得到提高，这都对大学生未来高质量就业产生重要影响。大学生社团与社会往往会通过某些活动而建立紧密联系，大学生参加社团活动可以更加贴近社会生活，增加阅历与社会知识，从而更好地适应社会。二是大学生要积极参加学校社团组织的校园文化活动。校园文化活动不仅能够帮助大学生提高人文素养、培养兴趣爱好，还能使大学生在参与活动过程中收获工作技能以及校园内的实践性人力资本。调研显示，用人单位招聘高校毕业生时关注的主要素质是大学生的人际交往能力、沟通表达能力等，而不是单纯地关注大学生的学习成绩，人际交往能力、沟通表达能力强的大学生往往在择业、就业中更具有优势。在参与校园活动的过程中，大学生会经历笔试、面试等环节，也会尝试在群体中表达、阐述自己的观点，这有利于培养其倾听的能力及自我表达的能力。大学生组织成员共同制订工作计划、与上下级沟通工作、向社会团体募集活动资金等，这有利于培养大学生的组织能力、合作能力及创新创造能力。大学生在学校积极参与校园文化活动也可以打破自身所处学院、年龄、民族、地域的限制，将个人活动时间与空间拓展到校园的多个维度，将资本积累范围扩大，突破时间、空间的局限性，为今后提高人际交往能力、沟通表达能力打下基础，获取并运用校友、老师等群体的社会资本，帮助自己择业就业。三是大学生要学会充分利用学校提供的实践课程资源。大学生要用心参与实践课程训练，认真观察老师是如何操作的，在老师的指导下独立思考，逐渐摆脱对老师的过分依赖，亲自动手操作，不盲目从众和随波逐流，要有主见，在实践过程中不断提升创造力以及独立自主地分析问题和解决问题的能力。

其次，大学生要积极参加校外实践活动。大学生在校园内参加的实践活动是将自身活动范围从班级、学院逐渐扩展到全校，参加校外实践活动则是将自身活动范围从校园内扩展到社会。大学生在学校受到的教育局限于专业知识教育和思想道德教育等，主动参与社会实践则可以帮助大学生完成社会化，积累不一样的社会资本。校内外兼职和用人单位实习都是校外实践的重要方式，大学生在兼职和实习中可以学习工作岗位必需的综合技巧，弥补自身的不足，为以后进入工作岗位奠定良好基础。大学生在兼职和实习过程中，要主动将所学理论知识运用到实践中，认真学习，详细分解工作流程，培养动手操作能力，根据实际工作岗位要求全面提高自身的各方面技能。大学生在实习过程中还可能被用人单位认可甚至提前录用，这不仅能够解决个人的高质量就业问题，而且能有效地为企业节省招聘和培训成本，提高企业的经济效益。

(三) 重视社交能力，积累后致性社会资本

研究发现，政治活动衍生的社会关系、实习活动衍生的社会关系等后致性社会资本对大学生就业质量影响显著。根据雇主动机理论和社会资本理论，用人单位倾向于利用社会关系网络招聘新员工，从而快速实现人职匹配，提升员工对组织的忠诚度。因此，高校要注重素质培养，提升学生的交际能力；大学生要积累社会关系，构建关系网络，不断积累后致性社会资本。

1. 高校：注重素质培养，提升学生的交际能力

首先，高校要转变教学观念，将素质培养贯穿大学生培养全过程。高校承担着立德树人的根本任务，践行着教书育人的光荣使命，除履行"教书"职责以外，还要发挥"育人"作用。因此，高校要转变传统的教学观念，除注重课堂教学外，还要注重大学生整体素养的提升。一方面，高校要树立素质培养观念，将素质培养纳入大学生培养方案，专业课教师、学生工作人员等全体教师要形成育人合力，致力于培养德智体美劳全面发展的时代新人。另一方面，高校要将素质培养贯穿大学生培养全过程，素质培养要融入教学课堂、学生活动、实习实践等大学生培养的各个环节，尤其是着力培养用人单位重点关注和大学生发展必需的区别于专业能力的可迁移能力，其中很重要的一项能力就是交际能力。

其次，高校要着力提升大学生的交际能力。研究发现，大学生在政治活动衍生的社会关系、实习活动衍生的社会关系中获得的人际关系对高质量就业产生显著的影响。交际能力主要囊括四个方面：一是对环境的辨析能力。大学生要有效地达成社交目的必须紧紧依托当时的情势。社交环境瞬息万变，交往的客体也具备独特性，大学生只有掌握对不同情境间细微差别的区分能力，结合敏锐的判断力和观察力，才能适应不同的社交环境。二是要具备对人物心理状态的洞察力。人物的行为举动均取决于其心理状态，大学生只有尝试了解对方的处境与内心感受，才能提升交际能力。三是要具备良好的表

达能力。人际交往的最主要表现形式是语言，因此大学生要寻求公开或小范围发表看法的机会，根据不同对象把握发言的深度与得体程度，同时要注重体态语言的使用。四是要提高人际融合能力。大学生要融入社会和工作岗位必须从自身对世界的认识入手，敢于面对、接纳外界事物，要用积极的心态分析、认识社会现实，努力摒除生活中的消极因素，坚决和负面事情作斗争，充分融入主旋律团体。高校在关注大学生学业的同时，要着力提升大学生的交际能力，可以从以下三个方面入手。第一，教师要在专业授课中提高大学生的交际能力。教师在教学过程中要坚持"以学生为中心"的教学理念，采用启发式教学法、案例讲授法和集体讨论法等教学方法，为大学生提供更多互动和协作的机会，大学生在与他人的互动和协作中可以提升交际能力。第二，高校要通过大学生活动提升大学生的交际能力。学生工作要结合学生发展需要，高校要多设计学生感兴趣、易参与、有利于培养交际能力的活动，让大学生在活动中潜移默化地提升自己的交际能力。第三，高校要在就业指导中提升大学生的交际能力。当前，大学生就业指导已经前置化，从原来的大三阶段开展就业指导逐步前置到大一阶段，就业指导可以说贯穿了大学生学业生涯的全过程。大学生就业指导包括政策宣讲、观念引导、理论传授、技能培训等方面，比如，开展专题讲座，提升大学生对环境的辨析能力、对人物心理状态的洞察力、语言表达能力和人际融合能力，积累后致性社会资本。

2. 大学生：积累社会关系，构建关系网络

首先，大学生要树立培养社会关系的意识。社会性是人与动物相区别的重要特征之一。无论是就业求职还是制订未来的工作规划，大学生都需要树立积累和培育一定社会关系的意识，通过提升自己的学业、能力、情商、口碑等获得更多人的认可，积累尽可能丰富的后致性社会资本。大学生要在学习生活、学生活动、实习实践等所有与人交际的活动中牢固树立培养社会关系的意识。

其次，大学生要构建个人社交关系网络。第一，大学生要主动与学院负责就业的教师、学生组织建立社交关系。目前，各高校都成立了完整建制的学生就业指导服务部门，主要负责大学生就业指导、就业服务、与用人单位对接等工作。一方面，学校学生就业指导服务部门的教师掌握着全校毕业生

信息，对各学院各专业学生的就业质量了然于心，也积累了丰富的就业指导经验；另一方面，他们常年与用人单位打交道，甚至派人到用人单位实地走访，既带回了招聘信息，又在客观上进行了核实把关，对用人单位情况掌握得比较立体形象。此外，高校就业部门都会成立一些协助就业工作的大学生组织，比如就业形象大使、就业服务团、签约派遣服务团、学院就业互助小组等。这些就业服务组织既对接就业管理部门，又在其指导安排下服务于用人单位，他们因为工作内容的关系，是最早接触用人单位的组织或个体，能够第一时间了解各用人单位的招聘情况和进度。因此和这些组织或个人保持良好关系，无疑会对大学生择业、就业产生非常积极有利的影响。第二，大学生要主动与任课教师建立社交关系。专业课教师，尤其是本、研导师掌握着大量的校友资源和用人单位资源，他们拥有一些招聘信息渠道和推荐学生的权力。因此，大学生应在课堂上积极表现，努力通过良好的课堂表现和优异的学习成绩赢得老师们的认可，建立良好的师生关系。一旦有合适的就业机会，专业课教师们也会及时伸出援助之手。此外，要重视形成密切的同门师兄弟关系。在高校，本科生导师制的实施使得本研学生产生师门交叉，并由此形成了庞大的社交关系网络，同门师兄弟的学习经历趋同，相互之间更容易形成信任关系。第三，大学生要主动与优秀校友群体建立社交关系。事实证明，校友资源是实现快速就业的法宝。很多用人单位因为同校、同学院或同专业等隐性的却实实在在存在的联系，大大提高了对学生的信任度和认可度，从而与大学生达成了就业意向。大学生平时要通过校友报告会、校友论坛、学术研讨会、校庆、协助学院校友工作等渠道，积累优秀校友信息，并通过与其积极联系做好关系维护。第四，大学生要与实习单位保持社交关系。实习是大学生培养的一个重要环节，也是大学生从象牙塔走向社会、了解社会的一个重要途径。然而，在认识层面，不同的大学生、不同的家庭对实习有着不同的认识，有的大学生认为实习仅仅是走过场，有实习这段经历就行了，有的大学生则非常重视实习机会，在寻找实习单位、完成实习工作的过程中投入了大量的精力，其表现往往容易得到实习单位领导和同事的认可，这为后期的成功应聘打下了良好的情感基础和认识基础。更重要的一点是，在实习阶段，毕业生能够提升自己，检验已学过的知识理论，培养理论转化为实践的能力，锻炼灵活应变能力、待人接物能力、语言表达能力，这些都是在大学课堂里难以学习到的。比如经管类学生处理如何与客户沟通、如何与用人单位主管领导沟通、如何与竞争实习生相处等问题的过程,都是个人素养提升和工作经验积累的过程。在实习阶段,大学生在学习知识、提升能力、积累经验的同时,要注重与用人单位领导和同事的人际交往,建立起良好的社交关系,从而形成后致性社会资本。大学生要充分认识到实习的重要性,要好好利用实习机会,尽快与实习单位或用人单位形成信任关系,以争取较好的就业机会。

总之,后致性社会资本作为人力资本的有益补充,对大学生就业会产生积极显著的影响。与先赋性社会资本不同,其具有可控性,可以通过后天形成。因此,大学生应从观念上高度重视后致性社会资本,从行动上注重培养和积累后致性社会资本。

三、本研究可能的创新点和不足

(一) 本研究可能的创新点

本研究重点关注了自致性资本、就业质量的概念、指标体系,可能进行了两个方面的创新:

一是本研究强调的自致性资本对大学生就业质量存在显著正向影响,对大学生规划学习生活和职业生涯起到指示作用。国内现有的关于社会资本和人力资本对大学生就业质量影响的研究,大多从教育学、经济学、社会学、心理学等角度分析大学生的就业问题。即便有从社会资本的角度进行研究的,也只是调查大学生的先赋性社会资本,关于大学生后致性社会资本的研究较少,有的也只是将人力资本和社会资本作为单独指标进行研究,缺乏整体性研究。事实上,作为自致性因素,人力资本和社会资本尤其是后致性社会资本是相辅相成的,它们共同对就业质量产生一定的影响。本研究在人力资本、社会资本等理论框架基础上,从大学生高质量就业的角度出发,重点关注大学生的自致性资本对高质量就业的影响。

二是本研究以自致性资本为核心，探索分析了大学生就业质量的影响机制，拓宽了研究思路，在丰富理论研究和创新工作实践方面都为大学生实现高质量就业工作提供了可借鉴的参考和建议。

（二）本研究存在的不足

学术研究是站在前人的肩膀上，根据研究设计和研究需要建立自己的研究架构，这就需要理论对话和现实观照，其中个人主观判断会发挥重要作用，会因个人学术能力的差异对研究质量产生影响，本研究也不例外。本研究虽然可能有创新，但存在一些不足，归纳起来主要有以下三点：

一是研究对象样本量相对不足。出于研究兴趣和工作职责，笔者选择经管类专业毕业生作为调查对象，计划通过本研究为经管类专业毕业生的就业提供一些建议，提高其就业时的核心竞争力。这也使得研究对象有失代表性，在后续研究中，笔者会继续跟踪了解经管类专业毕业生的就业质量，进一步增加样本调查量；同时在调查条件允许的情况下，纳入其他专业毕业生就业质量的分析，以弥补本研究的不足。

二是对自致性资本尤其是对后致性社会资本的调查测量可能存在一定的误差。这也是目前研究领域常见的问题之一。对受访者的调查测量都是以当时调查时的情况为准的，由于时间的关系，受访者很难回溯多年前的社会资本使用情况，这就使调查出的自致性资本水平与发生该行为时的实际自致性资本水平存在一定的差异。社会资本本身是比较敏感的话题，因此受访者选择的答案可能与实际情况存在一定的差异，这在一定程度上会影响调查结果的可靠性，最终影响研究的科学性。

三是研究渠道的局限性。本研究所关注的是自致性资本对大学生就业质量的影响，不包括在就业过程中曾经使用过自致性资本导致求职失败的情况。失败是成功之母，正是前期的失败才让大学生积累了成功的经验，最终顺利就业。因此，目前尚无法比较成功与失败的求职方法之间存在的差异。在未来的研究中，笔者将围绕自致性资本，尤其是后致性社会资本，加大对大学生的访谈力度，提高访谈的广度和深度，通过多角度验证来增强研究的可信性和科学性。

参考文献

一、著作类

[1] 卜长莉. 社会资本与社会和谐 [M]. 北京：社会科学文献出版社，2004.

[2] 费孝通. 乡土中国 [M]. 北京：人民出版社，2008.

[3] 郭毅，罗家德. 社会资本与管理学 [M]. 上海：华东理工大学出版社，2007.

[4] 霍布斯. 利维坦 [M]. 黎思复，黎廷弼，译. 北京：商务印书馆，2009.

[5] 布劳，邓肯. 美国的职业结构 [M]. 李国武，译. 北京：商务印书馆，2021.

[6] 贝克尔. 人力资本 [M]. 梁小民，译. 北京：北京大学出版社，1987.

[7] 勃兰特，罗斯基. 伟大的中国经济转型 [M]. 方颖，赵扬，等译. 上海：上海人民出版社，2009.

[8] 李光红. 高质量就业的动态评价与协同治理 [M]. 北京：中国经济出版社，2020.

[9] 李怀祖. 管理研究方法论 [M]. 西安：西安交通大学出版社，2000.

[10] 李惠斌，杨雪冬. 社会资本与社会发展 [M]. 北京：社会科学文献出版社，2000.

[11] 李建民. 人力资本通论 [M]. 上海：上海三联书店出版社，1999.

[12] 梁漱溟. 中国文化要义 [M]. 上海：上海人民出版社，2003.

[13] 林南. 社会资本 [M]. 张磊，译. 上海：上海人民出版社，2005.

[14] 刘军. 社会网络分析导论 [M]. 北京：社会科学文献出版社，2004.

[15] 陆学艺. 当代中国社会阶层研究报告 [M]. 北京：社会科学文献出

版社，2002.

［16］陆学艺. 当代中国社会流动［M］. 北京：社会科学文献出版社，2018.

［17］马歇尔. 经济学原理：上卷［M］. 朱志泰，译. 北京：商务印书馆，1964.

［18］麦可思研究院. 2014年中国大学生就业报告［M］. 北京：社会科学文献出版社，2014.

［19］曲恒昌，曾晓东. 西方教育经济学研究［M］. 北京：北京师范大学出版社，2000.

［20］舒尔茨. 人力资本投资［M］. 蒋斌，张蘅，译. 北京：商务印书馆，1990.

［21］西尼尔. 政治经济学大纲［M］. 蔡受百，译. 北京：商务印书馆，1977.

［22］薛在兴. 打开大学生就业之门的钥匙［M］. 北京：中国社会科学出版社，2011.

［23］亚当·斯密. 国民财富的性质和原因的研究［M］. 郭大力，王亚南，译. 北京：商务印书馆，1972.

［24］苑茜，周冰，沈士仓. 现代劳动关系辞典［M］. 北京：中国劳动社会保障出版社，2000.

［25］科尔曼. 社会理论的基础［M］. 邓方，译. 北京：社会科学文献出版社，1992.

［26］张红岩. 社会资本与就业绩效［M］. 银川：阳光出版社，2012.

［27］张其仔. 社会资本论［M］. 北京：社会科学文献出版社，1997.

［28］张文宏. 中国城市的阶层结构与社会网络［M］. 上海：上海人民出版社，2006.

［29］朱国宏. 经济社会学［M］. 上海：复旦大学出版社，1999.

二、期刊类

［1］边燕杰. 城市居民社会资本的来源及作用：网络观点与调查发现［J］. 中国社会科学，2004（3）：136-146.

［2］卜长莉. 社会资本的负面效应［J］. 学习与探索，2006（2）：54-57.

[3] 蔡昉, 都阳. 工资增长、工资趋同与刘易斯转折点 [J]. 经济学动态, 2001 (9): 9-16.

[4] 曹浩文, 杜育红. 人力资本视角下的技能: 定义、分类与测量 [J]. 现代教育管理, 2015 (3): 55-61.

[5] 陈成文, 谭日辉. 社会资本与大学生就业关系研究 [J]. 高等教育研究, 2004 (4): 29-32.

[6] 陈海平. 人力资本、社会资本与高校毕业生就业: 对高校毕业生就业影响因素的研究 [J]. 青年研究, 2005 (11): 8-15.

[7] 丛亮. 供给侧改革思维下高校大学生就业策略探析 [J]. 思想教育研究, 2017 (4): 108-111.

[8] 邓峰. 高等教育质量与高校毕业生起薪差异分析 [J]. 教育研究, 2013, 34 (9): 42-49.

[9] 杜兴艳. 基于AHP的高校毕业生就业质量跟踪及实证研究 [J]. 教育评论, 2017 (2): 65-69.

[10] 费军, 姚山季. 社会资本与大学生就业: 理论框架及实证分析 [J]. 南京社会科学, 2014 (7): 56-61.

[11] 高光, 张民选. 经济合作与发展组织的三大国际教育测试研究 [J]. 比较教育研究, 2011, 33 (10): 28-33.

[12] 高耀, 刘志民, 方鹏. 人力资本对高校学生初次就业质量的影响: 基于2010年网络调查数据的实证研究 [J]. 教育科学, 2012, 28 (2): 77-85.

[13] 管静娟. 社会资本与大学生就业关系研究 [J]. 青年探索, 2007 (2): 30-33.

[14] 胡鞍钢. 从人口大国到人力资本大国: 1980—2000年 [J]. 中国人口科学, 2002 (5): 3-12.

[15] 胡建国, 裴豫. 人力资本、社会资本与大学生就业质量: 基于劳动力市场分割理论的探讨 [J]. 当代青年研究, 2019 (5): 109-116.

[16] 胡永远, 马霖, 刘智勇. 个人社会资本对大学生就业市场的影响 [J]. 中国人口科学, 2007 (6): 61-67.

[17] 胡永远, 邱丹. 个性特征对高校毕业生就业的影响分析 [J]. 中国人口科学, 2011 (2): 66-75.

［18］黄敬宝．人力资本、社会资本对大学生就业质量的影响［J］．北京社会科学，2012（3）：52-58．

［19］黄炜，方玖胜．基于层次分析法大学生就业质量影响因素评价研究［J］．湖南文理学院学报（自然科学版），2010，22（2）：4．

［20］姜继红，汪庆尧．社会资本与就业行为的实证研究［J］．扬州大学学报（人文社会科学版），2007（6）：70-74．

［21］姜献群．提升大学生就业质量的思考：韩国的经验及启示［J］．教育发展研究，2014，34（17）：26-32．

［22］康小明．社会资本对高等教育毕业生职业发展成就的影响与作用：基于北京大学经济管理类毕业生的实证研究［J］．清华大学教育研究，2006（6）：49-57．

［23］柯羽．高校毕业生就业质量评价指标体系的构建［J］．中国高教研究，2007（7）：82-93．

［24］柯羽．基于主成分分析的浙江省大学毕业生就业质量综合评价［J］．中国高教研究，2010（4）：74-76．

［25］柯羽．就业能力对就业质量的影响［J］．当代青年研究，2010（6）：5．

［26］孔高文，刘莎莎，孔东民．我们为何离开故乡？家庭社会资本、性别、能力与毕业生就业选择［J］．经济学（季刊），2017，16（2）：621-648．

［27］赖德胜，苏丽锋，孟大虎，等．中国各地区就业质量测算与评价［J］．经济理论与经济管理，2011（11）：88-98．

［28］李锋亮，陈晓宇，刘帆．工作找寻与学用匹配：对高校毕业生的实证检验［J］．北京师范大学学报（社会科学版），2009（5）：126-135．

［29］李海峥，贾娜，张晓蓓，等．中国人力资本的区域分布及发展动态［J］．经济研究，2013，48（7）：49-62．

［30］李军峰．就业质量的性别比较分析［J］．市场与人口分析，2003（6）：1-7．

［31］李黎明，许珂．人力资本、社会资本与收入差距：基于中国城市居民收入的分位回归模型分析［J］．复旦教育论坛，2017，15（1）：83-90．

［32］李黎明，张顺国．影响高校大学生职业选择的因素分析：基于社会

资本和人力资本的双重考察［J］.社会，2008（2）：162-180.

［33］李盛聪，余婧，饶雨.国际成人能力评估项目的述评：基于OECD首次成人技能调查结果的分析［J］.现代远程教育研究，2014（6）：12-25.

［34］李涛，孙煖，邬志辉.2021年疫情背景下中国高校应届毕业生就业状况有何变化？一项基于2021年和2020年全国调查数据的实证研究［J］.华东师范大学学报（教育科学版），2022，40（2）：104-107.

［35］李颖，刘善仕，翁赛珠.大学生就业能力对就业质量的影响［J］.高教探索，2005（2）：91-93.

［36］李韵秋，张顺.哪类青年的社会资本更有用？人力资本和社会资本的收入效应再探［J］.中国青年研究，2020（6）：13-19.

［37］李志.独生子女与非独生子女大学生职业价值观的比较研究［J］.青年研究，1997（3）：33-37.

［38］林欣，林素絮.人力资本和社会资本对高职学生就业的异质性影响研究：基于广东省42所高职院校的实证分析［J］.高教探索，2019（8）：53-61.

［39］刘杰，黄耒.社会资本与大学生就业关系的实证考察［J］.统计与决策，2016（12）：110-114.

［40］刘婧，郭圣乾，金传印.经济增长、经济结构与就业质量耦合研究：基于2005—2014年宏观数据的实证［J］.宏观经济研究，2016（5）：99-105.

［41］刘素华.建立我国就业质量量化评价体系的步骤与方法［J］.人口与经济，2005（6）：36-40.

［42］刘勇，张徽燕，李端凤.基于资源观的人力资本测量方法研究［J］.管理学家（学术版），2010（12）：22-30.

［43］陆德梅.职业流动的途径及其相关因素对上海市劳动力市场的实证分析［J］.社会，2005（3）：101-115.

［44］罗浩准，王斌.社会资本视角下大学生就业质量影响及对策［J］.西南师范大学学报（自然科学版），2020，45（5）：80-86.

［45］罗凌云，风笑天.城市独生子女与非独生子女家庭教育的比较研究［J］.青年探索，2001（6）：12-16.

［46］马莉萍，丁小浩.高校毕业生求职中人力资本与社会关系作用感知

的研究［J］.清华大学教育研究，2010，31（1）：84-92.

［47］马永霞，张雪.先赋还是后致：什么在影响大学生就业能力？［J］.教育经济评论，2019，4（1）：74-97.

［48］孟大虎，曾凤婵，杨娟.人力资本、社会资本与大学毕业生求职渠道的选择［J］.中南财经政法大学学报，2011（6）：38-43，143.

［49］孟欢，郑玉洁，蒋承.社会资本与基层就业大学生的个人收入：基于"拜年网"的实证研究［J］.世界经济文汇，2020（2）：106-120.

［50］闵维方，丁小浩，文东茅，等.2005年高校毕业生就业状况的调查分析［J］.高等教育研究，2006（1）：31-38.

［51］潘琰，毛腾飞.就业质量的组合评价研究［J］.东南学术，2015（1）：117-125.

［52］钱雪亚，刘杰.中国人力资本水平实证研究［J］.统计研究，2004（3）：39-45.

［53］乔志宏，宋慧婷，冯明礼，等.人力资本和社会资本与中国大学生就业的相关研究［J］.中国青年研究，2011（4）：24-28.

［54］饶雨.PIAAC评价模式研究及对我国的启示［J］.高等继续教育学报，2015，28（5）：52-57.

［55］申广军，姚洋，钟宁桦.民营企业融资难与我国劳动力市场的结构性问题［J］.管理世界，2020，36（2）：41-56.

［56］盛伟，廖桂蓉.教育人力资本、外部性及时空异化效应：劳动力市场效率视角［J］.南开经济研究，2021（5）：240-256.

［57］孙继红，杨晓江，岳松.OECD的人力资本观、测量指标及启示［J］.辽宁教育研究，2008（12）：3-106.

［58］孙淑军.数理统计方法在中国人力资本存量估算中的应用［J］.武汉工程大学学报，2011，33（11）：105-110.

［59］谭远发.父母政治资本如何影响子女工资溢价："拼爹"还是"拼搏"？［J］.管理世界，2015（3）：22-33.

［60］唐代盛，韩学芳.地区教育人力资本与教育代际传递：抑制或促进［J］.现代教育管理，2020（4）：25-31.

［61］唐科莉.学习以兑现教育承诺：世界银行发布《世界发展报告

2018》[J]. 上海教育，2018（8）：6.

[62] 王德劲，向蓉美. 我国人力资本存量估算 [J]. 统计与决策，2006（10）：100-102.

[63] 王慧，叶文振. 性别意识与女大学生就业质量：基于福建省五所高校的调查 [J]. 人口与发展，2016，22（2）：39-47.

[64] 王霆. 大学生高质量就业的影响机制研究：人力资本与社会资本的视角 [J]. 高教探索，2020（2）：108-114.

[65] 王卫东. 中国城市居民的社会网络资本与个人资本 [J]. 社会学研究，2006（3）：16.

[66] 王文婷. 高等教育与社会资本影响就业的对比实证研究 [J]. 继续教育研究，2018（7）：104-108.

[67] 王向东. 高校毕业生就业质量调查及其对高校教育教学的启示：基于浙江省4届毕业生的实证调查 [J]. 大学教育科学，2016（4）：100-105.

[68] 吴新中，董仕奇. 高校毕业生就业质量评价要素及体系建构 [J]. 科技进步与对策，2017，34（4）：140-144.

[69] 谢宝国，王远伟. 农村籍与城市籍大学毕业生就业获得差异的实证研究 [J]. 教育与经济，2014（1）：46-52.

[70] 谢勇. 基于就业主体视角的农民工就业质量的影响因素研究：以南京市为例 [J]. 财贸研究，2009，20（5）：34-38，108.

[71] 辛斐斐. 人力资本、社会资本与大学生就业研究：回顾与展望 [J]. 重庆高教研究，2019，17（1）：102-109.

[72] 熊艾伦，孙衔华，王子娟. 就业市场中间人行为分析：基于社会资本视角 [J]. 社会，2019，39（5）：184-202.

[73] 徐莉，郭砚君. 大学生就业质量与社会资本关系研究：以武汉高校为例 [J]. 中南民族大学学报（人文社会科学版），2010，30（5）：85-88.

[74] 薛在兴. 社会资本对大学生就业质量的影响：基于北京市14所高校的一项实证研究 [J]. 青年研究，2014（3）：55-64.

[75] 杨胜利，谢超. 就业质量对居民幸福感的影响分析研究：基于CGSS2010的实证分析 [J]. 云南财经大学学报，2015，36（6）：50-57.

[76] 余卉，胡子祥. 寒门再难出贵子？社会资本双重属性下青年就业的

质性研究 [J]. 中国青年研究, 2019 (12): 57-63.

[77] 袁红清, 李荔波. 农村大学生就业质量分析: 基于浙江省1514名农村大学毕业生的调查 [J]. 农业经济问题, 2013, 34 (11): 65-70.

[78] 岳昌君, 白一平. 2017年全国高校毕业生就业状况实证研究 [J]. 华东师范大学学报 (教育科学版), 2018, 36 (5): 20-32.

[79] 岳昌君, 程飞. 人力资本及社会资本对高校毕业生求职途径的影响分析 [J]. 中国高教研究, 2013 (10): 24.

[80] 岳昌君, 丁小浩. 影响高校毕业生就业的因素分析 [J]. 国家教育行政学院学报, 2004 (2): 80-86.

[81] 岳昌君, 邱文琪. 高校毕业生城际流动的特征分析 [J]. 北京大学教育评论, 2019, 17 (3): 88-108, 189-190.

[82] 岳昌君, 张恺. 高校毕业生求职结果及起薪的影响因素研究: 基于2013年全国高校抽样调查数据的实证分析 [J]. 高等教育研究, 2014, 35 (11): 35-44.

[83] 岳书敬. 我国省级区域人力资本的综合评价与动态分析 [J]. 现代管理科学, 2008 (4): 2.

[84] 张车伟. 人力资本回报率变化与收入差距: "马太效应"及其政策含义 [J]. 经济研究, 2006 (12): 59-70.

[85] 张东海. "关系"还是"能力": 研究生就业中人力资本和社会资本的作用研究 [J]. 教育发展研究, 2017, 37 (9): 53-58.

[86] 张帆. 中国的物质资本和人力资本估算 [J]. 经济研究, 2000 (8): 65-71.

[87] 张抗私, 李善乐. 我国就业质量评价研究: 基于2000—2012年辽宁宏观数据的分析 [J]. 人口与经济, 2015 (6): 62-72.

[88] 张少平. 先赋性社会资本在大学生就业中的作用及局限 [J]. 高校辅导员学刊, 2009, 1 (2): 22-25.

[89] 张文宏. 城市居民社会网络资本的阶层差异 [J]. 社会学研究, 2005 (4): 18.

[90] 张晓艳. 大学生就业应注重开发和利用社会资本 [J]. 中国大学生就业, 2008 (6): 47-49.

[91] 赵建国, 王嘉箐. 社会资本对大学生就业质量的影响研究 [J]. 财经问题研究, 2017 (6): 124-131.

[92] 赵娟. 研究生求职行为中社会资本的质性研究 [J]. 高等教育研究, 2005 (12): 83-88.

[93] 赵树海. 人力资本视角下的大学生就业: 评《大学生就业的理论、实证与政策研究》[J]. 中国教育学刊, 2021 (10): 112.

[94] 赵延东, 风笑天. 社会资本, 人力资本与下岗职工的再就业 [J]. 上海社会科学院学术季刊, 2000 (2): 138-146.

[95] 赵延东, 罗家德. 如何测量社会资本: 一个经验研究综述 [J]. 国外社会科学, 2005 (2): 18-24.

[96] 赵延东. 人力资本、再就业与劳动力市场建设 [J]. 中国人口科学, 2003 (5): 24-29.

[97] 郑洁. 家庭社会经济地位与大学生就业: 一个社会资本的视角 [J]. 北京师范大学学报 (社会科学版), 2004 (3): 111-118.

[98] 中国经济增长前沿课题组, 张平, 刘霞辉, 等. 中国经济增长的低效率冲击与减速治理 [J]. 经济研究, 2014, 49 (12): 4-17.

[99] 钟云华, 唐芳芳, 吴克明. 大学生求职过程中人力资本与社会资本的互动分析: 基于"理想类型"视角的个案叙事 [J]. 湖南师范大学教育科学学报, 2021, 20 (4): 113-122.

[100] 钟云华. 社会资本分布失衡对贫困大学生就业的影响 [J]. 湖南师范大学教育科学学报, 2020, 19 (3): 116-124.

[101] 钟云华. 大学毕业生社会资本拥有及影响因素研究 [J]. 教育学术月刊, 2009 (8): 45-47, 56.

[102] 周德禄. 基于人口指标的群体人力资本核算理论与实证 [J]. 中国人口科学, 2005 (3): 56-62.

[103] 周玉. 社会网络资本与干部职业地位获得 [J]. 社会, 2006 (1): 15.

[104] 褚惠萍. 高校贫困生就业存在的问题及对策研究 [J]. 教育与职业, 2005 (32): 10-11.

[105] 朱平芳, 徐大丰. 中国城市人力资本的估算 [J]. 经济研究, 2007

(9): 84-95.

三、外文类

[1] ADLER P S, KWON S W. Social Capital: Prospects for a New Concept [J]. Academy of Management Review, 2002, 27 (1): 23-36.

[2] ARROW K. Higher Education as a Filter [J]. Journal of Public Economics, 1973 (2): 193-216.

[3] BAKER W. Market Networks and Corporate Behavior [J]. American Journal of Sociology, 1990, 96 (3): 589.

[4] BLALOCK H M, BLAU P M, DUNCAN O D, et al. The American Occupational Structure [J]. American Sociological Review, 1967, 33 (2): 296.

[5] BOURDIEU P. Le Capital Social: Note Provisoires [J]. Actes de la Recherche en Sciences Sociales, 1980 (3): 2-3.

[6] BOXMAN E A W, GRAAF P M D, FLAP H. The Impact of Social and Human Capital on the Income Attainment of Dutch Managers [J]. Social Networks, 1991, 13 (1): 51-73.

[7] BRIDGES W P, VILLEMEZ W J. Informal Hiring and Income in the Labor Market [J]. American Sociology Review, 1986 (51): 574-582.

[8] BROUWER J, JANSEN E, FLACHE A, et al. The Impact of Social Capital on Self-efficacy and Study Success among First-year University Students [J]. Learning & Individual Differences, 2016 (52): 109-118.

[9] CAMPBELL K E, MARSDEN P V, HURLBERT J S. Social Resources and Socioeconomic Status [J]. Social Networks, 1986, 8 (1): 97-117.

[10] COHEN D, PRUSAK L. In Good Company: How Social Capital Makes Organizations Work [M]. Cambridge: Harvard Business School Press, 2000.

[11] COLEMAN J S. Foundations of Social Theory [M]. Cambridge:

Harvard University Press,1998.

[12] COLEMAN J S. Social Capital in the Creation of Human Capital [J]. American Journal of Sociology,1988 (94): 95-120.

[13] CORNELISSEN T,DUSTMANN C. Early School Exposure,Test Scores,and Non-cognitive Outcomes [J]. Cream Discussion Paper Series,2019 (3): 19-31.

[14] COVERDILL J E. Personal Contacts and Post-hire Job Outcomes: Theoretical and Empirical Notes on the Significance of Matching Methods [J]. Research in Social Stratification & Mobility,1998 (16): 247-269.

[15] FAFCHMAPS M,MINTEN B. Returns to Social Network Capital Among Traders [J]. Oxford Economic Papers,2002,54 (2): 173-206.

[16] FERNANDEZ R M,CASTILLA E,MOORE P. Social Capital at Work: Networks and Employment at a Phone Center [J]. American Journal of Sociology,2000 (105): 1288-1356.

[17] FUKUYAMA F. Trust: The Social Virtues and the Creation of Prosperity [J]. Orbis,1996,40 (2): 333.

[18] FUKUYAMA F. Trust: the Social Virtues and the Creation of Prosperity [M]. New York: Free Press,1995.

[19] GALIC Z. Quality of Working Life During the Recession: the Case of Croatia [J]. Croatian Economic Survey,2012,14 (1): 5-41.

[20] GRANOVETTER M. The Strength of Weak Ties [J]. American Journal of Sociology,1973,78 (6): 1360-1380.

[21] GRIECO M. Keeping It in the Family [M]. London: Travistock,1987.

[22] LAYTE R,RUSSELL H. Temporary Jobs in Ireland: does Class Influence Job Quality? [J]. The Economic and Social Review,2008,39 (2): 81-104.

[23] LIN N,DU M. Access to Occupations Through Social Ties [J].

Social Networks, 1986, 8 (4): 365-385.

[24] LIN N. Social Networks and Status Attainment [J]. Annual Review of Sociology, 1999 (25): 465-487.

[25] MARSDEN P V, HURLBERT J S. Social Resources and Mobility Outcomes: a Replication and Extension [J]. Social Forces, 1988, 66 (4): 1038-1059.

[26] MARY C, LINDA D, GREG J D. Most Workers Find Jobs Through Word of Mouth [J]. Monthly Labor Review, 1980, 103 (8): 33-35.

[27] MICHELFELDER I, KRATZER J. Why and How Combining Strong and Weak Ties Within Asingle Interorganizational r&d Collaboration Outperforms other Collaboration Structures [J]. Journal of Product Innovation Management, 2013, 30 (6): 1159-1177.

[28] MONTGOMERY J. Job Search and Network Composition: Implications of the Strength-of-weak Ties Hypothesis [J]. American Sociological Review, 1992, 57 (5): 586-596.

[29] MORTON P. Job Quality in Micro and Small Enterprises in Ghana: Field Research Results [J]. Seed Working Paper, 2003 (68): 1-27.

[30] MOUW T. Social Capital and Finding a Job [J]. Ted American Sociological Review, 2003, 12 (6): 868.

[31] PORTES A. Social Capital: Its Origins and Applications in Modern Sociology [J]. Annual Review of Sociology, 1998 (24): 1-24.

[32] PUTNAM R D. Making Democracy Work. Civic Tradition in Modern Italy [J]. Contemporary Sociology, 1993, 26 (3): 306-308.

[33] PUTNAM R D. The Prosperous Community: Social Capital and Public Life [J]. American Prospect, 1993 (13): 35-42.

[34] FLIER K. The Influence of Affective Human Capital on the Wage

Equation [J]. Research in Labor Economics, 1981 (4): 367-416.

[35] ROSENBAUM J E, KARIYA T, SETTERSTEN R, et al. Market and Network Theories of the Transition from High School to Work: Their Application to Industrialized Societies [J]. Annual Review of Sociology, 1990, 16 (1): 263-299.

[36] ROXANNE, VENUS, MOSCHETTI, et al. Social Capital and Academic Motivation Among First-generation Community College Students [J]. Community College Journal of Research and Practice, 2014, 39 (3): 235-251.

[37] SCHROEDER F K. Workplace Issues and Placement: What is High Quality Employment? [J]. Work, 2007, 29 (4): 357-358.

[38] SILVIA S, DINA G, WILMAR B, et al. A Three-wave Study of Job Resources, Self-efficacy, and Work Engagement Among Italian Schoolteachers [J]. European Journal of Work & Organizational Psychology, 2011, 20 (3): 285-304.

[39] SPENCE M. Job Market Signaling [J]. Quarterly Journal of Economics, 1973 (87): 355-374.

[40] WEGENER B. Job Mobility and Social Ties: Social Resources, Prior Job, and Status Attainment [J]. American Sociological Review, 1991, 56 (1): 60-71.

[41] Zhang X, Liu S, Chen X, et al. Social Capital, Motivations, and Knowledge Sharing Intention in Health q&a Communities [J]. Management Decision, 2017, 55 (7): 1536-1556.

[42] Yang Z, Cheng L W. Guanxi as a Governance Mechanism in Business Markets: Its Characteristics, Relevant Theories, and Future Research Directions [J]. Industrial Marketing Management, 2011, 40 (4): 492-495.

四、学位论文类

[1] 刘艳茹. 社会资本视角下大学毕业生初次就业问题研究 [D]. 武汉：华中师范大学，2012.

[2] 叶金珠. 社会资本对就业质量的影响 [D]. 武汉：华中科技大学，2006.

[3] 尹振宇. 人力资本视角下劳动者认知与非认知能力的收入效应研究 [D]. 北京：首都经济贸易大学，2020.

[4] 张淼. 大学生就业质量评价指标开发及其实证检验 [D]. 西安：西北工业大学，2017.

五、报纸类

[2] 李华燊. 社会资本对就业的影响 [N]. 光明日报，2007-09-25（10）.

[3] 李涛. 疫情下我国高校应届毕业生创业现状调查 [N]. 中国青年报，2020-11-23（5）.

[4] 李先昭. 别让"社会资本"剥夺了平等就业权 [N]. 新华日报，2006-11-21（C02）.

[5] 刘云杉. "寒门难出贵子"：基础教育与高等教育的双重困境 [N]. 中国社会科学报，2012-03-07（B01）.

[6] 彭飞. 抓紧抓实抓好就业工作 [N]. 人民日报，2020-11-24（5）.

[7] 邬志辉. 综合设计瞄准乡村教育薄弱环节 [N]. 中国教育报，2016-07-18（1）.

[8] 周晔馨. 社会资本影响农民工就业与收入 [N]. 中国社会科学报，2013-06-10（A07）.

附 录

吉林省经管类专业学生高质量就业影响因素调查问卷

尊敬的校友,您好!为了准确地厘清影响大学生就业的因素,更好地帮助我省在校大学生充分就业和高质量就业,我们设计了这套调查问卷,并在此基础上进行分析研究,为相关机构破解大学生"就业难"问题提供参考。问卷全部数据会严格保密,仅作统计使用,请放心作答。完成问卷大约需要5—8分钟,感谢您的支持。

A 个人基本信息

A1. 您的毕业学校_____,所学专业_____

A2. 您的毕业年份_____

A3. 您的受教育程度_____

(1) 大学本科

(2) 硕士研究生

(3) 博士研究生

(4) 专科

A4. 您的性别_____

(1) 男

(2) 女

A5. 您的出生年份为_____年

A6. 您的政治面貌_____

(1) 共青团员

(2) 中共党员(含预备党员)

(3) 民主党派成员

（4）群众

A7. 您本人是否是独生子女_____

（1）否

（2）是

A8. 您是否为学校认定的经济困难学生_____

（1）否

（2）是

A9. 您的生源所在地_____

A10. 您生源所在地所属类型_____

（1）省会城市

（2）非省会副省级市

（3）经济特区

（4）地级市

（5）县级市

（6）乡镇

（7）农村

B 人力资本

B1. 您毕业时的专业成绩排名_____，您所在专业总人数_____

B2. 您的最高英语水平是_____

（1）CET-4

（2）CET-6

（3）其他

B3. 您学习的其他语种为_____，最高外语水平_____

B4. 您的计算机水平

（1）无

（2）国家等级考试二级

（3）国家等级考试三级

B5. 您获得的学业奖学金数量____个

B5.1 其中国家级____个

B5.2 省级____个

B5.3 校级____个

B6. 您获得的专业技能类奖学金数量____个

B6.1 其中国家级____个

B6.2 省级____个

B6.3 校级____个

B7. 您担任学生干部的最高级别_____

（1）校级及以上干部

（2）院系主要干部

（3）院系普通干部或年级干部

（4）班级干部

（5）没有担任过学生干部

B8. 您大学期间参加校级以上学生社团个数_____

B9. 您大学期间参加校级学生社团活动次数_____

B10. 您大学期间参加院级学生社团活动次数_____

B11. 您大学期间独立组织学生活动的次数_____

B11.1 其中校级以上_____次

B11.2 院级_____次

B12. 您从事过哪些兼职_____

（1）家教

（2）培训机构主讲教师或代课教师

（3）支教教师

（4）勤工助学

（5）三助岗位

（6）校园代理

（7）企业兼职

（8）党政机关工作或实习

（9）事业单位工作或实习

B13. 您平均每月从事校内兼职的次数_____

B14. 您平均每月从事校外兼职的次数_____

C 就业质量

C1. 您工作单位所在地_____省（市）_____市_____县（区）

C2. 您工作单位所在地所属类型为_____

(1) 省会城市

(2) 非省会副省级市

(3) 经济特区

(4) 地级市

(5) 县级市

(6) 乡镇

(7) 农村

C3. 您的工作单位类别_____

(1) 党政机关

(2) 事业单位

(3) 国企

(4) 外资或合资企业

(5) 民营企业

(6) 自由职业者

(7) 其他

C4. 您的工作薪资每年大约为_____（万元）（包括年终奖励和其他一次性收入）

C5. 您的工作单位为您购买的保障性待遇有哪些_____

(1) 公积金

(2) 医疗保险

(3) 养老保险

(4) 失业保险

(5) 工伤保险

(6) 生育保险

(7) 企业年金

C6. 您的工作稳定性_____

(1) 非常稳定

（2）很稳定

（3）一般

（4）很不稳定

（5）非常不稳定

C7. 您的工作环境_____

（1）非常好

（2）很好

（3）一般

（4）很差

（5）非常差

C8. 您所学的专业与工作岗位的匹配程度_____

（1）非常匹配

（2）很匹配

（3）一般

（4）很不匹配

（5）非常不匹配

C9. 您的能力与岗位的匹配程度_____

（1）非常匹配

（2）很匹配

（3）一般

（4）很不匹配

（5）非常不匹配

C10. 您的期望与工作岗位的匹配程度_____

（1）非常匹配

（2）很匹配

（3）一般

（4）很不匹配

（5）非常不匹配

C11. 你对工作的满意程度_____

（1）非常满意

(2) 很满意

(3) 一般

(4) 很不满意

(5) 非常不满意

C12. 您对工作单位的认可度＿＿＿＿＿＿＿

(1) 非常高

(2) 很高

(3) 一般

(4) 很低

(5) 非常低

C13. 您对工作岗位的认可度＿＿＿＿＿＿＿

(1) 非常高

(2) 很高

(3) 一般

(4) 很低

(5) 非常低

C14. 您选择这个岗位的最主要因素是什么？＿＿＿＿＿＿

(1) 待遇高

(2) 环境好

(3) 发展前景好

(4) 专业对口

(5) 离家近

(6) 感兴趣

(7) 在大城市

(8) 社会关系帮忙

(9) 其他

C15. 您觉得用人单位更看重毕业生哪些素质或条件？＿＿＿＿＿（多选）

(1) 学习成绩

(2) 能力或特长

(3) 专业证书

（4）政治面貌

（5）学校声誉

（6）所学专业

（7）家庭背景

（8）个人社会关系

（9）性别

（10）生源地

（11）导师评价

（12）政策因素

D 社会资本

D1. 您父亲的学历_____

（1）小学及以下

（2）初中

（3）高中

（4）大专

（5）本科

（6）硕士及以上

D2. 您母亲的学历_____

（1）小学及以下

（2）初中

（3）高中

（4）大专

（5）本科

（6）硕士及以上

D3. 您父亲的工作单位_____ 您母亲的工作单位_____

（1）党政机关

（2）教育、科研、卫生类事业单位

（3）其他事业单位

（4）国有企业

（5）外资、合资企业

(6) 个体私营企业

(7) 务农

(8) 失业

(9) 其他_____（请注明）

D4. 您父亲的职业_____

(1) 行政管理人员

(2) 各类经理人员

(3) 私营企业主

(4) 专业技术人员

(5) 办事人员

(6) 个体工商户

(7) 商业服务人员

(8) 教育科研人员

(9) 产业工人

(10) 农民

(11) 城乡无业、失业、半失业人员

(12) 其他

D5. 您母亲的职业_____

(1) 行政管理人员

(2) 各类经理人员

(3) 私营企业主

(4) 专业技术人员

(5) 办事人员

(6) 个体工商户

(7) 商业服务人员

(8) 教育科研人员

(9) 产业工人

(10) 农民

(11) 城乡无业、失业、半失业人员

(12) 其他

D6. 在老师或同学心中，您的人际交往能力＿＿＿＿＿＿

(1) 非常强

(2) 比较强

(3) 一般

(4) 比较差

(5) 非常差

D7. 在老师或同学心中，您的表达沟通能力＿＿＿＿＿＿

(1) 非常强

(2) 比较强

(3) 一般

(4) 比较差

(5) 非常差

D8. 在老师或同学心中，您的组织协调能力＿＿＿＿＿＿

(1) 非常强

(2) 比较强

(3) 一般

(4) 比较差

(5) 非常差

D9. 您参加党团活动获得的社会关系人数为＿＿＿＿＿＿

D10. 您参加社团活动获得的社会关系人数为＿＿＿＿＿＿

D11. 您认为兼职经历获得的社会关系对求职的帮助＿＿＿＿＿＿

(1) 有

(2) 无

D12. 您在求职过程中，是否通过社会关系帮忙＿＿＿＿＿＿

(1) 是

(2) 否

D13. 您在就业过程中对你提供帮助的社会关系人数＿＿＿＿＿＿

D14. 您在就业过程中为您提供关键帮助的人与您的关系＿＿＿＿＿＿（多选题）

(1) 父母

（2）亲戚或父母的朋友

（3）大学同学或高中同学

（4）朋友

（5）实习单位领导或同事

（6）大学往届校友

（7）同门师兄弟

（8）自己任课老师

（9）就业中心或学院负责就业的老师

（10）协助就业工作的学生社团或学生干部

D15. 对您的就业提供关键帮助的"关系人"的工作单位_____

（1）党政机关

（2）教育、科研、卫生类事业单位

（3）其他事业单位

（4）国有企业

（5）外资、合资企业

（6）个体私营企业

（7）务农

（8）失业

（9）其他_____（请注明）

D16. 对您的就业提供关键帮助的"关系人"的级别_____
（有行政级别填此题）

（1）科级及以下

（2）县（处）级

（3）地（厅）级

（4）省（部）级及以上

D17. 对您的就业提供关键帮助的"关系人"的级别_____
（无行政级别填此题）

（1）单位负责人（高层管理者）

（2）部门负责人

（3）专业技术人员

（4）私营企业主

（5）科学研究人员

（6）其他

D18. 对您提供关键帮助的"关系人"在哪些环节对您提供了帮助_____

（1）招聘信息

（2）简历制作

（3）面试

（4）达成意向或最终签约

（5）其他

E 影响因素

E1. 您认为下列因素对就业的影响程度为_____（赋分 1—5 分）

（1）学习成绩

（2）能力或特长

（3）专业证书

（4）政治面貌

（5）学校声誉

（6）所学专业

（7）家庭背景

（8）个人社会关系

（9）性别

（10）生源地

（11）导师评价

（12）政策因素

E2. 您认为社会关系在就业中的作用_____（赋分 1—5 分）

E3. 在您看来，利用社会关系找工作的现象是否普遍_____（赋分 1—5 分）

E4. 您对目前大学毕业生就业前景的看法_____

（1）很乐观

（2）比较乐观

(3) 一般

(4) 比较悲观

(5) 非常悲观

E5. 您觉得影响您顺利求职的因素有哪些。(选答)

E6. 您对学校的就业教育有何意见或建议。(选答)

E7. 您对用人单位有何意见或建议。(选答)

E8. 您对在校生如何提升就业竞争力有何建议。(选答)

填答到此结束,再次感谢您的参与!

后　记

本书聚焦大学生就业问题，我依托多年的研究和工作经验，探索解决大学生就业难问题的路径，为新时期大学生高质量就业提供参考。研究认为，在大学生成长过程中，自致性资本是核心因素，对大学生顺利就业和未来发展起着关键性作用。

在本书撰写的过程中，我得到了导师的精心指导和同事、同学的大力协助。本书的顺利完成，特别要感谢我的导师、全国教育名家邬志辉教授。邬老师独特的人格魅力、深厚的学术造诣、新颖的学术观点令人折服，老师的为人、为学、为师都为我们树立了榜样。老师虽身兼多职，行政工作繁忙，但始终精力充沛，对学生、对家人关怀备至，细致入微；始终教导我们治学严谨，笔耕不辍，新文迭出；始终兢兢业业，孜孜以求，为学生们授业解惑，指点迷津，培育了一批又一批学术新人。本书得以幸成，主要得益于邬老师对我的深入指导。老师在选题、逻辑框架、理论依据、文献资料、研究方法等方面提出了许多中肯的意见，使我醍醐灌顶，茅塞顿开。在写作陷入困境时，老师总能及时给我指明方向，使我重燃斗志，重拾信心。至今回味，谆谆教导，犹在耳边。遇师如是，幸甚至哉！

此外，感谢使我倍感温暖的教育学部杨清溪教授、杨卫安教授、刘善槐教授、李涛教授、霍明副教授、张雪副教授以及李静美同学，经济与管理学院官国宇副教授、唐亮副教授，数学与统计学院蔺杉副教授，他们个个造诣不凡，在我写作迷茫时及时伸出援助之手，是我前行的动力。那些研讨中、创作中的点滴，都成为我终生难忘的美好记忆。我也要向吉林大学管理学院董秀良教授、商学院李帅副书记、经济学院邵琳副书记以及我的硕士导师郑美群教授和长春财经学院曲丽师姐致谢，感谢你们在调研时的鼎力相助。

在我成长的道路上指引我前进、给予我帮助的人不胜枚举，由于篇幅有限，在这里不能一一列举，只能铭记于心，来日方长，定当倍加珍惜。

本书是"创新生态体系构建服务"系列成果之一。本书的出版得到了东北师范大学经济与管理学院和相关部门的大力支持，在此一并表示感谢。

赵建立

2024 年 10 月于东北师大净月校区钟楼